Manfred Bissinger/
Dietmar Kuhnt/
Dieter Schweer (Hrsg.)

Konsens oder Konflikt?

Wie Deutschland regiert werden soll

Mit Beiträgen von
Konrad Adam, Peter Bareis, Arnulf Baring, Roland Berger,
Rolf-E. Breuer, Heinz Dürr, Klaus Engelhardt, Jürgen Engert,
Alexander Gauland, Peter Glotz, Manfred Güllner,
Hans-Olaf Henkel, Detlef Hensche, Josef Joffe, Dietmar Kuhnt,
Otto Graf Lambsdorff, Claus Leggewie, Karl Lehmann,
David Marsh, Thomas Middelhoff, Meinhard Miegel,
Hugo Müller-Vogg, Winfried Münster, Heinrich von Pierer,
Fritz Pleitgen, Hubertus Schmoldt, Dieter Schulte,
Dieter Schweer, Michael Vesper, Franz Walter, Hubert Weinzierl,
Wendelin Wiedeking, Mark Wössner und Klaus Zwickel

campe paperback

Die Herausgeber:
Manfred Bissinger, geboren 1940,
ist Herausgeber und Chefredakteur der Wochenzeitung *Die Woche* in Hamburg

Dr. Dietmar Kuhnt, geboren 1937,
ist Vorstandsvorsitzender der RWE AG in Essen

Dieter Schweer, geboren 1953,
ist Kommunikationsdirektor der RWE AG in Essen

Die Deutsche Bibliothek – CIP-Einheitsaufnahme
Konsens oder Konflikt? : wie Deutschland regiert werden soll /
Manfred Bissinger … (Hg.). Mit Beitr. von Konrad Adam …
– 1. Aufl. – Hamburg : Hoffmann und Campe, 1999
(Campe-Paperback)
ISBN 3-455-10393-6

Schutzumschlag: Thomas Bonnie
Satz: Utesch GmbH, Hamburg
Druck und Bindung: Clausen & Bosse, Leck
Printed in Germany

Inhalt

Vorwort 9

Konrad Adam
Kartelle sind verboten 11

Peter Bareis
Pläydoyer für mehr Bürgerbeteiligung 16

Arnulf Baring
Wider die goldenen Worte 25

Roland Berger
Wer wagt, gewinnt 35

Rolf-E. Breuer
Überzeugungsarbeit leisten 39

Heinz Dürr
Weder Sieger noch Verlierer 42

Klaus Engelhardt
Der Weg als Teil des Ziels 47

Jürgen Engert
Vorwärts Kameraden, wir müssen zurück 52

Alexander Gauland
Unterschiede treiben den Motor 59

Peter Glotz
Die deutsche Thrombose 63

Hans-Olaf Henkel
Ein Bündnis für Nachhaltigkeit 67

Detlef Hensche
Feudalisierung der Politik? 74

Josef Joffe
Kniefälle 80

Dietmar Kuhnt
Wandel durch Dialog 85

Otto Graf Lambsdorff
Politikmanagement oder Mauschelei? 97

Claus Leggewie
Nur nicht ausweichen 101

Karl Lehmann
Steter Tropfen höhlt den Stein 107

David Marsh
Das Beispiel Großbritannien 110

Thomas Middelhoff
Die Gesellschaft bewegen 115

Meinhard Miegel
Es herrscht das Volk 125

Hugo Müller-Vogg
KRD – Konsens-Republik Deutschland 131

Winfried Münster
Das Neue suchen 137

Heinrich von Pierer
Vom Wettbewerb der Standorte 142

Fritz Pleitgen
Die lautlose Erosion der Demokratie 149

Hubertus Schmoldt
Soziale Marktwirtschaft als Standortvorteil 155

DIETER SCHULTE
Das Bündnis für Arbeit: Eine politische Innovation ersten Ranges 160

DIETER SCHWEER
Politische Manager gesucht 167

MICHAEL VESPER
Konsens mit wem? 178

FRANZ WALTER
Auf handlungsfähige politische Eliten kommt es an 186

HUBERT WEINZIERL
Die Zeit der Polarisierer ist abgelaufen 195

WENDELIN WIEDEKING
Ohne Entscheidungsfreude keine Zukunft 198

MARK WÖSSNER
Vom Nutzen gesellschaftlicher Reform 202

KLAUS ZWICKEL
Soviel Konflikt wie nötig, soviel Konsens wie möglich 209

ANHANG

MANFRED GÜLLNER
Konsens oder Konflikt: Was die Bürger denken
Die große FORSA-Umfrage 215

Über die Autoren 234

Fotonachweis 239

Vorwort

Der Hoffmann und Campe Verlag hat Dietmar Kuhnt, Dieter Schweer und mich gebeten, ein Buch herauszugeben, das sich mit der Fähigkeit unseres Regierungssystems auseinandersetzt, den jahrelangen Stillstand in der deutschen Politik zu überwinden und die dringenden Reformen in Gang zu setzen. Tatsächlich war ja nach der Wahl im September 1998 Bewegung entstanden und die Parteien wieder zu Leben erwacht. Über neue Mehrheiten schien sich die lähmende Blockade vieler Jahre aufzulösen. Doch schon nach wenigen Monaten geriet der Prozeß ins Stocken; die notwendigen Debatten drohen, sich wieder fest zu fahren.

Dabei stehen in den kommenden zwei Jahren wichtige Entscheidungen an. Das Bündnis für Arbeit sucht seinen Erfolg, die Steuer- und Rentenreform muß auf den Weg gebracht werden, für die Sanierung des Gesundheitssystems ist immer noch kein schlüssiges Konzept gefunden, der Streit um die Atomenergie gehört einvernehmlich beigelegt; gleichzeitig aber soll der Staat sich erheblich einschränken, er muß sparen, also nicht nur Subventionen sondern auch Leistungen kürzen. Und: es sollen endlich neue Jobs geschaffen, die Vier-Millionengrenze der Arbeitslosen dauerhaft unterschritten werden. Das kann nicht ohne schmerzhafte Operationen abgehen; darüber sind sich alle einig. Nur über die fünf großen Ws – wie, was, wann, wo, warum – ist eine heillose Debatte ausgebrochen, zumeist geführt von Betroffenen, Lobbyisten und solchen, die gern rechtzeitig das Haus des Nachbarn anzünden, um ihr eigenes zu retten. Droht also ein heißer Herbst und Winter? Wird das erste Jahr des neuen Jahrhunderts statt des bitter notwendigen Aufbruchs wieder nur fruchtlosen Streit bringen? Oder haben wir doch die Kraft für eine Wende?

Das Land muß fit gemacht werden für die großen Herausforderungen des nächsten Jahrhunderts. Die entscheidende Frage ist, über welchen Weg dieses Ziel am besten zu erreichen sein wird. Vor allem zwei Lager stehen sich gegenüber. Das eine setzt auf die denkbar größte Übereinstimmung und beschwört die Gemeinsamkeit, die Große Koalition, im anderen glaubt man, nur über kompromißloses Austragen von Konflikten ließen sich dauerhafte Veränderungen erreichen. Die neue Regierung hat starke Gegner, nicht nur in der Opposition, selbst in den eigenen Reihen. Konsens und Konflikt sind zu Hauptworten auf der deutschen Agenda geworden.

Die Herausgeber haben 32 prominente Zeitgenossen um Rat und Meinung gebeten: Unternehmensführer ebenso wie Gewerkschaftsbosse, Wissenschaftler wie Publizisten. Die Antworten lesen sich weit konkreter als die Protokolle der runden Tische im Kanzleramt. Derer gibt es viele; vom Bündnis für Arbeit bis zu den Gesprächen über den Energiekonsens.

In diesem Buch wird nicht nur analysiert und kommentiert, es werden auch Lösungen vorgeschlagen. Daß die Parteien dabei nicht mal vor den Wählern Angst haben müssen, zeigt die große und repräsentative Umfrage des Forschungsinstituts FORSA. Eigens für dieses Buch wurden über tausend Bürgerinnen und Bürger nach ihren Positionen befragt. Sie antworten offener und kompromißbereiter als viele Wortführer der politischen Szene.

Hamburg, im September 1999

Manfred Bissinger

KONRAD ADAM

Kartelle sind verboten

Einigkeit macht stark, meint ein bekanntes Sprichwort. Oder dumm, wäre als Alternative hinzuzufügen. Was richtig ist, hängt davon ab, wen man sich als Verbündeten sucht. In der richtigen Gesellschaft hat man gute Aussicht, mit den Widrigkeiten des Lebens und der Politik fertig zu werden. Mit Gegnern hat man nämlich immer zu tun, im politischen Geschäft allemal, und um das soll es hier ja gehen. Wer die Konsensorientierung so weit treibt, daß er auch diejenigen, die aus Überzeugung oder Übermut in die falsche Richtung rudern, mit ins Boot nehmen will, kommt nicht vom Fleck. Eben das, ein Stillstand der Geschäfte, ist die Lage, in der sich die Bundesrepublik Deutschland nach sechzehn Jahren unter einem Kanzler Kohl und nach einem einzigen unter dessen Nachfolger Gerhard Schröder befindet. Aus dieser Diagnose ergibt sich der Therapievorschlag von selbst: um Himmels willen kein Konsens, nicht in der Propaganda und erst recht nicht in der Praxis, sondern von allem das Gegenteil, Opposition also, Widerspruch und Konflikt.

In der politischen Arena entscheidet die Mehrheit. Konsens wäre dann die Steigerungsform von Mehrheit: Einheit, Wahrheit, volonté générale und wie die Formeln sonst noch heißen. Wollte man derartiges zur Maxime des operativen Handelns machen, wäre es mit der Entscheidungsfähigkeit der Politiker schnell vorbei. Das berühmteste Beispiel für die lähmende Kraft des Konsensprinzips ist der verhängnisvolle Beitrag, den sein logisches Gegenstück, das liberum veto, das den Vertretern des polnischen Adels zustand, zum Niedergang des Landes und seiner Unfähigkeit, sich gegen die Nachbarstaaten zu behaupten, gespielt hat. Aber historische Erfahrungen zählen nicht viel. Jedenfalls haben sie die Deutschen nicht davor bewahrt, es mit einer Neuauflage des Konsensprinzips zu versuchen. Denn darauf läuft der Handel ja hinaus, den Bund und Länder jahrzehntelang nach der Regel betrieben haben: mehr Kompetenzen für den Bund im Tausch gegen Mitspracherechte der Länder in der Bundespolitik. Die Folge ist, daß sich wichtige Dinge in Deutschland nur noch einmütig entscheiden lassen. Meistens also gar nicht.

Diejenige Institution, die den Konsens zu ihrer Arbeitshypothese erhoben hat, sich sogar nach ihm benennt, führt vor Augen, daß man, um etwas zu blockieren, nur Konsens! rufen muß. Die Konsensgespräche in der Energiepolitik liegen ja nicht erst seit gestern im Koma, seit dem Amtsantritt der neuen Bundesregierung im Herbst, sondern viel länger schon. Die Gespräche begannen vor sieben Jahren, im Dezember 1992, und kamen schon damals nicht voran. Daß Kohl darauf bestanden hatte, jemanden wie Jürgen Möllemann in dies Unternehmen einzubeziehen, läßt darauf schließen, daß Stillstand und Ergebnislosigkeit gewollt waren: genauso wie jetzt nach der Entscheidung Schröders, einen Mann wie Jürgen Trittin »einzubinden«. Wer die schärfsten Kampfhunde seines Kabinetts vor den Schlitten spannt, der will doch offenbar, daß das Gefährt umstürzt. Konsens ist dann nur noch ein Alibi, den Dingen ihren Lauf zu lassen.

Solange Trittin mit der Sache beauftragt ist, darf man, nein: muß man das Konsensgerede als Ablenkungsversuch betrachten. In Wahrheit dürfte es so gehen, wie Werner Müller, der offenbar die Zügel führt, in schöner Offenheit erklärt hat: daß nämlich er und Schröder das zur Regierungslinie machen wollen, »was längst faktische Unternehmenspolitik der hiesigen Wirtschaft geworden ist«. Also politischer Nachvollzug dessen, was ein paar großen Unternehmen wohlgefällt. Man wartet, bis der Anruf kommt, mit dem der VW-Chef die von der Europäischen Union gewünschte Altautoverordnung kippen will, und handelt danach. Konsens wäre dann ein anderes, eleganteres Wort für Kapitulation. Wer der Meinung eines anderen hinterherläuft, hat mit dem Konsens wenig Mühe.

Das klassische Muster der Konsenspolitik, so wie sie sich im neuen deutschen Ständestaat herausgebildet hat, sieht allerdings anders aus. Es ist der Vertrag zu Lasten Dritter. Weil er die Vorteile und die Nachteile höchst ungerecht verteilt, gilt er dem Bürgerlichen Gesetzbuch als sittenwidrig; aus demselben Grunde ist er bei allen Politikern aber sehr beliebt, erlaubt er ihnen doch, Wohltaten unters Volk zu streuen, für die andere bezahlen müssen. Ein solcher Vertrag kommt immer dann zustande, wenn zur Konsensbildung nicht alle eingeladen werden, sondern nur die »Betroffenen«; denn wer als betroffen gilt, ist Definitionssache. Ob sich die großen Parteien gegen eine kleine, die älteren Generationen gegen die jüngere, Unternehmer und Gewerkschaften gegen die Verbraucher, Hersteller und Konsumenten gegen die stumme Natur verbünden: Immer richtet sich das Bündnis gegen Dritte, die als Nichtbetroffene ausgeschlossen werden, sich deshalb auch nicht wehren können und zwangsläufig zu kurz kommen. Das Vorbild ist das Kartell, das ja auch niemals alle umfaßt, sondern nur die Starken, die sich verabreden mit dem Ziel, den Schwachen das Leben schwerzumachen, sie möglichst vom Markt zu fegen.

Das ist dann aber auch der Grund, warum das Einvernehmen nie lange vorhält. In der operativen Politik ist der Konsens nie vollständig zu haben; er bildet sich als ein Diktat der Mehrheit, die Zustimmung bei allen anderen einfach unterstellt. Die großen, parteiübergreifend beschlossenen Reformen sind regelmäßig dadurch zustande gekommen, daß irgend jemand übersehen oder übervorteilt worden ist. Im Wohlfahrtsstaat sind das idealerweise die Kinder, die ihre Stimme erst dann erheben können, wenn sie die Mehrheiten, die ihnen die Zukunft verbaut haben, nicht mehr belangen können. Irgendwann werden aber auch die Unmündigen volljährig; dann machen sie die Gegenrechnung auf, und das ist dann die Stunde des Konflikts. Das ist das schöne am politischen Konsens: daß er nie lange hält. Früher oder später bringt er diejenigen, nach deren Einverständnis er nicht gefragt hatte, gegen sich auf. Dann gibt es Proteste, Wahlniederlagen, Glaubwürdigkeitskrisen, Politikverdrossenheit und anderes von dieser Art.

So stellt sich die Lage Deutschlands am Ausgang des Jahrhunderts dar. Im Namen der aufs hier und heute eingeschworenen Konsensphilosophie sind diejenigen, die sich am Dauerpalaver nicht beteiligen konnten oder wollten, schamlos übergangen und ausgebeutet worden. Das wird sich rächen: innenpolitisch und außenpolitisch, umweltpolitisch und sozialpolitisch. Es wird mehr und härtere Konflikte geben, und das ist gut so, weil sich ohne sie die Besitzstandswahrer aller Klassen nicht zur Raison bringen lassen. Sinn und Aufgabe von Konflikten sei es, den Wandel der Gesellschaft aufrechtzuerhalten und voranzubringen: So etwas konnte man vor fünfundzwanzig Jahren im Lexikon lesen. Wenn das richtig ist und die Gesellschaft, zumal die deutsche, unter einer Stagnation der inneren Verhältnisse leidet, dann ist die Richtung klar.

Politische Wahrheiten erkennt man nicht beim Studium der Konsenstheorie, sondern beim Blick ins englische Unterhaus, wo sich Regierung und Opposition gegenübersitzen. Das bedeutet: Die Essenz des Politischen liegt im Kampf um die bessere Lösung, und die wird meistens im Dissens gefunden, nicht im Konsens. Die ihn verehren, täuschen sich über die Reihenfolge, über das früher und das später. Wenn alles gutgeht, stellt sich Konsens am Ende als Ergebnis ein; er ist die Folge, nicht die Voraussetzung einer erfolgreichen Politik. So war es mit Erhards und Müller-Armacks sozialer Marktwirtschaft. Im Anfang heiß umstritten, brachte sie mit der Zeit auch ihre Kritiker hinter sich und stand erst dann, nach vielen wachstumsreichen Jahren, einigermaßen unangefochten da. Was bevorsteht, sind aber keine fetten Jahre, in denen es für die Politiker viel zu verteilen und zu verschenken gibt. Also Konflikt, und zwar auf vielen Ebenen, nicht nur zwischen den Parteien, sondern auch und vor allem zwischen den Machthabern und dem Volk.

Peter Bareis

Plädoyer für mehr Bürgerbeteiligung

I.

Die Frage nach Konsens oder Konflikt hat sich auf das Verhältnis von Regierung zu Regierten zu konzentrieren. Ein kurzer Rückblick kann die Antwort vorbereiten. Sie muß holzschnittartig ausfallen. Wir haben uns daran gewöhnt, daß die jeweilige Bundesregierung von einer Koalition gebildet wird. Eine absolute Mehrheit einer Partei (beziehungsweise einer Fraktionsgemeinschaft) – sie wurde von der CDU/CSU gestellt – gab es nur Ende der Fünfziger Jahre. Regelmäßig (mit der hier nicht zu diskutierenden Ausnahme der Großen Koalition von 1966 bis 1969) hatte die jeweilige Regierungskoalition zwar eine Mehrheit, diese übertraf aber die Marke von 50 Prozent nicht wesentlich. Da die Wahlbeteiligung bei Bundestagswahlen zwar immer sehr hoch war, aber kaum über 80 Prozent hinausreichte, vertrat (und vertritt) die jeweilige Koalition jedenfalls rechnerisch stets weniger als die Hälfte aller Wahlberechtigten. Selbstverständlich ändert dies nichts an ihrer Legitimation.

Die jeweilige Bundestagsmehrheit muß für das ganze Volk entscheiden. Sie ist Beauftragte (»Agent«) des Wählers, dieser ist der Auftraggeber (»Prinzipal«). Die jeweilige Koalition ist während der laufenden Wahlperiode ziemlich unabhängig vom Wahlvolk und hat einen ganz erheblichen Freiraum für ihre Entscheidungen, weil auch die Opposition im Normalfall erst wieder auf die nächsten Bundestagswahlen hoffen kann. Zwar gibt es weitere »Gegenspieler«, von denen sich zum Beispiel das Bundesverfassungsgericht in jüngster Zeit besonders bemerkbar gemacht hat. Man denke nur an die

Entscheidungen, das steuerfreie Existenzminimum wesentlich zu erhöhen, an die faktische Abschaffung der Vermögensteuer oder an die Forderungen zum »Kinderleistungsausgleich«. Auch die Macht des Bundesrates haben viele Bundesregierungen anerkennen müssen. Dennoch kann sich die jeweilige Parlamentsmehrheit recht weit vom Willen des Wahlvolkes – des Prinzipals – lösen und eigene Vorstellungen durchsetzen: Das Wahlvolk hat das Problem, daß seine Agenten ihren Freiraum eigensüchtig ausnutzen und ihre eigenen Ziele verfolgen können. Daher ist nicht sichergestellt, daß der Wille selbst einer übergroßen Mehrheit der Wähler von der jeweiligen Regierung erfüllt wird. Darin liegt Konfliktpotential.

Zusätzlich gibt es ein Informationsproblem, das nicht durch Umfragen gelöst werden kann. Diese sind aus mindestens zwei Gründen nicht ausreichend, den wirklichen Wählerwillen wiederzugeben:

- Die Befragten äußern sich spontan, ohne sich mit allen Aspekten der Frage ernsthaft auseinandergesetzt zu haben; die schnelle Antwort muß bei intensiverem Nachdenken keinen Bestand haben.
- Den Befragten ist bekannt, daß ihre Antwort keine direkten Folgen hat.

Insofern wäre es kurzschlüssig, anzunehmen, Umfrageergebnisse spiegelten den wirklichen Wählerwillen wider. Hinzu kommt, daß bei unbequemen Umfrageergebnissen die jeweilige Regierung mit viel Steuergeld durch »Aufklärungsarbeit« – Plakataktionen, Anzeigen und anderes mehr – versucht, die Bevölkerung umzustimmen.

Es sollte deshalb danach gefragt werden, wie der »wirkliche Wille« des Volkes erforscht werden kann und welche Mittel verfügbar sind, um diesen dann auch durchzusetzen. Dies und nichts anderes bedeutet ja »Demokratie«, wobei freilich die Schranken der Grundrechte des einzelnen nicht zur Disposition gestellt werden dürfen.

Anders gefragt: Hat in unserer repräsentativen Demokratie

die Regierung genügend Anreize, dem Willen des Volkes auch in der Zeit bis zur nächsten Wahl zu entsprechen? Haben sie und die sie tragenden Parteien statt dessen eventuell mehr Anreize, sich eigensüchtig zu verhalten und ihren aktuellen oder potentiellen Wählern Sondervorteile zuzuschanzen? Es liegt angesichts der Erfahrungen des Verfassers mit der Politikberatung nahe, die Antworten am Beispiel von Steuerreformvorhaben zu illustrieren.

II.

Ein vollständiger Konsens – zum Beispiel in Fragen der Besteuerung – setzte voraus, daß das ganze Volk einstimmig für eine bestimmte Lösung plädiert. Diese »Einstimmigkeitsregel« ist Ausgangspunkt wichtiger ökonomischer Analysen. Der Staat darf nur dann zwangsweise Geld – Steuern – eintreiben, wenn jeder Bürger von der Notwendigkeit der damit finanzierten Staatsaufgaben und Staatsausgaben überzeugt ist, weil er sich davon trotz (oder gerade wegen) seiner Steuerzahlung einen größeren Vorteil im Vergleich mit dem entgangenen Nutzen des Geldes (der Steuer) verspricht. Er ist dazu – bei Gütern, die allen zugute kommen – aber nur bereit, wenn sichergestellt ist, daß die anderen ebenfalls zur Zahlung gezwungen werden. Nur dann kann davon gesprochen werden, daß der »Preis« – die Steuer – für bestimmte Staatsleistungen die Wohlfahrt aller erhöht. Freiwillig ist kaum jemand bereit, zu offenbaren, daß er gerne Staatsleistungen hätte. Er würde sich als »Trittbrettfahrer« verhalten und hoffen, daß er ohne eigene Geldleistung von den Staatsleistungen profitiert.

Es scheint ausgeschlossen, daß ein derartiger Verhandlungsprozeß bei einer Bevölkerung von rund 82 Millionen Menschen stattfindet. Die Verhandlungen hierüber wären endlos. Also müssen »Agenten« eingeschaltet werden. Die entscheidende Frage ist, ob bei der Vermittlung durch diese der wirkliche Wille der Wähler überhaupt erkannt werden kann. Denn derzeit muß die Bevölkerung bei jeder Wahl gleichsam »die Katze im Sack« kaufen, weil sich die jeweilige Regierungsmehrheit längere Zeit ihren Entscheidungsspielraum bewahren kann. Häufig genug streut sie dann zu den nächsten Wahlen Wahlgeschenke unters Volk.

So spricht vieles für die Forderung nach qualifizierten Mehrheiten, zumindest bei grundlegenden (Steuer-)Entscheidungen. In der Bundesrepublik reicht dazu – meist – die einfache Mehrheit im Parlament aus. Hat auch der Bundesrat mit zu entscheiden, kann es bei unterschiedlicher Zusammensetzung von Bundesrat und Bundestag zur »Blockadepolitik«, zum »Reformstau« kommen. Was das bedeutet, ist keineswegs eindeutig. Denn es ist kaum entscheidbar, ob beispielsweise die Ablehnung von Steuervorschlägen der jeweiligen Regierung durch den Bundesrat dem Wählerwillen entspricht:

- Dies kann aus dem Blickwinkel der Einstimmigkeitsregel heraus als berechtigt interpretiert werden, wenn die ablehnende Seite begründet vermuten kann, daß die von ihr vertretenen Wähler mehr bezahlen müssen, als ihnen die Staatsleistungen wert sind.
- Dies kann aus der Sicht des Wahlvolkes andererseits sehr wohl »Blockade« sein, wenn die Parteivertreter in der jeweiligen Institution nur aus wahltaktischen Gründen Vorschläge ablehnen, um die wenigen Prozent Wahlstimmen an sich zu ziehen, die sie zur Mehrheit brauchen. Dies sind die »Grenzwähler«, denen Wahlgeschenke in Aussicht gestellt werden, damit sie »richtig« wählen.

Diese Unterscheidungen sind zwar äußerst wichtig, aber im konkreten Fall – zum Beispiel bei der »großen Steuerreform« und ihrer Entwicklung – ist kaum nachzuweisen, ob ein bestimmtes Verhalten dem Wählerwillen entspricht oder ihm widerspricht. Denn der »Blockadehaltung« des alten Bundesrates gegenüber den von der alten Regierungskoalition vorgelegten »Petersberger Steuervorschlägen« verdankt möglicherweise die neue Regierung ihre Mehrheit. Vielleicht wollten die Wähler keine derart umfassende Steuerreform mit Beseitigung von Privilegien, Senkung der Steuersätze und einer zusätzlich geplanten Nettoentlastung für alle. Danach könnte mit der »Blockade« der »wirkliche« Wählerwille befolgt worden sein.

Allerdings ist auch hier äußerste Vorsicht bei der Interpretation geboten. Es ist praktisch nicht zu entscheiden, ob dieser Wahlsieg der neuen Koalition *wegen* oder *trotz* dieser Haltung errungen worden ist. Viele sagen, wohl mit Recht, daß der Wunsch nach einem personellen Wechsel die Wähler geleitet und die »Blockade« daneben keine Rolle gespielt habe. Der wirkliche Wählerwille, bezogen auf einzelne Reformprojekte, bleibt im dunkeln. Es ist nicht klar, ob die Entscheidung für einen Konflikt in diesem Punkt wirklich wahlentscheidend war. Wollen die Bürger keine wirkliche Bereinigung des Steuerchaos, weil sie glauben, Besitzstände zu verlieren, die sie durch Steuersatzsenkungen nicht kompensieren können? Sind Bürger wie Regierung nur verbal reformfreudig? Die Antwort auf diese Frage ist bei den derzeitigen Regelungen nicht eindeutig möglich.

III.

Analysiert man die nüchternen Zahlen der Statistik, wie sich in Deutschland Wohlstand und Staatstätigkeit entwickelt haben, so zeigt sich ein scheinbar paradoxes Ergebnis: Trotz durchschnittlich zunehmenden privaten Wohlstandes hat die Staatsquote – nach einer kurzen rückläufigen Tendenz in den achtziger Jahren – Rekordhöhen erreicht. Bereits 1957, als die Staatsquote bei rund 35 Prozent lag, hat Ludwig Erhard in seinem Buch »Wohlstand für alle« auf den »Schlüssel zur Steuersenkung« hingewiesen: »Wenn sicher auch alles getan werden sollte, um eine Einschränkung artfremder Staatsfunktionen zu erreichen …, so wird man sich doch damit abfinden müssen, daß … eine wesentliche Entlastung des Staates nicht sehr wahrscheinlich ist. Andererseits aber wird man das sehr berechtigte

Anliegen aller Staatsbürger ... anerkennen wollen, dennoch zu einer Senkung der steuerlichen Belastung zu gelangen. Dieses Ziel kann ... nur erreicht werden, wenn wir die Staatsausgaben wenigstens auf der gegenwärtigen, ja keineswegs unbeträchtlichen Höhe zu halten vermögen. Wenn nur dieses gelingt, dann wird in Zukunft die steuerliche Entlastung des Staatsbürgers und der Wirtschaft bei einer weiteren Steigerung des Sozialproduktes gleichwohl als Befreiung spürbar werden.«

Diese Überlegungen muten rückblickend fast als naiv an, denn offensichtlich ist das Gegenteil des geforderten Ausgabenstopps Wirklichkeit geworden. Die Staatsquote hat sich von den damaligen 35 Prozent weit entfernt und danach mehrfach die 50-Prozent-Marke übersprungen. Auch in den letzten Jahren liegt sie immer noch bei der Hälfte des Bruttoinlandsproduktes. Erhards Warnung vor der »Hand in der Tasche des Nachbarn« ist in den Wind geschlagen worden. Diese Entwicklung illustriert treffend die These, wonach die politisch Verantwortlichen der ihnen eingeräumten Versuchung nicht widerstehen konnten (und auch nicht wirklich wollten). Sie haben den Staat und damit ihre Macht, finanzielle und andere Wohltaten ihren jeweiligen Wählern zukommen zu lassen, nicht eingeschränkt, wie es notwendig gewesen wäre, sondern ausgedehnt. Das belegt nicht zuletzt auch die gigantische Staatsverschuldung – eine schwere Hypothek für die nachfolgenden Generationen. Es erscheint ausgeschlossen, daß dies alles dem Wählerwillen entspricht. Der Grund dürfte viel eher in den Institutionen unserer repräsentativen Demokratie zu suchen sein, über deren Reform nachgedacht werden muß.

IV.

Die Statistiken und weitere Daten und Entwicklungen belegen eindeutig diese These. In einer repräsentativen Demokratie wie der unseren sind die institutionellen Rahmenbedingungen nicht geeignet, den seine Einnahmen und damit seinen Einfluß immer mehr ausdehnenden Staat in die Schranken zu weisen. Die ungeheure Gefahr, die hierin liegt, besteht darin, daß die Menschen nicht zuerst sich selbst bemühen, zuerst ihre Kreativität und ihren Erfindungsreichtum, ihre Fähigkeiten, Fertigkeiten und ihr Wissen einsetzen, um über den Austausch von Leistung und Gegenleistung ihre eigene Position zu stärken. Die Gefahr ist schon Realität, daß zuerst der Griff in die Tasche des Nachbarn versucht wird. Alles und jedes soll der Staat richten – und die politisch Verantwortlichen stimmen bereitwillig zu. Habe ich den Staat, der mir hilft, so brauche ich mich nicht selbst zu bemühen.

Die Sorge um eine abnehmende Wettbewerbsfähigkeit Deutschlands ist vor diesem Hintergrund berechtigt. Der bevormundende und fürsorgliche Staat muß sich ändern. Wir brauchen nicht mehr, sondern weniger Staat, weil wir selbständige, kreative, leistungsbereite Menschen brauchen, die bereit sind, ihr Schicksal in die eigenen Hände zu nehmen – aber natürlich auch bereit sind, den wirklich Schwachen zu helfen. Nur wenn der Staat nicht blind *herum*verteilt, stärkt er den Leistungswillen und die Leistungsbereitschaft der Bürger.

V.

Die Frage muß somit lauten: Konsens oder Konflikt mit wem? Wird der Konsens mit denjenigen gesucht, die am lautesten lärmen, mit spektakulären Aktionen auf sich aufmerksam machen, und die doch nur – scheinbar kostenlose – Staatsleistungen für sich erringen wollen? Oder wird der Konsens mit möglichst allen Wählern gesucht? Wer den Konsens mit schlagkräftigen Interessengruppen sucht und findet, für den ist die Versuchung übermächtig, sich in den Taschen der übrigen Steuerzahler zu vergreifen. Häufig genug wird dieser Konflikt gar nicht gesehen oder schamhaft verschwiegen. So mag »am runden Tisch« oder in einem »Bündnis«

zwischen wenigen großen Interessengruppen und der Regierung vereinbart werden, daß jeder das Recht hat, mit sechzig ohne Abstriche an seiner Rente in den Ruhestand zu gehen und damit einen Arbeitsplatz für Jüngere freizumachen. Das Ergebnis wird dann sicherlich mit wohlgesetzten Worten als Beitrag zur Eingliederung der jungen Generation in die Arbeitswelt gepriesen und als Erfolg der Konsensdemokratie verkauft werden. In Wahrheit einigen sich Interessengruppen, die vom Wähler nicht legitimiert sind, mit der Regierung auf Kosten Dritter – denn keine Staatsleistung ist kostenlos. Die immensen Kosten einer derartigen Maßnahme müssen über Steuern oder über vermehrte Staatsschulden oder über die Reduktion von Staatsausgaben an anderer Stelle finanziert werden. Und in aller Regel sitzen diejenigen, die das alles bezahlen müssen, nicht mit am Tisch. In vielen Fällen sind sie auch noch weniger wohlhabend als diejenigen, denen die Vorteile gewährt werden.

Einen offenen Konflikt mit der überwältigenden Mehrheit der Wähler wird keine Regierung riskieren. Wohl aber ist die Versuchung groß, derartige Konflikte herunterzuspielen oder gar nicht erkennen zu lassen, indem suggeriert wird, der Konsens mit mächtigen Interessengruppen diene dem Gemeinwohl. Dieses Stück steht derzeit auf dem Spielplan. Es wird nicht den großen Erfolg bringen, den sich die Akteure erhoffen. Weil nach wie vor nur eine kleine Gruppe von Beauftragten der Wähler und Beauftragte weniger großer Interessengruppen entscheiden wollen.

VI.

Wenn der Erfolg ausbleibt, dann wird gefragt werden, ob es nicht besser ist, den Konsens mit der überwiegenden Wählermehrheit zu suchen. Dies kann und wird sicherlich zum Konflikt mit schlagkräftigen Interessengruppen führen. Denn die Wahrer ihrer angeblich wohlerworbenen Besitzstände, die in

Wahrheit nur Privilegien auf Kosten anderer sind, werden nicht kampflos das Feld räumen. Dann reicht Regierungskunst allein nicht mehr aus; dann braucht die jeweilige Regierung das Wahlvolk. Nur wenn es direkt zu wichtigen Sachthemen befragt wird, wissen wir genau, was der Wille des Volkes ist. Dieser Wille muß dann auch befolgt werden. Bleiben Bürger der Abstimmung fern, akzeptieren sie damit die jeweilige Mehrheit. Dieses Verfahren erfüllt zwar nicht die strenge Forderung nach Einstimmigkeit. Eine durch das Volk selbst getroffene Sachentscheidung hat aber eine völlig andere Qualität als eine – selbst mit großer Mehrheit getroffene – Entscheidung der Agenten: Sie weist eine größere Legitimation auf.

Damit heißt die Antwort auf die Themafrage: Deutschland sollte mehr von seinen Bürgern selbst und weniger von den Beauftragten regiert werden. Wir brauchen eine breite Diskussion über die Möglichkeiten größerer Bürgerbeteiligung. Der Konsens der politisch Verantwortlichen mit den Vertretern einflußreicher Interessengruppen darf nicht länger als erstrebenswert gelten. Mit dieser Forderung werden die – immer besser ausgebildeten – Bürger stärker in Konflikt mit den etablierten »Agenten« der Politik wie mit den Interessengruppen geraten. Dies ist ein produktiver Konflikt. Gerade die jetzige Regierung sollte sich an Willy Brandts Versprechen erinnern und dieses ein wenig abwandeln: »Mehr *direkte* Demokratie wagen!«.

Arnulf Baring

Wider die goldenen Worte

Um nach dem Ende des Wohlfahrtstraums die wirtschaftliche und soziale Stabilität in Deutschland auf Dauer sichern zu wollen, brauchen wir eine fundamentale Veränderung des öffentlichen Bewußtseins. Wer das sieht und fordert, muß allerdings wissen, daß man ihm inhumane Hartherzigkeit und soziale Unsensibilität vorwerfen wird. Wer immer bei uns auf unbequeme Tatsachen hinweist, riskiert sofort, wegen seiner schlechten Gesinnung angeprangert zu werden – als ob die Tatsachen sich nach den Gesinnungen richteten, zu richten hätten.

Der Staat, seit langem schon überlastet, ist an den Grenzen seiner Leistungskraft angelangt. Er kommt als umfassender Garant unseres Wohlbefindens nicht mehr in Betracht und wird auf längere Sicht nur eine schmale Grundsicherung gegen die Not gewährleisten können. Daher muß sich, ob wir wollen oder nicht (auch ich hätte gern eine umfassende Daseinsvorsorge des Staates langfristig gesichert gesehen), die Einsicht in den Köpfen durchsetzen, daß der einzelne künftig eigene Verantwortung für sich und die Seinen zu übernehmen hat.

Jeder muß begreifen, daß er in Zukunft auf nichts anderes, auf fast nichts anderes bauen kann als auf sich selbst. Wenn diese Mentalität der Eigenverantwortung mehr und mehr selbstverständlich wird, wenn die Folgen dieses einfachen Grundgedankens breit und überzeugend diskutiert werden, ist das Entscheidende fast schon erreicht. Das wird freilich nicht von heute auf morgen geschehen, ja kann bei unseren etatistischen Traditionen leicht ein Unternehmen für Jahrzehnte werden. Denn er wird den Kern des Sozialstaats auf eine schmale, dafür aber solide Grundlage stellen. Er wird zugleich, durch die in der Breite der Bevölkerung wachsende Verantwortung, auch der deutschen Demokratie einen neuen Ernst, eine bisher ungeläufige Würde verleihen. Der Begriff der Selbstregierung des Volkes wird aus bloßer Theorie zur lebendigen Wirklichkeit werden.

Unsere Lage ähnelt heute in mancher Weise der Situation vor einem halben Jahrhundert, als sich Ludwig Erhard daran machte, das am Boden liegende Deutschland im Westen wirtschaftlich wieder auf die Beine zu bringen. Wir führen zwar alle nach wie vor gern seinen Namen im Munde. Aber was wir tun, hat mit dem, was er wollte, nichts gemeinsam.

Kürzlich hat Gerhard Stoltenberg, der stellvertretende Vorsitzende der Konrad-Adenauer-Stiftung, zu Recht gefordert, die Bürger müßten sich wieder stärker mit dem Gedankengut der Sozialen Marktwirtschaft vertraut machen. Eine Untersuchung des Instituts für Demoskopie Allensbach im vergangenen Jahr habe gezeigt, daß diesbezügliche Kenntnisse ständig abgenommen hätten. Das gelte auch für die Union, die sich auf tragende Grundsätze der Marktwirtschaft neu besinnen müsse – wobei man hinzufügen muß, daß am ehesten noch die kleine FDP weiß, worauf es ankommt. Stoltenberg unterstrich, daß die Politik nur mit marktwirtschaftlichen Ansätzen der zunehmenden Globalisierung begegnen könne. Eine weitreichende Steuerreform, eine Flexibilisierung des Arbeitsmarktes und eine Sozialgesetzgebung, die der demographischen Entwicklung Rechnung trage, seien unerläßlich. Es gehe außerdem nicht an, daß Sozialhilfeempfänger fast genauso viel erhielten wie die Bezieher niedriger Einkommen. Der Staatsanteil müsse bei uns unbedingt gesenkt werden. Überzogene Subventionen für überkommene Wirtschaftszweige oder vermeintliche Zukunftsindustrien führten nicht weiter, seien außerdem ungerecht. Der Staat solle sich vor allem auf die Förderung von Schlüsselsektoren wie Bildung, Ausbildung und Grundlagenforschung konzentrieren.

Lauter goldene Worte – leider vorerst in den Wind gesprochen. Heute wie zu den Zeiten Ludwig Erhards geht es um einen völligen Systemwechsel. Wir sollten uns daher fragen, welchen Rat uns der Initiator des damaligen Wirtschaftswunders angesichts der gegenwärtigen Krise unseres Staates jetzt geben würde. Erhard würde uns zunächst vermutlich heftig vorwerfen, daß wir sein Konzept der Sozialen Marktwirtschaft bis zur Unkenntlichkeit entstellt haben. Dann aber würde er uns demonstrieren, wie zeitgemäß seine damaligen Vorschläge noch heute sind. Schließlich ringen wir, wie Hans-Peter Schwarz bei Erhards 100. Geburtstag betonte, »immer noch mit denselben Problemen, die auch ihm zu schaffen machten: Arbeitslosigkeit, internationale Wettbewerbsfähigkeit, Wechselkursprobleme, überbürdeter Wohlfahrtsstaat und Subventionsunwesen, Gewerkschaftsmacht und Machtanspruch der Großindustrie, langfristige Geldwertstabilität, Europa«.

Als ein Gegner von Etatismus und Kollektivismus würde uns Erhard heute ohne jeden Zweifel raten, zur Eigenverantwortung des einzelnen zurückzukehren. Der Versorgungsstaat, schrieb er 1956, sei leider dazu angetan, »den Wagemut, das Leistungsstreben, die Bereitschaft zu freier Spartätigkeit, die persönliche Initiative und das Verantwortungsbewußtsein mehr und mehr zu lähmen, ohne die eine freiheitliche Wirtschafts- und Gesellschaftsordnung nicht existieren kann«. Umverteilung, Abhängigkeit vom Kollektiv und vom Staat, ein verkümmerter freier und funktionsfähiger Kapitalmarkt »wären die Folgen dieses gefährlichen Weges, an dessen Ende der ›soziale Untertan‹ und die bevormundende Garantierung der materiellen Sicherheit durch den allmächtigen Staat sowie die damit verbundene Lähmung des wirtschaftlichen Fortschritts in Freiheit stünde«. Man muß heute kaum noch betonen, weil es offensichtlich ist, daß Erhards Prognose in der Bundesrepublik inzwischen voll in Erfüllung gegangen ist, auch wenn all jene Parteifreunde, die kräftig zum Ruin seines Werkes beigetragen haben, ihn nach wie vor als Urheber ihrer sozialstaatlichen Irrtümer und Fehler lautstark feiern.

Erhard wollte unseren allumfassenden Versorgerstaat nicht. Er wünschte ihn im Gegenteil überflüssig zu machen durch die freie Marktwirtschaft, die Wohlstand für alle sichere. Nur die wirklich Bedürftigen wären, wenn man seinen Grundsätzen treu bleibe, dann noch auf staatliche Unterstützung angewiesen. Undenkbar war für ihn das Konzept einer Marktwirtschaft, die sich sozialpolitischen Maximen unterzuordnen habe. Er setzte ganz auf das Engagement und die Verantwortung des einzelnen: »Denn eine freiheitliche Ordnung kann auf die Dauer eben nur bestehen, wenn auch im sozialen Sektor ein Höchstmaß an Freiheit, privater Initiative und Selbsthilfe gewährleistet wird.« Wenn dies Ludwig Erhards Vermächtnis ist, dann hat die Politik der vergangenen Jahrzehnte unser Land sorglos und leichtfertig um sein Erbe gebracht.

Das größte Bedürfnis des Staates, also unser aller Grundforderung, sagt Goethe, ist eine mutige Obrigkeit. Das gilt gerade in den »demokratischen Fürstenherrschaften« unserer Tage. Sind in der heutigen Krise unserer Gesellschaft Retter zu erwarten, mutige und kluge Männer und Frauen, die reformerische Kraft haben und mobilisieren? Kann man sie im voraus erkennen? Oder tauchen sie ganz unerwartet auf?

Sie sind schon unter uns, müssen in unserer Mitte sein. So war es jedenfalls vor zweihundert Jahren in Preußen, als der Staat in einer vergleichbaren Krise steckte. Damals wie heute stehen Staat und Gesellschaft in einer entscheidenden Umbruchphase. War es einst der Umbruch vom Absolutismus zur Bürgergesellschaft, ist es jetzt der Übergang von der industriellen zur Informationsgesellschaft, vom allumfassenden Wohlfahrtsstaat zur Gesellschaft selbstverantwortlicher Bürger. Allerdings sind Information und Kommunikation um ein Vielfaches besser als seinerzeit in Preußen. Die kommende Krise ist daher heute leichter vorauszusagen. Man mußte schon jetzt die Kräfte der kommenden, unerläßlichen Reformen ausmachen können. Doch wo halten sie sich versteckt? Wo steckten sie damals?

In der Krise von 1806/7 kamen die Männer, die nach der Niederlage gegen Napoleon, nach der verlorenen Schlacht bei Jena und Auerstedt, die großen Reformen in Preußen durchsetzten, Preußen von Grund auf erneuerten und damit die Grundlagen des modernen Staates in Deutschland legten, aus den eigenen Reihen des Systems. Man kann die damalige Zeit nicht strikt in die Zeit vor und nach dem Zusammenbruch trennen. Sebastian Haffner warnte vor der oft vertretenen Auffassung, die Reformer seien plötzlich in der Krise aus dem Nichts aufgetaucht. Dieselben Personen und Kräfte sind die ganze Zeit am Werk gewesen. Die beiden wichtigsten Reformer, Stein und Hardenberg, waren vor 1806 im alten Staat zu Rang und Namen gekommen, waren bereits preußische Minister. Auch Scharnhorst, der bedeutendste Militärreformer, war schon damals stellvertretender Generalstabschef.

Karl Freiherr vom und zum Stein trat als junger Mann 1780 in den preußischen Staatsdienst ein: als Referendar des Generalkriegs- und Domänendirektoriums in Berlin, der zentralen Verwaltungsbehörde. Damit begann seine langjährige Verwaltungstätigkeit, die ihn zunächst für mehr als zwei Jahrzehnte auf verschiedene Posten im Westfälischen führte, ehe er 1804 zum Staatsminister für Finanzwesen und Handel ernannt wurde. 1807 bekam Stein die Zügel ganz in die Hand. Wesentlich durch seine Umsicht und Energie gelang dem Staat der Wiederaufstieg aus der Niederlage und krisenhafter Gefahr. Aber die Höhepunkte in Steins Beamtenlaufbahn, die Reformgesetzgebung und die Tätigkeit in der preußischen Zentralverwaltung, wären ohne die vorangegangenen Jahrzehnte praktischer verwaltungstechnischer Erfahrung in Westfalen undenkbar gewesen. Seine leitende Stellung im dortigen, damals aufblühenden Berg- und Verwaltungswesen hatte ihm eine Anschauung von freiem Bauerntum, von Volksrechten und Mitarbeit der Stände ebenso wie von den ersten Anfängen einer modernen Industrie und einer aufstrebenden Handelsgesellschaft vermittelt, die seine Reformideen wesentlich mitbestimmen sollte.

Auch Karl August Fürst von Hardenberg hat seine Laufbahn als Verwaltungsbeamter begonnen. Wie der Hesse Stein war der Niedersachse Hardenberg Wahlpreuße. Er trat 1774 mit 24 Jahren als Kammerrat in den Dienst seines Heimatlandes ein, des damals selbständigen Königreichs Hannover. Unter Georg III. arbeitete er sechs Jahre lang in der Fiskalverwaltung, ehe er für acht Jahre an den Hof des Herzogs Karl Wilhelm Ferdinand von Braunschweig ging. Beiden Landesherrn legte er Reformschriften für die Landesverwaltung vor. Die Pläne gingen seinen Vorgesetzten freilich zu weit und blieben deshalb zunächst lange wirkungslos. Erst über den anschließenden Ministerposten im Markgrafentum Ansbach-Bayreuth, das 1791 an die preußische Krone überging, kam er in den preußischen Staatsdienst. Hier stand er bis zum Jahre 1806 an der Spitze von Regierung und Verwaltung der fränkischen Provinz.

Gerhard David von Scharnhorst, ursprünglich nichtadelig, hatte den schwersten Weg hinter sich, vom niedersächsischen Bauernhaus seiner Eltern bis zur Spitze der preußischen Heeresverwaltung. Vom Artillerieschüler zum Oberstleutnant aufgestiegen, wurde er im Jahre 1801 von Friedrich Wilhelm III. aus Hannover in preußische Dienste abgeworben und verantwortlich für die militärischen Bildungsanstalten in Berlin. 1804 hielt Scharnhorst die ersten Vorlesungen an der »Akademie für junge Offiziere«, die ganz nach seinen Plänen aufgebaut war. Anhand von praktischen Beispielen, insbesondere der neuen Kampfführung der französischen Revolutionskriege, bewies Scharnhorst seinen Schülern bereits vor 1806 die Abhängigkeit des Heeres von der Staatsverfassung.

Die großen Reformdenkschriften sind von erfahrenen Beamten und Fachleuten entworfen worden. Die meisten der Maßnahmen, die zwischen 1806 und 1813 ins Werk gesetzt wurden, wurden bereits vor 1806 in den Ministerien geplant und vorbereitet. Und heute?

Während sich in Europa die Ideen und Errungenschaften

der Französischen Revolution in den Köpfen der Leute und den Verfassungen vieler Staaten niedergeschlagen hatten, war in Preußen fast alles beim alten geblieben. Frankreich übertraf plötzlich das friederizianische Preußen, das im 18. Jahrhundert als der modernste und fortschrittlichste Staat Europas gegolten hatte. Aber der Reformwille des Monarchen, Friedrich Wilhelm III., war zu gering und die Widerstände der Privilegierten, vor allem in Adel und Militär, zu groß, als daß eine Erneuerung des preußischen Staates hätte erfolgreich sein können. Zwar war einigen die Rückständigkeit Preußens schon vor 1806 bewußt. Doch blieb diese Erkenntnis vorerst auf einen kleinen Kreis von weitsichtigen Beamten und Offizieren beschränkt. Nur wenige prangerten, wie der enge Mitarbeiter Hardenbergs und später Steins, Karl von Altenstein, die Zurückhaltung seiner Zeitgenossen offen an und forderten, »daß man sich nicht scheue, die Notwendigkeit einer Veränderung der inneren Verfassung oder der Grundverfassung allgemein anzuerkennen und laut auszusprechen«.

Es bedurfte eines außenpolitischen Anstoßes, der offenbarte, daß das Festhalten an überkommenen Strukturen den Staat lähmt und seine völlige Zerrüttung zur Folge hat. Die beispiellose Katastrophe von 1806, der militärisch und moralische Zusammenbruch der jüngsten Großmacht Europas auf einen Schlag, brachte die bis dahin vielfach verborgen gebliebene Strukturkrise ans Licht. Erst jetzt verbreitete sich bei den Zeitgenossen ein allgemeines Krisenbewußtsein, das den Reformern zum Durchbruch verhalf. Schließlich gefährdeten die Folgen der französischen Besetzung die Weiterexistenz Preußens. Als die Einzelheiten der Friedensbedingungen, große Gebietsabtretungen und immense Kontributionen, der Öffentlichkeit bekannt wurden, erhob sich Kritik am Versagen der schwachen Regierung. Es entbrannte ein publizistischer Streit über die Ursachen von Preußens Fall, in dem zum Beispiel der Beamte und Publizist Friedrich von Cölln mit seinen polemischen Schriften für Aufsehen sorgte. »Die Regierung handelt wie ein gefühlvoller sentimentaler Arzt«, schrieb Cölln, »der Patient leidet am Krebsschaden, es sollten recht derbe Schnitte in das gesunde Fleisch versetzt werden, um einen Stillstand hervorzubringen, man setzt auch wohl das Messer an, der Patient schreit aber gewaltig, nun wirft man das Messer weg und legt lindernden Balsam auf, klebt die Wunde zu, das Gift frißt unter sich, und mit einem Male ist der ganze Körper infiziert. So wird es dem preußischen Staat ergehen.« Auch Stein selbst unterließ es nicht, nach den Ursachen des Zusammenbruchs zu suchen und »sie in der gesunkenen Moralität der Nation und Schlaffheit, Trägheit und bis zur Verblendung gehenden Kurzsichtigkeit der Regierung zu finden«.

Die Reformer erließen ganze Bündel von Gesetzen, um zunächst aus der Niederlage das Beste zu machen und die politische Existenz des Staates zu sichern Modernisierung von Regierung und Verwaltung, Bauernbefreiung, Kommunalreform, die Neuordnung städtischer Selbstverwaltung, Einführung der Gewerbefreiheit, Heeresreform – kaum ein Bereich, in dem nicht reformiert, das Verhältnis von Staat und Individuum neu bestimmt wurde. »Ebenso wichtig und wohl noch wichtiger ist aber«, schrieb Finanzminister Altenstein, »daß jedem der möglichst freie Gebrauch seiner persönlichen Kräfte, seines Kapitals, seiner Hände und seines Kopfes, soweit es ohne Nachteil eines Dritten geschehen kann, erlaubt werde.« Der neue Staat sollte auf selbsttätigen und freien Individuen beruhen, das Volk nicht mehr einfach Objekt bürokratischer Fürsorge sein. Der selbständige, mitverantwortliche Staatsbürger wurde gefordert. Die Reformen zielten damit auf eine Modernisierung von Staat und Gesellschaft auf der Grundlage der Freiheit des Menschen zur Entfaltung der eigenen Kräfte. »Die Gewalt dieser Grundsätze«, schrieb Hardenberg in seiner Rigaer Denkschrift von 1807, »ist so groß, sie sind so allgemein anerkannt und verbreitet, daß der Staat, der sie nicht annimmt, entweder seinem Untergang oder der erzwungenen Annahme derselben entgegensehen muß.«

Voraussetzung des selbst*tätigen* Individuums war damals wie heute das selbst*denkende* Individuum, an dem es aber in Preußen des beginnenden 19. Jahrhunderts mit einem erst ansatzweise entwickelten Bürgertum fehlte. Sollte die Staatserneuerung langfristig gelingen, mußte daher besondere Aufmerksamkeit der Erziehung gelten. Das war die historische Stunde Wilhelm von Humboldts, der sechs Jahre lang Preußischer Resident, also Botschafter, beim Päpstlichen Stuhl in Rom gewesen war, wo er ausgiebig klassischen Studien nachgehen konnte. Er erhielt 1806 den Titel eines »bevollmächtigten Ministers«, bevor er 1809 zum Direktor der Sektion für Kultus und Unterricht im Berliner Innenministerium ernannt wurde. Dieses Amt prägte Humboldt so nachhaltig, daß man ihn später den einflußreichsten Kultusminister der deutschen Geschichte genannt hat. Er war es, der den Zusammenhang der Verwaltungs-, Agrar-, Stadt- und Heeresreform mit der Bildungsreform erkannte. Ein auf der Basis elementarer Menschenrechte errichtetes Bildungswesen sollte die Freiheit des Bürgers auf der Grundlage der allgemeinen Bildung des einzelnen ermöglichen.

Die Reform von Schule und Unterricht, die staatliche Lehrerausbildung für Volksschulen, die Gymnasialordnung auf neuhumanistischer Grundlage und schließlich die Gründung der Universität Berlin, einer Universität neuen Typs, nach dem Grundsatz der Freiheit und Einheit von Lehre und Forschung, waren als Kern der Gesamtreform gedacht, ohne den die Reformen in den anderen Bereichen keinen Bestand haben konnten. Jedoch blieben vorerst alle Initiativen in dem Dilemma stecken, daß sie der Wirklichkeit allzusehr vorauseilten. Sie beruhten auf der Annahme, daß es eine bürgerliche, nicht mehr ständische Gesellschaft bereits gebe, obwohl sie doch erst durch die Reformen geschaffen werden sollte.

Heute sind die Verhältnisse genau umgekehrt. Die Reformen hinken der Wirklichkeit hinterher. Der Wandel zu einer modernen Dienstleistungsgesellschaft hat sich in vielen Bereichen bereits vollzogen. Aber die Reform der politischen und rechtlichen Rahmenbedingungen läßt unendlich auf sich warten. Es ist gar nicht so wichtig, daß unter uns möglichst große Einigkeit über die einzelnen Reformschritte herrscht. Auch die preußischen Reformer stellten keineswegs eine in sich geschlossene Gruppe dar. Bei allen Differenzen zwischen ihnen darüber, wie der neue Staat, die neue Nation aussehen solle, stimmten sie jedoch darin überein, »daß nur eine Radikalkur unserer Verfassung dem Staat wieder neues Leben geben und ihm solches erhalten könne«, wie Hardenberg schrieb. »Möge man sie doch nicht scheuen und mit starker Hand die nötigen Maßregeln – ja keine halben – ergreifen!« Es gehe um die »Abschaffung aller Polster der Trägheit«. Natürlich würden sich genug Hindernisse auftürmen, räumte er ein. Aber sie müßten in sich zusammenfallen – ganz gleich, woher die Widerstände kämen –, wenn man ohne Weitschweifigkeit und mit Mut auf sie losgehe. Man solle die Ausführung nicht großen, zusammengesetzten Kommissionen übertragen, solle nicht viele Behörden fragen. Wenige einsichtsvolle Männer müßten die Ausführung leiten. Einzelne Unzufriedene fänden sich immer, aber sie würden von der Menge der Zufriedenen und Vernünftigen sehr leicht verdrängt werden. Hardenberg fügte seinen Ausführungen einen Satz hinzu, der auch nach zweihundert Jahren seine Gültigkeit nicht verloren hat: »Zeit ist nicht zu verlieren.«

Roland Berger

Wer wagt, gewinnt

Zweihundertfünfzig Jahre moderne Industriegesellschaft: Das waren Zeiten der wirtschaftlichen Umsetzung von wissenschaftlichen Erkenntnissen in technologischen Fortschritt und dieses Fortschritts in materiellen Wohlstand für die breite Bevölkerung. Noch nie seit Bestehen der Menschheit hat es in relativ kurzer Zeit eine derartige Explosion von Wohlstandsgewinnen gegeben – mit allem, was dazugehört: Die höchste Lebenserwartung bei nie gekannter Gesundheit, das Maximum an Information und Ausbildung, das höchste Maß an persönlicher Freiheit und gleichzeitig an materieller Sicherheit gegen die großen Lebensrisiken wie Alter, Krankheit und wirtschaftliche Not – und all dies in der bisher größten gesellschaftlichen Breite durch alle Schichten der Bevölkerung. Die Treiber dieser Entwicklung waren und sind – neben dem Streben der Menschen nach Wohlstand und Fortschritt – Wissenschaft und Technologie sowie Marktwirtschaft und Demokratie. Keines der vier Elemente durfte und darf in Zukunft fehlen.

Auch heute stehen wir wieder an einer Zeitenwende. Die wissensbasierte Informations- und Dienstleistungsgesellschaft schickt sich an, die traditionelle Industriegesellschaft abzulösen, so wie diese vor einem Vierteljahrtausend die Agrargesellschaft ersetzt hat. Wieder wird der materielle Wohlstand breitester Bevölkerungsschichten ein nie gekanntes Ausmaß erreichen – im Gegensatz zum Industriezeitalter diesmal in einem globalen Maßstab. Und wiederum werden die Treiber der Entwicklung Wissenschaft und Technologie sowie Marktwirtschaft und Demokratie sein.

Und wie beim Übergang von der Agrar- zur Industriegesellschaft und während der gesamten Zeitspanne ihrer Entwicklung wird der Wandel in das neue Zeitalter Gewinner und Verlierer der Veränderung hervorbringen. Dies gilt für Individuen, Gesellschaftsschichten und Völker. Dabei werden wir erneut feststellen oder lernen, daß die Gewinner des Strukturwandels diejenigen sind, die die Chancen des Wandels am schnellsten ergreifen, die dem Neuen die wenigsten Hindernisse in den Weg legen und die den Promotoren und Innovatoren der neuen Strukturen die attraktivsten Anreize geben und belassen.

Fortschritt und wachsender Wohlstand werden dabei auch heute ihren Preis haben: Der Wirtschaftswissenschaftler Joseph Schumpeter hat diesen Prozeß »kreative Zerstörung« genannt. Dieser notwendige Prozeß bedeutet auch den Verlust von Besitzständen, die uns liebgeworden sind, sowie die Ungleichheit in der Verteilung der Früchte des Wandels, also von Einkommen und Vermögen in einem Maße, das uns als »ungerecht« erscheint. Also wird auch das neue Zeitalter von dem bestimmt sein, was für die vergangenen 250 Jahre kennzeichnend war: dem Gegensatz von Produktion und Verteilung, von Befördern, von Fortschritt und von Wandel auf der einen und dem Wunsch nach Bewahren und Gerechtigkeit auf der anderen Seite.

Strukturwandel und Fortschritt werden ohne Konflikt nicht zu haben sein – und gesellschaftlicher Zusammenhalt nicht ohne einen neuen Konsens. Dieser Konsens wird sich daran orientieren, was das gesellschaftliche Wertesystem an Zerstörung des Bestehenden und an Ungleichheit zwischen den einzelnen Mitgliedern der Gesellschaft, also zwischen Gewinnern und Verlierern des Wandels, hinzunehmen bereit ist.

Genau darin, nämlich einerseits Konflikt zuzulassen und ihn, wo nötig, zu befördern, und andererseits einen neuen, innovativen Konsens zu stiften, besteht Aufgabe und Kunst des Regierens seit Beginn der »modernen Zeiten«. Wenn Gerhard Schröder von »Modernisierung und Gerechtigkeit« und

Edmund Stoiber von »Tradition und Fortschritt« sprechen, meinen sie genau dies. Der Haken dabei: Demokratisches Regieren braucht Mehrheiten. Die Wegbereiter und damit auch die Gewinner des Wandels sind aber stets in der Minderheit.

Eine Regierung, der Wohl und Zukunft der ihr anvertrauten Gesellschaft am Herzen liegt, steht damit vor einem Dilemma: Sie muß die Entfaltungsmöglichkeiten dieser innovativen Minderheit schützen, sonst verspielt sie die Fortschrittsoption für ihre Gesellschaft. Doch sie muß dies gleichzeitig im Konsens mit der Mehrheit tun, die stets Angst vor dem Wandel hat – sonst verliert sie die Macht, zu regieren.

Dabei besteht eine zusätzliche Schwierigkeit: Die Früchte des Wandels stellen sich regelmäßig erst längerfristig ein. Die Angst der Mehrheit vor dem Wandel ist aber gegenwärtig und kurzfristig – und damit die Gefahr für eine Regierung, die auf Wandel setzt, die Gunst der Mehrheit zu verlieren. Genau dies ist die Lage in Westdeutschland seit Ende der sechziger Jahre, dem Zeitpunkt, seit dem die (West-)Deutschen wieder etwas zu verlieren hatten. Die Folge: Der Wandel in Deutschland hat sich erheblich verlangsamt. Der Grund: Unsere Regierungen waren und sind zu sehr auf kurzfristigen Konsens mit der Mehrheit aus und haben zu wenig Mut zum konstruktiven Konflikt mit ihr, obwohl dieser dem wohlverstandenen Interesse der Gesellschaft entsprochen hätte. Dadurch ist Deutschland im weltweiten Wettbewerb zurückgefallen.

Der notwendige Ausweg aus dem Dilemma ist damit deutlich: Starke politische Persönlichkeiten von hohem moralischen Anspruch und mit einer klaren Vision über Zukunft und Zukunftsfähigkeit der Gesellschaft; Politiker-Persönlichkeiten, deren Selbstverständnis von ihrer Pflicht geprägt ist, das Wohl der Gesellschaft zu mehren, und nicht davon, zuallererst Wahlen zu gewinnen; Regierungen und Parteien, die über die Glaubwürdigkeit und Kommunikationsfähigkeit verfügen, den scheinbar unbequemen Weg als den richtigen zu vermitteln und ihn dann auch zu beschreiten: Politiker also, die bereit sind, den Konflikt zu wagen, um den Konsens zu gewinnen.

Konrad Adenauer, Ludwig Erhard und Willy Brandt haben den Konflikt gewagt und den Konsens gewonnen. Deutschland hätte an der Zeitenwende von der Industrie- zur Informationsgesellschaft, also an der Jahrtausendwende, wieder solche Politiker verdient!

Rolf-E. Breuer

Überzeugungsarbeit leisten

Bewunderer des niederländischen Polder-Modells sehen in den unbestreitbaren Beschäftigungserfolgen bei unserem westlichen Nachbarn den Beleg dafür, daß notwendige Reformen im Konsens realisiert werden können. In der Tat ist die Bilanz des 1982 mit dem Akkord van Wassenaar eingeleiteten Dialogs zwischen Regierung, Gewerkschaften und Arbeitgeberverbänden beeindruckend. Betrug die Arbeitslosenquote in den Niederlanden 1982 noch 8 Prozent gegenüber 6 Prozent in Deutschland, so lag sie im vergangenen Jahr mit 4 Prozent weit unter der deutschen mit 10 Prozent.

Ist Konsens also eine Garantie für Erfolg? Leider nein. Ein Blick hinter die Kulissen ist lehrreich. Wesentliche Voraussetzung für den Beschäftigungserfolg in den Niederlanden war, daß die Partner nicht versucht haben, die Verantwortung auf den jeweils anderen abzuwälzen, nach dem Motto, ich bin für Reformen, wenn sie dem anderen weh tun. Alle drei Beteiligten waren bereit, auf Teile ihrer Souveränität zu verzichten und Kompromisse einzugehen, zum Beispiel in der Lohnpolitik. Ohne Verständigung über langjährige lohnpolitische Zurückhaltung wäre auch in den Niederlanden eine Halbierung der Arbeitslosigkeit seit 1982 nicht möglich gewesen, selbst wenn man fairerweise den hohen Anteil an Teilzeitarbeitsplätzen und an Invaliden berücksichtigen muß. So haben die Lohnkosten in den Niederlanden seit 1982 nur rund halb so stark zugenommen wie in Deutschland.

Mit der Wiederauflage des »Bündnisses für Arbeit« unternimmt die rot-grüne Bundesregierung einen neuen Anlauf, den 1997 im Streit um die Lohnfortzahlung im Krankheitsfall abgebrochenen institutionalisierten Dialog mit Gewerkschaften und Arbeitgeberverbänden aufzugreifen. Die Suche nach einer Verständigung über notwendige Reformen durch Konsens erlebt damit eine Renaissance. Der Konsens findet bisher jedoch bereits bei der Auswahl der zu behandelnden Themen ein Ende. Mit Hinweis auf die grundgesetzlich verankerte Tarifautonomie lehnen zumindest Teile der Gewerkschaften ab, daß im »Bündnis für Arbeit« über Löhne gesprochen wird. Richtig ist, daß dieses Forum keine Tarifabschlüsse aushandeln kann. Wohl aber zeigt gerade das erfolgreiche niederländische Polder-Modell, wie wichtig eine Verständigung über Leitlinien ist, die dann zu maßvollen Lohnabschlüssen führen. Da die Höhe der Löhne nun einmal einen wesentlichen Einfluß auf die Beschäftigung hat, macht eine Ausklammerung dieses Themas aus einem »Bündnis für Arbeit« keinen Sinn. Das gleiche gilt für die alleine schon aufgrund der demographischen Veränderungen in unserem Land unausweichlichen Reformen der sozialen Sicherungssysteme, allen voran der Renten- und Gesundheitssysteme. Ohne grundlegende Reformen, die auf mehr Wettbewerb und Eigeninitiative zielen, droht eine weitere Explosion der bereits heute schwer auf den Kosten für Arbeit lastenden Sozialversicherungsbeiträge. Aber auch die Frage eines Steuersystems, das Unternehmen und Arbeitnehmern Anreize zu Investitionen und Leistung bietet, und die Modernisierung der in Deutschland längst nicht mehr vorbildlichen Aus- und Weiterbildungssysteme sind Themen, die inhaltlich in ein »Bündnis für Arbeit« gehören.

Die Politik ist gut beraten, bei den für die Zukunft unseres Landes zentralen Themen den breiten Konsens zu suchen. Das Argument, daß ein »Bündnis für Arbeit« nur in kleinen Ländern, wie den Niederlanden, funktionieren könne, nicht jedoch in größeren wie Deutschland, überzeugt nicht. Wirkliches Bemühen um Verständigung ist – in kleinen wie in großen Ländern – offensichtlich immer dann möglich, wenn die Not am größten ist. Auch dies zeigt das Beispiel der Niederlande, die Anfang der achtziger Jahre in einer tiefen ökonomischen Krise steckten und als »kranker Mann« in Europa galten. Dies zeigen aber auch die verantwortungsvollen Vereinbarungen, die in Deutschland auf betrieblicher Ebene in Krisenfällen durchaus keine Rarität sind.

Die Notwendigkeit, sich im Dialog mit anderen Positionen auseinanderzusetzen, zwingt die Politik, Überzeugungsarbeit zu leisten. Die Bevölkerung hat ein Recht darauf, zu erfahren, warum eine Regierung bestimmte Maßnahmen für erforderlich hält. Gerade bei so komplexen Themen wie der bestmöglichen Ausgestaltung der Steuer-, sozialen Sicherungs- und Bildungssysteme ist die Suche nach Konsens zudem alleine schon deshalb sinnvoll, um die verschiedensten Facetten zu beleuchten und so viele Erfahrungen und Informationen wie möglich in den Entscheidungsprozeß einfließen zu lassen. Erfolgreiche Politik gelingt nicht aus der Kommandozentrale eines Raumschiffes – weder in Bonn noch in Berlin.

Wo aber trotz aller Bemühungen kein Konsens erreichbar ist, darf die Politik sich ihrer Verantwortung nicht entziehen. In einer repräsentativen Demokratie ist die Regierung gewählt, um zu handeln, wo politische Führung erforderlich ist. Dies beinhaltet notfalls auch unpopuläre Entscheidungen. Fehlender Konsens kann keine Entschuldigung dafür sein, notwendige Reformen auf die lange Bank zu schieben. Die Suche nach Konsens darf nicht über dem Ergebnis stehen. Konsens ist kein Selbstzweck, sondern muß problemlösungsgerecht sein.

Eine Regierung, die sich über Widerstände hinwegsetzt, wird trotzdem gut beraten sein, alles zu tun, die Wähler zumindest im nachhinein von der Richtigkeit der getroffenen Entscheidungen zu überzeugen – dafür sorgt schon das Eigeninteresse der Politiker, die nächsten Wahlen zu gewinnen.

Heinz Dürr

Weder Sieger noch Verlierer

Das Begriffspaar Konsens und Konflikt beschreibt keine tatsächlichen Alternativen. Breiter gesellschaftlicher Konsens über die Grundwerte, die prinzipiellen Rahmenbedingungen des Zusammenlebens, ist die Voraussetzung für eine zielführende Streitkultur. Konflikte benennen – zumeist sehr materielle – Interessengegensätze. Diese dürfen nicht verkleistert, sondern müssen ausgetragen werden. Entscheidend ist: Es muß Konsens darüber herrschen, daß die Konflikte nicht vor dem gedanklichen Hintergrund des »Siegens« und »Verlierens« ausgetragen werden dürfen, daß vielmehr am Ende ein die Interessen bis zu einem gewissen Maß ausgleichender Kompromiß stehen muß.

Die zentrale Frage ist: Haben wir in Deutschland dafür noch die richtigen Instrumente? Oder sind die prozedualen Abläufe schon zu sehr ritualisiert worden? Aber auch: Haben wir noch die mentale Offenheit für Selbstkritik, für die Befähigung, sich mit den Argumenten des anderen ernsthaft auseinanderzusetzen?

Wenn man erlebt, wie sich Interessenverbände als befestigte Bürgerwehren aufführen, wie Kartelle der Besitzstandswahrer geschmiedet werden, dann beschleicht einen schon der Verdacht, hier werde nach dem Motto gehandelt: Mein Urteil steht fest. Verwirren Sie mich nicht mit Fakten!

Wer geglaubt hat, das größere Deutschland finde seine Identität in einer einfachen Ausdehnung der westdeutschen Verhaltensmuster auf Ostdeutschland, mußte schon aus eher profanen, aber knallharten Gründen enttäuscht werden: Die frühere westdeutsche Wohlfahrt ist nicht mehr finanzierbar, der internationale Wettbewerbsdruck zwang und zwingt weiterhin zu einschneidenden Rationalisierungen, der rasante Wandel von der Industrie- zur Informations- und Wissensgesellschaft erfordert tiefgreifende Veränderungen in den Tarif- und Arbeitsbeziehungen. Denn umfassende Steuerreform, grundlegender Umbau der Sozialsysteme, Sanierung der öffentlichen Haushalte, Neuregelung der innerstaatlichen Finanzbeziehungen, das Bündnis für Arbeit – die Lösungen für diese und andere Aufgaben werden Stückwerk bleiben, wenn wir uns um die Antwort drücken, innerhalb welcher moralisch-ethischen Rahmenbedingungen, auf welchen geistig-gesellschaftlichen Grundlagen sie begründet sein sollen.

Wie also soll Deutschland in solch vermeintlich komplizierter Zeit ganz praktisch regiert werden? Ich beziehe mich bei dem Versuch einer Antwort auf meine Erfahrung als Unternehmer, der an der Sanierung einiger großer Unternehmen beteiligt war. Da gilt es, als Chef eines solchen Unternehmens zunächst eine Vision zu entwickeln. Die Mitarbeiter, in unserem Fall die Bürger, müssen eine Perspektive bekommen. Der Anker muß weit hinausgeworfen werden, damit die Mannschaft, die das Boot rudern soll, sich auch kräftig in die Riemen legt. Diese Vision aber muß trotzdem greifbar sein, sie muß glaubwürdig sein, und sie muß den Leuten unter die Haut gehen. Das zweite, was ich gelernt habe: Die Sanierung eines Unternehmens muß handwerklich sauber in Angriff genommen werden. Das heißt: erst die Probleme schonungslos auf den Tisch; dann deren Lösung konsequent angehen.

Der normale Bürger erlebt nicht unmittelbar, wie regiert wird. Er wird mit den Ergebnissen dessen, was die Regierenden zustande gebracht haben, konfrontiert. Ich hatte die Möglichkeit, ins Innere der Regierungsmaschinerie zu gelangen – als Bahnchef bei der Bahnreform. Solchermaßen mit Erfahrungen gewappnet, will ich einige Vorschläge, in einem Unternehmen würde man von Verbesserungsvorschlägen sprechen, zum Regieren machen:

1. Die Probleme, die zu lösen sind, müssen sauber aufgelistet werden.
2. Es folgt eine ABC-Analyse; das heißt, die Prioritäten werden gesetzt.
3. Die Probleme werden klassifiziert; und zwar danach, ob bereits Lösungsvorschläge vorhanden sind oder ob dies noch nicht der Fall ist.
4. Jeder einzelne Lösungsvorschlag ist zu prüfen; insbesondere, ob eine Gesetzesänderung erforderlich ist und welche Mehrheiten dafür notwendig sind. Selbstverständlich müssen wichtige Termine und Eckpunkte auf der Zeitachse, wie beispielsweise Wahltermine, bei der Bewertung berücksichtigt werden.
5. Die Lösungsvorschläge werden nach den finanziellen Gesichtspunkten bewertet; also eine Kosten-Nutzenanalyse. Dabei sind – zumindest im Kern – Minimal- und Maximalwerte einzusetzen, um bei der Entscheidung eine gewisse Bandbreite zu haben.
6. Es ist zu prüfen, ob für die Ausführung des Projektes geeignetes Personal vorhanden ist. Ist dieses nicht der Fall, so ist Beratung von außen zu holen. Gegebenenfalls können auch Spezialisten für die Lösung bestimmter Probleme angeheuert werden.
7. Schließlich muß ein Kommunikationskonzept mit exaktem Zeitplan erarbeitet werden. Dabei ist insbesondere der Termin von entscheidender Bedeutung, zu dem der Lösungsvorschlag dem staunenden Publikum präsentiert werden soll.

So einfach könnte das Regierungsgeschäft sein, würde man das Ganze in übersichtlicher Form auf zwei bis drei Blatt aufschreiben. Man komme mir nicht mit dem Argument, Deutschland sei zu kompliziert für derartig einfache Lösungen. Meine Erfahrungen mit der Bahnreform waren andere. Die »Regierungskommission Bundesbahn« hatte ein relativ einfaches Konzept vorgelegt: Umwandlung der »Behörden-

Bahn« in eine Aktiengesellschaft. Das wurde umgesetzt, auch wenn es am Ende tausend Seiten Gesetzestext waren. Das Gewinnen einer politischen Mehrheit ist meist nur mit einfachen Argumenten möglich. Bei der Bahnreform mußte es immerhin eine Zwei-Drittel-Mehrheit für eine Grundgesetzänderung sein; am Ende waren es 95 Prozent der Bundestagsabgeordneten. Soviel zum Handwerkszeug.

Doch an jedem Anfang muß eine Vision stehen. In der Mediengesellschaft des ausgehenden 20. Jahrhunderts eine komplizierter zu findende Antwort als in einem Unternehmen. Und doch sind die Mechanismen so verschieden auch wieder nicht. Die einfache, aber eben deshalb komplexe Frage heißt: Wie, und wenn ja, wohin soll sich die Republik verändern im Zeichen dramatischer Umbrüche? Wie soll die innere Verfaßtheit Deutschlands zu Beginn des neuen Jahrtausends aussehen. Diese Debatte erfordert Leadership und übergreifende, im Wettbewerb zueinanderstehende Denkansätze. Dazu wiederum müssen sich die Politiker befreien vom Drang zur schnellen, einfachen Schlagzeile und dem quotenträchtigen 30-Sekunden-Fernsehauftritt; immer genährt vom jüngsten demoskopischen Popularitätsbefund. Sie müssen bereit sein, die wuchernde Nomenklatura der Bürokratie zurückzuschneiden auf die Aufgaben, die das Grundgesetz dem Staat tatsächlich auferlegt.

Die Verantwortlichen aus der Wirtschaft müssen jenseits des üblichen interessengeleiteten Verbandsgeredes ihren Beitrag leisten. Ihr Angebot an die Gesellschaft könnte Stakeholder-Value statt Shareholder-Value heißen; also Rückbesinnung auf eine wertorientierte Unternehmensführung, bei der Kapital-, Arbeitnehmer- und Kundeninteressen ausgewogen beachtet werden.

Die Gewerkschaften müssen über ihre Rolle als oberster Betriebsrat der Nation hinauswachsen. Auch Kultur, Wissenschaft und Kirchen müssen teilweise wieder stärker *down to earth* argumentieren.

Deutschland hat sich einen neuen Grundkonsens zu erarbeiten, indem für die großen und drängenden Herausforderungen um ganzheitliche Lösungsvorschläge gestritten wird. Das ist kein Frühjahrsspaziergang. Denn natürlich sind beispielsweise alle für Spar-Aktionen zur Sanierung der öffentlichen Haushalte, aber immer bei den anderen; zumindest der Löwenanteil. Und natürlich sind alle für den Umbau der Sozialsysteme, aber ohne eigenen Leistungsverzicht, am besten verbunden noch mit Beitragssenkungen. Die Zeiten des »Weiter so« sind aber definitiv vorbei. Deshalb gehören die alten Rituale in die Mottenkiste. Gefragt ist eine neue Ehrlichkeit.

Als Unternehmer gesprochen: Deutschland wird grundlegend umgebaut. Deshalb muß es eine neue Unternehmenskultur entwickeln, in der auch die Spielregeln einer zukunftsorientierten Konfliktlösung neu definiert werden. Oder noch anders gesagt: Dem Dichterwort »Im Mittelpunkt steht der Mensch, aber nicht der einzelne« muß wieder stärker Geltung verschafft werden.

KLAUS ENGELHARDT

Der Weg als Teil des Ziels

Die Kirchen haben auf die gestellte Frage eine eindeutige Antwort gegeben. In dem Gemeinsamen Wort des Rates der Evangelischen Kirche in Deutschland (EKD) und der Deutschen Bischofskonferenz (DBK) »Für eine Zukunft in Solidarität und Gerechtigkeit« treten sie ein für die »Wiedergewinnung des ethischen Grundkonsenses ..., auf den Politik, Wirtschaft und Gesellschaft angewiesen sind«. Dieser Grundkonsens drohe gegenwärtig unterzugehen: »Tiefe Risse gehen durch unser Land: vor allem der von der Massenarbeitslosigkeit hervorgerufene Riß, aber auch der wachsende Riß zwischen Wohlstand und Armut oder der noch längst nicht geschlossene Riß zwischen Ost und West.« Die Botschaft ist gehört worden. Wurde sie verstanden? Es gab einen breiten Konsens in der positiven Aufnahme. Die zustimmende Resonanz quer durch die bundesrepublikanische Gesellschaft war überwältigend. Die Kirchen erhielten von fast allen Seiten Lob. Eine Erfolgsstory war geboren – für Kirchenleute ein neues Öffentlichkeitsgefühl!

Ein Jahr später haben die beiden Vorsitzenden vom Rat der EKD und DBK eine ernüchternde Bilanz gezogen. In ihrer Erklärung heißt es lapidar: »Der notwendige Konsens ... kam nicht zustande.« Was ist schiefgelaufen? Die einen erklären: typisch Kirche, mit der Möglichkeit eines Grundkonsenses zu rechnen, als könne es eine Art Grundharmonie und ein Versöhntsein der Gesellschaft geben! Andere sagen: typisch Kirche, mit einer »Koalition der Menschen guten Willens« zu rechnen, die ihren gemeinsamen Beitrag zu einem gerechteren und solidarischeren Gemeinwesen leisten! Guter Wille bleibt angesichts real existierender gesellschaftlicher Widersprüche und der einander widerstreitenden Egoismen auf der Strecke. Es genügt nicht, Konsens zu beschwören. Kurt Sontheimer hat recht: »Weder die konfliktlose Konsensgesellschaft noch die kompromißlose Konfliktgesellschaft dürfen das Leitbild demokratischer Politik sein.«

Trotzdem – ich halte an der Forderung der Kirchen fest. Um überlebensfähig zu werden, müssen wir politikfähig sein. Politikfähig werden wir nur, wenn wir in unserer zerrissenen Gesellschaft den Konsens suchen und im Konsens das Gemeinwesen gestalten. Nicht ein unrealistisches Harmoniemodell ist dabei ausschlaggebend, sondern die Einsicht, daß das Neben- und Gegeneinander partikularer Interessen, die allenfalls im kleinsten gemeinsamen Nenner einen fragwürdigen Kompromiß suchen, politisches Handeln blockiert. Konsens wird durch die Bereitschaft gewonnen, Konflikte auszutragen.

Konsens und Konflikt in einem Atemzug als zusammengehörig zu nennen, ist keine rhetorische Dialektik. Es ist ein Unterschied, ob ich einen Konflikt riskiere, um meine Position auf Gedeih und Verderb durchzusetzen oder um neue, noch nicht gekannte Lösungen für alle beteiligten Partner und also auch für mich zu entdecken. Um noch einmal auf das Sozialwort der Kirchen zurückzukommen: Die hohe Akzeptanz in der Öffentlichkeit bedeutete nicht schon die uneingeschränkte inhaltliche Zustimmung, sondern war vor allem eine Folge des vorangegangenen Konsultationsprozesses. Was selten in unserer Gesellschaft passiert, war hier möglich geworden. Die unterschiedlichsten Gruppen aus verschiedenen sozialen Milieus und mit gegensätzlichen Interessen und Bedürfnissen hatten miteinander die Diskussion aufgenommen, gestritten, Fragestellungen und Lösungen akzeptiert und verworfen. Dabei wurde die Erfahrung gemacht: Der Weg ist schon ein Teil vom Ziel. Das ist keine hilflose Beschwichtigungsformel. Der nötige Konsens kommt unter den heute gegebenen Bedingungen nur zustande, wenn er durch das Austragen von Konflikten gesucht wird.

Was bedeutet dies für handfestes politisches Handeln? Die anstehenden Entscheidungen im Blick auf Arbeitsplatzpolitik, Steuer-, Renten- und Gesundheitsreform, Atomausstieg, Subventionen enthalten hohes Konfliktpotential, weil sie das Leben von Bürgerinnen und Bürgern existentiell berühren und weil die unterschiedlichen Lösungsvorschläge in besonderer Weise die parteipolitische Identität markieren. Um so unentbehrlicher ist die gemeinsame Suche nach dem Konsens. Das ist kein Plädoyer für eine große Koalition in der Regierung, sondern für das verantwortliche und effektive Zusammenspiel von Regierung und Opposition. Regierung und Opposition werden ihrer Verantwortung nicht gerecht, wenn sie die volle politische Wahrheit nur für die eigene Suche in Anspruch nehmen und in der öffentlichen Auseinandersetzung vor allem darauf aus sind, die andere Seite vorzuführen. Wenn im Blick auf fällige politische Entscheidungen durch Bereitschaft zum Konflikt ein Konsens gesucht wird, dann muß ein Weg gegangen werden, der Zeit braucht – Zeit, die nicht unter der Hektik der nächsten Wahl steht. Wo aktuell an die nächste Wahl gedacht werden muß, ist abgrenzende parteipolitische Profilierung unausweichlich. Man sucht den Konflikt, um die anderen zu Verlierern zu machen, und nicht, um mit ihnen einen tragfähigen Konsens zu finden. Ich plädiere aus diesem Grunde für fünfjährige Legislaturperioden des Parlaments, um mehr Zeit zu haben für nachhaltige politische Gestaltung.

Politische Handlungsfähigkeit wird nicht allein durch persönliche Entschlußkraft und politischen Mut der verantwortlichen Akteure gewonnen. In der Demokratie wird die Handlungsfähigkeit der Politik durch Einstellungen und Verhaltensweisen aller Bürgerinnen und Bürger bestimmt. Zukunftsfähig sind solche Einstellungen und Verhaltensweisen aber nur, wenn sie sich im Konflikt mit der nicht zu leugnenden Entsolidarisierung unserer Gesellschaft herausgebildet haben. Entsolidarisierung ist dort gegeben, wo die Starken die Notlage der Schwachen nicht wahrnehmen und die Schwachen zu gönnerhaft betreuten Mitgliedern der Gesellschaft werden. Hinter einer konsequent neoliberalen Philosophie steht das verräterische Bekenntnis: »Jeder stiftet den Sinn seines Lebens selbst.« Das widerspricht nicht nur diametral dem christlichen Glauben. Es stellt auch unabhängig von religiösen Vorgaben Menschlichkeit und Sozialkultur in Frage, weil diejenigen, die zur Sinnstiftung ihres Lebens nicht in der Lage sind, aus der Normalität fallen und unter der Hand zu Sozialfällen werden.

Weil der von den Kirchen angemahnte Grundkonsens gefunden werden kann, wenn die politisch verantwortlichen Frauen und Männer und ebenso die Bürger und Bürgerinnen konfliktbereit sind, nenne ich drei Konfliktimpulse, die aufgenommen werden müssen:

- »Nicht nur Armut, auch Reichtum muß ein Thema der politischen Diskussion sein. Umverteilung ist gegenwärtig häufig Umverteilung des Mangels, weil der Überfluß auf der anderen Seite geschont wird.« Diese Sätze aus dem Sozialwort der beiden Kirchen sind heftig kritisiert worden. Wird damit nicht dem Sozialneid Tor und Tür geöffnet? Dem ist kräftig zu widersprechen. Es geht um die Sozialpflichtigkeit des Eigentums. Daß sie ernstgenommen wird, darauf ist ein sozialer Rechtsstaat angewiesen.
- »Vorfahrt für Eigenverantwortung« – so hat das Sozialwort der Kirchen Subsidiarität umschrieben. Die Möglichkeit zur Eigenverantwortung soll nicht nur eingeräumt, sie muß auch wahrgenommen werden. Jener Mentalität ist zu widersprechen, die den »Vater Staat« für zu vieles verantwortlich macht und am liebsten auch noch zur allumsorgenden »Mutter Staat« hochstilisieren möchte.
- Sozialstaatlichkeit ist keine Qualität, die je nach Kassenlage nachgebessert oder bis zur Unkenntlichkeit eingeschränkt

werden kann. Auch bei notwendigen Einschnitten muß Sozialstaatlichkeit als Grundakkord unserer Gesellschaftsordnung hörbar und erkennbar sein.

Wenn diese Konfliktlinie auf allen Ebenen beachtet wird, können wir einen Grundkonsens finden, der für die Handlungsfähigkeit der Politik unentbehrlich ist.

Jürgen Engert

Vorwärts Kameraden, wir müssen zurück

Als Willy Brandt zum Vorsitzenden der SPD gewählt worden war, bekam er die Taschenuhr des sozialdemokratischen Urvaters August Bebel zu treuen Händen. Brandt war gerührt, und er war stolz. Der Parteivorsitz in Traditionsfolge stand für ihn weit über der Position eines Bundeskanzlers. Tief verankert im sozialdemokratischen Milieu, geprägt von einer Schicksalsgemeinschaft in der deutschen Geschichte, tauchte der Individualist aus seiner Vereinzelung in die kollektive Solidarität ein. Die SPD wußte, was sie mit Brandt hatte: ein Gefäß, in das sie ihre Gefühle gießen konnte und das damit korrespondierte. Brandt war der Visionär, mehr Demokratie wagen! Die Uhr August Bebels als Symbol.

Mit Gerhard Schröder dagegen hat die Sozialdemokratie zum ersten Male in ihrer Geschichte einen Vorsitzenden, der in der Partei nichts anderes sieht als eine Vereinigung zum Erreichen eines Zweckes. Keine Botschaft, keine Vision, die Uhr von August Bebel als Antiquität. Es war stimmend, daß Gerhard Schröder nach dem Rücktritt von Björn Engholm bei der Mitgliederbefragung unterlag, daß Oskar Lafontaine den Handstreich gegen Rudolf Scharping führte und Schröder erst Kanzler werden mußte, um an die Spitze der SPD gelangen zu können. Die Birne war reif, und sie fiel ihm in den Schoß. Wofür ist die Birne das Bild? Für eine außer Rand und Band geratene Gesellschaft, von der die Sozialdemokratie ein Teil ist. Die Ursachen dafür: das Ende der bipolaren Welt; die deutsche Wiedervereinigung; die Globalisierung als Begriff dafür, daß jeder mit jedem konkurriert, die Einführung der gemeinsamen europäischen Währung, die Massenarbeitslosigkeit, die Krise des Sozialstaates, die Erosion in den Strukturen der Parteien und Verbände. Der Gesellschaft ist eine Revolution über den Hals gekommen, und sie steht fassungslos vor ihren Konsequenzen. Der Kompaß kreiselt, und die vertrauten Muster für Handeln und Unterlassen haben keine Gültigkeit mehr.

Das ist ein Zustand, in dem ein Außenseiter zum Aufsteiger werden kann. Gerhard Schröder, der sich stets nur einem Prinzip verpflichtet gefühlt hat, dem der Nützlichkeit, stellt sich neben Strukturen und operiert an ihnen vorbei. Für seine Wesentlichkeit ist die Stunde günstig. Er stürzte mit Helmut Kohl die letzte, sich nie mehr wiederholende Verkörperung der deutschen Nachkriegszeit, in dem er sich jedes Draufhauen versagte, statt dessen: Der Opa hat seine Verdienste, nun aber ab aufs Altenteil. Schröder machte sich damit zum Lautsprecher einer Mehrheit. Dieser geschickte Umgang mit dem Altvordern hätte zum Sieg aber nicht gereicht. Eine Majorität votierte auch nicht aus Begeisterung für das Rot-Grüne Modell, nein, bundesdeutscher Konservativismus hob Schröder in den Sattel. Helmut Kohl und seiner Koalition traute eine Gesellschaft die Befriedigung ihres Bedürfnisses nach Sicherheit nicht mehr zu, und die zaghaften Schritte zu Reformen, vor allem in der Sozialpolitik, wurden als Bestätigung für dieses Unvermögen genommen.

Der neue Kanzler kennt seine Pappenheimer. Deshalb befriedigte er sie im Wahlkampf mit einer konservativen Parole: Vorwärts Kameraden, wir müssen zurück! Karenztage weg, Lohnfortzahlung wieder her, die Zuzahlungen bei Medikamenten senken, Kindergeld rauf, Rente wie immer. Der deutsche Michel in seinem Ohrenbackenstuhl war zufrieden, das Biedermeier schien gerettet: haben wir immer so gemacht, werden wir so weitermachen, kann passieren, was da wolle. Gerhard Schröder als der bessere Helmut Kohl.

Wie man sich täuschen kann. Der Nachfolger ist nämlich keiner. Er ist ein Anfänger. Denn zwischen allen Kanzlern und ihm liegt eine Welt. Krieg und Nachkrieg als Prägestöcke wirksam von Konrad Adenauer bis hin zu Helmut Kohl. Es war eben kein Zufall, daß Brandt und Kohl eine persönliche Nähe zueinander verspürten. Das Pathos, ausgedrückt in »Mehr Demokratie wagen« und in der Proklamation einer »Geistig-moralischen Wende« war ihnen gemeinsam, und dieses Pathos hatte eine gemeinsame Wurzel: die Erfahrung mit Hitler und dem Nationalsozialismus. Nie wieder! Das verband ebenso wie das latente Mißtrauen gegenüber den eigenen Landsleuten. Aktuelle politische Gegensätze wurden damit überwölbt.

Gerhard Schröder hat in seiner Regierungserklärung zu Recht den Generationenwechsel betont. Er bedeutet für Deutschland eine Zäsur sondergleichen, und er ist signifikant für die gesamte Gesellschaft. Gerhard Schröder, der erste Kanzler, dessen Biographie nicht vom Krieg bestimmt worden ist, ist groß geworden in der alten Bundesrepublik, in der Normen durch Beliebigkeiten ersetzt wurden, dieser Gerhard Schröder ist der Ausweis und die Personifikation des Endes der Nachkriegszeit.

Gerhard Schröder beruft sich gerne auf Helmut Schmidt. Aber zwischen beiden gibt es einen wesentlichen Unterschied: Der Pragmatismus von Schmidt war eine Absage auf erlittene und erduldete ideologische Vergewaltigung. Er war bedacht, und er war erarbeitet. Der Pragmatismus von Schröder versteht sich von selbst. In ihm steckt ein ordentliches Quantum Egoismus: Was für mich nützlich ist, ist nützlich auch für andere. Dieser Pragmatismus ist auch ein Instrument für das Fortkommen. Bündnisse zu diesem Zweck werden nach links und nach rechts geschlossen und wieder aufgelöst. Personenbeziehungen haben die Funktionalität zur Grundlage, deshalb sind auch sie austauschbar. »Chancen-Management« war ein zentraler Begriff in der Regierungserklärung von Gerhard Schröder. Es ist ein Begriff, der ihn als Person charakterisiert. So einer kann zwar temporär unsicher werden, vom Zweifel, der für Brandt so essentiell war, ist er nie und nimmer geplagt.

Und eine Weltanschauung, die bei den Deutschen so beliebte, die hat er gleich ganz und gar nicht.

Gerhard Schröder steht an der Spitze einer Gesellschaft, die eine Gesellschaft im Übergang ist. Sie weiß, was sie über die Jahrzehnte hinweg hatte und was ihr wohl gefiel: eine Welt der einfachen Antworten. Hier der Westen, dort der Osten, eine Art prästabilierte Harmonie trotz der Konfrontation, Körper und Seele in schöner Übereinstimmung. Die nach dem Krieg ins Kraut geschossene Sehnsucht nach Sekurität befriedigte rundum einen Staat, der zugleich die Desertion in den Individualismus gestattete. John F. Kennedys Mahnung, man solle nicht fragen, was das Land für einen tun könne, umgekehrt werde ein Schuh daraus, die empfanden die Westdeutschen als nicht übersetzbar. Idealismus, weil ausgebeutet, erschien als Zumutung. Der Staat als Fürsorger für das Dasein, der Nachtwächterstaat, der sollte es sein, und das war er auch. Politik wurde von der Gesellschaft der alten Bundesrepublik reduziert auf das Sozialpolitische: Wohlstand für alle, kontinuierlich steigende Einkommen und Renten, das alles finanziert von einer prosperierenden Ökonomie, aus der auch Selbstbewußtsein zu beziehen war, so daß die bis 1990 eingeschränkte Souveränität der Bundesrepublik entweder ganz vergessen oder gern hingenommen wurde, hatten doch im übrigen für die äußere Sicherheit andere zu sorgen. Ein komfortabler Zustand.

Wir sind wieder wer, aber wir sind auch ganz anders, als wir ehedem waren. Dabei übersahen die Westdeutschen, in welch alte Strukturen sie sich einfügten. In der Zeit Bismarcks waren neben die Parteien die Verbände getreten. Die Sozialpolitik war für den »Eisernen Kanzler« das Werkzeug, eine formierte, nicht aufmüpfige Gesellschaft zu schaffen. Seitdem ziehen sich die Verbände wie ein roter Faden durch die deutsche Geschichte – vom Obrigkeitsstaat bis in die demokratische Gegenwart. Mit dieser Tradition unterscheidet sich Deutschland von den Vereinigten Staaten. Für die Amerikaner wäre ein »Kartell der schaffenden Stände«, wie es Bismarck 1879 als Verein von Landwirtschaft und Großindustrie schuf, nichts anderes als ein Witz gewesen. Die Zeiten haben sich geändert, das deutsche Zutrauen zu den Verbänden aber ist auch unter demokratischen Verhältnissen geblieben.

Das organisierte Kollektiv, für die Schwachen in der Gesellschaft dienlich und notwendig, ist zu einem Kollektiv der Starken geworden, die noch stärker werden wollen. Die wirklich Schwachen, Arbeitslose als ein Beispiel, finden keine Interessenvertretung. Sie fallen durch den Rost. Jede Regierung stöhnt zwar über Andrang und Zumutung der Lobbyisten, zugleich aber ist sie's zufrieden, denn ihr Handeln hat jeweils eine feste Adresse. Seit 1949 hat das System funktioniert, und es hat deutsche Konfliktscheue befriedigt. Eine Konsensdemokratie ist entstanden, die an Runden Tischen, in Konzertierten Aktionen und schließlich in Bündnissen für Arbeit ihr Heil sucht. Unter den Konditionen einer Industriegesellschaft mit vergleichbaren Lebensverhältnissen für eine absolute Majorität, mit wenig Oben und wenig Unten, mit viel Masse zum Verteilen, wurde der Konsens das Axiom.

Aber was geschieht, wenn das industrielle Zeitalter durch eine technologische Revolution abgelöst wird, die die Lebenswirklichkeit jedes einzelnen radikal verändert? Die Mentalität stemmt sich dagegen. Sie will vom Gewohnten nicht lassen, auch wenn dessen Funktionsuntüchtigkeit nicht zu bezweifeln ist. Da unterscheiden sich im übrigen die Westdeutschen nicht von den Ostdeutschen. Lediglich die Vorzeichen differieren. In diesen Veränderungsprozeß sind die organisierten Interessen, sprich Parteien und Verbände, einbezogen. Sie sind alte Gefäße, die neue Inhalte nicht fassen können. Strukturkonservativismus aber verweigert die Einsicht. Der Mitgliederschwund in den Organisationen ist kein Indikator für ein Unpolitischsein, im Gegenteil. Repräsentanz wird angesichts immer differenter werdender Lebenswelten nicht mehr anerkannt. Rückzug aus dem Politischen hinein in den Attentismus findet statt. Dadurch entsteht eine Krise des Politischen. Den Mandataren kommen die Mandate abhanden. Die geringe Beteiligung an einer Europawahl ist kein Indikator für politisches Desinteresse, es ist vielmehr der stille Protest der Bürgerschaft gegenüber politischen Undurchschaubarkeiten. Mißtrauen, Mißmut und Orientierungslosigkeit, in dieser Mischung dümpelt die Gesellschaft vor sich hin. Daraus könnte eines Tages eine gefährliche, weil brisante Mischung entstehen. Denn die Vernunft hat immer die Irrationalität zur Kehrseite.

Diese Feststellung ist generationenübergreifend. Verführbarkeiten bieten sich an, scheinbar einfache Lösungen für komplizierte Aufgaben können Abnehmer finden. Die Alten trauern dem Staat als Hüter von der Wiege bis zur Bahre nach, die Jungen trauen ihm nicht über den Weg. Die politische Klasse spiegelt den Zustand insoweit wider, indem sie sich an die überkommenen Machtrituale klammert. Ihr fällt nichts Besseres ein. Sie nimmt die Bürgergesellschaft nicht ernst, weil sie sich an den demokratischen Untertan gewöhnt hat und der sich diese Behandlung auch gefallen ließ, solange er von vollen Händen bedient wurde. Nun sind die Hände leer. Plötzlich spürt der Bürger, daß Steuerlast gleichbedeutend sein kann mit Konfiskation von Einkommen. Er flüchtet davor: durch Geldtransfer ins Ausland, durch Schwarzarbeit, durch Fälschung der Steuererklärung, und er ist empört, daß er deswegen kriminalisiert wird.

Die alte Bundesrepublik war eine Art Schlaraffenland. Das ist vorbei. Und da einem die gebratenen Tauben nicht mehr ins Maul fliegen, setzt eine individuelle Konkurrenz von bislang unbekanntem Ausmaß ein. Fragen werden akut: Was hält diese Sozietät zusammen, wenn ständiger Zuwachs ausbleibt? Wer schafft Leitbilder? Wer befriedigt das Bedürfnis nach Identität?

In diese Gemenge-Lage hinein ist Gerhard Schröder getreten. Im Übergang von einer Epoche zu einer anderen eine Figur für den Übergang. Bündnis für Arbeit? Probieren wir's mal. Wenn's klappt, ist's gut, wenn nicht, dann müssen wir uns eben etwas anderes einfallen lassen. Atomausstieg? Der raubt mir nicht den Schlaf, und das Seelenheil hängt von ihm auch nicht ab. Laßt uns suchen nach dem kleinsten gemeinsamen Nenner, denn der größtmögliche gehört sowieso der Vergangenheit an. Parteien und Verbände? Relative Größen, in der alten Verfassung noch da, deshalb auch zu beachten, aber ohne absolutes Gewicht. Laßt uns experimentieren und improvisieren, auch kalkulieren, Werkstatt Deutschland, nicht nur Chancen, sondern auch Risiken lassen sich managen, gute Stimmung muß nur in die Bude rein, und Ideen müssen her zum Ausprobieren. Die Medien werden benutzt, um an den Organisationen vorbei und um sie herum zu operieren. Was interessiert mich mein Quatsch von gestern: neue Lage, neue Antworten. Ich bin nicht die Richtung, wissen tu ich sie auch nicht, kommt aber einer mit einem Wegweiser, dann können wir's mit dem mal versuchen, umkehren ist ja immer noch möglich. Konfliktdemokratie statt Konsensdemokratie? Ich muß doch sehr bitten: Das Entweder-Oder ist meine Kragenweite nicht. Gerhard Schröder erinnert an den Weisen auf einem hohen Berg im Himalaja. Zu dem steigt ein junger Amerikaner auf der Suche nach dem Sinn des Lebens. Der Weise antwortet: »Der Sinn des Lebens ist wie eine Lotosblüte.« Der Amerikaner sinnt über den rätselvollen Satz nach. Daraufhin sagt der Weise: »Oder haben Sie einen anderen Vorschlag?«

Alexander Gauland

Unterschiede treiben den Motor

Daß alles anders werden muß, gilt als Binsenweisheit, ob alles anders werden darf, hängt für die meisten von uns von ihren Lebensumständen ab. Es ist leicht, als Minister, Manager oder Chefarzt von den Chancen der Globalisierung zu reden, aber schwer für den Opelarbeiter auf Sozialleistungen zu verzichten, die – so heißt es – nicht mehr bezahlbar sind. Wenn Reformen die Gesellschaft nicht zerklüften sollen, ist ein möglichst breiter Konsens über das Ob und das Wie notwendig. Denn unsere Wirtschaftsordnung ist nicht gerecht. Die einen haben viel, die anderen wenig, und diese Unterschiede beruhen nicht immer nur auf Leistung. Doch diese Unterschiede treiben den Motor, sie schaffen Gewinne, Arbeitsplätze und ein menschenwürdiges Leben für viele. Die »Kleinen« akzeptieren diese Unterschiede, wenn das System effizient ist, die »Großen« Achtung genießen, die »Gerechtigkeitslücke« nicht zu groß und die Umverteilung von unten nach oben nicht zu kraß ist.

Die Bundesrepublik ist eine demokratische Industriegesellschaft, deren Klassenstruktur weit schwächer ausgebildet ist als die der klassischen Demokratien. Dies bedeutete von Anfang an die Suche nach dem Kompromiß als einer Strategie zur zivilisierten Beilegung von Konflikten, wenn nicht gar zu ihrer Vermeidung. Die Schlüsselworte der westdeutschen Gesellschaft waren Stabilität und Konsens. Schon am Beginn der zweiten deutschen Demokratie stand mit der sozialen Marktwirtschaft ein Ordnungsbegriff, der Ausgleich und Partnerschaft signalisierte. Alle Begriffe, die im öffentlichen Leben der Bundesrepublik eine Rolle gespielt haben, atmen diesen Geist der Konfliktvermeidung: Mitbestimmung, Friedenspflicht, innerer Friede, sozialer Friede, soziales Netz, Sozialpartnerschaft, Sicherheitspartnerschaft, konzertierte Aktion und Solidarpakt. Zu keiner Zeit hatte jene kalte Marktgesellschaft, die Margaret Thatcher und Präsident Reagan vorschwebte, in diesem Lande eine Chance. Die manchmal beklagten Verkrustungen – ob beim Ladenschluß, in der Tarifpolitik oder auf dem Arbeitsmarkt – sind die Folge eines leidenschaftlichen Sicherheitsbedürfnisses, das in dem Wahlkampfslogan der 50er Jahre: »Keine Experimente« einen überzeitlichen und allgemeingültigen Ausdruck fand. Das Bild des Staates als einer Versicherungsgesellschaft auf Gegenseitigkeit hat sich weit von der Hegelschen Staatsmystik entfernt. Dem Streben nach gesellschaftlichem Konsens entspricht die Ausrichtung der deutschen Politik und ihrer Institutionen auf die politische Mitte. Risikovermeidung um jeden Preis mag auch die Folge des Fehlens einer homogenen Führungselite sein, da dieser Mangel fast zwangsläufig durch das Streben nach Konsens und institutionellem Zwang zu politischer Gemeinsamkeit ausgeglichen werden muß. Das heißt aber auch, daß die Mehrheit Änderungen nur akzeptiert, wenn ihr Ziel das Bewahren auch von Besitzständen ist, oder, wie es der Neffe des Fürsten Salina im »Leoparden« ausdrückt, es muß sich alles ändern, damit alles so bleibt, wie es ist. Die Konsensphilosophie wirkt auch im Grundgesetz. Auch das Grundgesetz setzt auf das Zusammenwirken aller demokratischen Kräfte in Bundestag und Bundesrat. Wie schnell Unzufriedenheit mit der Regierung in andere Mehrheiten in der Länderkammer umschlagen kann, zeigt der CDU-FDP-Sieg im sozialdemokratischen Musterland Hessen.

Was schon die alte Bundesrepublik bestimmte, hat durch die Wiedervereinigung an Gewicht noch zugenommen. Das Leitbild eines fürsorglichen Staates und ein tiefes Mißtrauen gegen die Marktkräfte haben dic Wahlentscheidung im September bestimmt. Im Spannungsfeld von Freiheits- und Gleichheitsidealen geben 35 Prozent der westdeutschen, aber

55 Prozent der ostdeutschen Bevölkerung dem Ziel, soziale Unterschiede zu nivellieren und Gleichheit zu verwirklichen, Vorrang, und 68 Prozent der Menschen in den neuen Bundesländern halten den Ausbau der staatlichen Sozialleistungen für den dafür richtigen Weg.

Reformen sind daher nur im schichtenübergreifenden Konsens, nicht aber in klassenkämpferischer Konfrontation zu haben. Auch gehen die Bruchlinien durch die Lager und verlaufen nicht an den Lagergrenzen. So könnten sich CDU und Grüne wahrscheinlich eher auf eine nicht umverteilende Steuerreform einigen, während Sozialdemokraten und CDU bei der Reform des Föderalismus wie bei der Verbrechensbekämpfung mehr Gemeinsamkeiten haben.

Richard Sennett unterscheidet in seinem neuen Buch über »den flexiblen Menschen und die Kultur des neuen Kapitalismus« zwischen dem Rheinmodell und einem anglo-amerikanischen Modell. Das erste besteht seit fast einem Jahrhundert in den Niederlanden, Deutschland und Frankreich: In ihm teilen Gewerkschaften und Management die Macht, und der Wohlfahrtsmechanismus des Staates sorgt für ein vergleichsweise eng gewobenes soziales Netz von Renten, Bildung und Gesundheitsversorgung. Das andere ist eine ungezügeltere Form der freien Marktwirtschaft. Die Staaten des Rheinmodells bremsen im allgemeinen Veränderungen, bei denen ihre schwächeren Bürger Nachteile erleiden, dagegen tendiert das anglo-amerikanische Modell dazu, diese in Kauf zu nehmen. Das Rheinmodell ist eher bürokratiefreundlich, während das anglo-amerikanische nach dem Prinzip »Im Zweifel gegen den Angeklagten« verfährt. Beide Systeme haben ihre Mängel. Das anglo-amerikanische Entwicklungsmodell produziert weniger Arbeitslosigkeit, dafür wachsen die Einkommensunterschiede. So kommt der amerikanische Wirtschaftswissenschaftler Head zu dem Schluß, daß für die unteren 80 Prozent der amerikanischen Arbeitnehmer das wöchentliche Durchschnittseinkommen von 1973 bis 1995 inflationsbereinigt um

18 Prozent gesunken sei, während das Einkommen der Spitzenkräfte um 19 Prozent vor Steuern anstieg und um 66 Prozent, nachdem die Steuerberater ihre Kunststücke vollbracht hatten. Ein anderer Wirtschaftswissenschaftler weist nach, daß das oberste Prozent der amerikanischen Berufstätigen sein Realeinkommen zwischen 1979 und 1989 mehr als verdoppelt habe. Andererseits schuf die amerikanische Wirtschaft zwischen 1993 und 1996 8,6 Millionen Arbeitsplätze, während die kontinentaleuropäischen Arbeitsmärkte im letzten Jahrzehnt stagnierten. Dennoch kommt Sennett zu dem Schluß, daß das Rheinmodell ebenso flexibel und profitabel auf die Märkte reagieren kann wie das anglo-amerikanische.

Entsprechende Erfolge in Holland und Schweden belegen das auch. Der frühere niederländische Premier Lubbers hat in diesem Zusammenhang davon gesprochen, daß das Vertrauen der Niederländer in die Regierung schmerzhafte wirtschaftliche Anpassungen ermöglicht habe, die eine staatsfeindliche Bevölkerung nicht akzeptiert hätte. Dies ist der entscheidende Punkt: Solange eine breite Mehrheit Reformen als unausgegoren und ungerecht empfindet, wird sie mit dem Stimmzettel dagegen erfolgreich ankämpfen.

Zur Akzeptanz von Reformen bedarf es deshalb nicht härterer Konfrontation, sondern stärkerer Überzeugungsarbeit bei den Betroffenen und Konsens bei den Eliten, wie wir sie in den Jahren der großen Koalition hatten. Schiller und Strauß kannten offensichtlich einen Satz von Edmund Burke über kluges gesellschaftliches Verhalten: »Alle Regungen, ja, alle menschlichen Freuden und Genüsse, jede Tugend und jede kluge Handlung ist auf einen Kompromiß, eine Balance gegründet. Wir wägen Schwierigkeiten und Unannehmlichkeiten ab, wir nehmen und geben, wir nehmen einige Rechte nicht in Anspruch, damit wir uns anderer erfreuen können.«

Peter Glotz

Die deutsche Thrombose

Deutschland, sagen die Amerikaner, sei »ossified«, verkalkt. Leider trifft das zu; und die Sache wird nicht besser, wenn man feststellt, daß es auch im Land der unbegrenzten Möglichkeiten Verhärtungen und Verengungen gibt, beispielsweise im Bankwesen. In der Bundesrepublik sind wichtige Schlagadern von Thrombose bedroht. Der Arbeitsmarkt ist zu rigide, die Hochschulen bieten allzuoft nur noch guten Durchschnitt, die regionale Gewaltenteilung des Föderalismus rostet vor sich hin wie ein altes Kupferkabel und das Verhältniswahlrecht katapultiert allzu viele falsche Figuren ins Parlament. Es müßte Remedur geschaffen werden, unter anderem durch eine radikale Steuerreform, die die Steuerzahler entlastete, den Vorsorgestaat begrenzte und die Bürger zu neuen wirtschaftlichen Aktivitäten ermunterte. Auch neue Rahmenbedingungen für Existenzgründer, ein neues Stiftungsrecht oder eine Abschaffung unnötiger Gesetze (Beispiel: Ladenschluß) wären dringend.

All diese Denkansätze werden in Deutschland inzwischen lebhaft diskutiert. Nur folgt aus den Diskussionen allzuoft nichts. Ein gutes Beispiel ist die »Ruck-Rede« des inzwischen aus dem Amt geschiedenen Bundespräsidenten Roman Herzog zur Bildungspolitik. Bis auf ein paar Entschleunigungsideologen haben Hunderte Kommentatoren Herzogs These begrüßt. Das war es dann aber auch. Herzog hatte das deutsche Problem selbst beschrieben. Wir haben, sagte er, kein Ideendefizit, sondern ein Umsetzungsdefizit. Wie entsteht es?

Zum einen hat die Bundesrepublik Deutschland die langsamste Verfassung Europas. Die von der Katastrophe von 1933 geprägten Mütter und Väter des Grundgesetzes mißtrauten dem Volk, dem großen Lümmel, mit aller Leidenschaft. Sie übertrugen alle Macht den Parteien, die inzwischen höchst einseitig zusammengesetzt sind, von Zeitreichen dominiert werden und die Zeitarmen massiv benachteiligen. Der Präsident ist machtlos. Volksinitiativen gibt es nicht, das Wahlrecht sorgt dafür, daß klare Mehrheiten höchst selten entstehen. Also werden Koalitionen erzwungen, bei denen oft genug der Schwanz mit dem Hund wedelt und die Entscheidungen in undurchsichtigen Koalitions-Ausschüssen ausgehandelt werden müssen. Die Folge: Die wohlorganisierten Verbände bestimmen das Bild. Zwar hält sich das Land ein paar »Querdenker«, die alles mögliche sagen dürfen. Das prominenteste Beispiel ist Kurt Biedenkopf. Die Chance aber, fragwürdige Agrar- und Kohle-Subventionen abzubauen, das Beamtenrecht zu entrümpeln, den Universitäten Wettbewerb zu verordnen oder das System der Alterssicherheit realistisch zu machen, sind beklagenswert gering. Wer in akademischen Zusammenhängen die (oft genug zutage liegende) Wahrheit sagt, wird mißmutig toleriert. Wer aber in aller Öffentlichkeit Heilige Kühe wegzuscheuchen versucht, wird erbarmungslos niedergemacht. Die Großgruppen verfügen über schlagkräftige Jubelperser.

Man muß gerechterweise hinzufügen, daß die etablierten Interessengruppen häufig genug einen zwar geringer werdenden, aber immer noch starken Rückhalt mobilisieren können. Die Deutschen sind nach zwei Weltkriegen, einer Inflation und einer schmerzhaften Währungsreform vorsichtig und konservativ. Die Wiedervereinigung hat diesen Trend verstärkt. Die Mehrheit der ostdeutschen Bevölkerung ist staatsorientiert, ängstlich und auf Gleichheit aus. Das muß man nach den vielen Jahrzehnten autoritär-paternalistischer Herrschaft von 1933 bis 1989 auch verstehen. Nun darf man sich nicht in die Tasche lügen: Die Politiker reden von Internet Start Ups, Venture Capital und Börsennotierung, viele ihrer Wähler aber träumen von Normalarbeitsverhältnissen, gebührenfreien Bildungsinstitutionen und nettolohnbezogenen Renten. Der französische Ministerpräsident Juppé wurde abgewählt, weil sein bei der Elite populäres Sanierungsprogramm in der Bevölkerung keine Mehrheit mehr fand. Schröder gewann die 98er Wahl, weil viele Wähler hofften, er erhalte ihnen den »Besitzstand«. Die notwendigen, normalerweise »Reform« genannten Veränderungen (die oft genug Einschränkungen dieses Besitzstandes bedeuten) haben längst noch keine Mehrheit. Ohne diese Veränderungen wird das Land im digitalen Kapitalismus aber nicht reüssieren.

Welche Regierungskonstellation kann die Lage am ehesten bewältigen? Darauf gibt es keine in Koalitionen ausdrückbare Antwort. Ein Bündnis Schröders mit den öko-libertären Modernisierern der Grünen könnte trotz knapper Mehrheiten viel bewegen. Das gleiche gilt aber auch für eine entschlossene große Koalition, wenn die Rollen von Plisch und Plum beispielsweise Lothar Späth und Hans Eichel spielten. Umgekehrt sind wirtschaftsfremde rot-grüne und sozialpolitisch dominierte große Koalitionen denkbar. Die Buchstabenkombination macht es nicht. Wichtiger sind Führungskunst, Personalpolitik, Brinkman-Ship.

Allerdings gibt es ein paar Riesenkröten, die man mit schmalem Schlund kaum runterbringt. Dazu gehören der für die Sanierung des Haushalts unverzichtbare Subventionsabbau in großem Stil, die Rentenreform, die Neujustierung der Gesundheitspolitik, die Abschaffung der Wehrpflicht oder die rasche Vertiefung der Europäischen Union, die allein der Zerfledderung Europas entgegenwirken könnte. Solche Großprojekte sind gegen schwache Oppositionen leichter durchsetzbar als gegen die verzweifelte Agitation finster entschlossener Volksparteien. Das spräche für eine auf eine Legislaturperiode begrenzte Elefantenhochzeit zwischen CDU/CSU und SPD, die sich dann auch die nach 1990 versäumte Verfassungsreform vornehmen müßte.

Allerdings gibt es für ein derartiges Projekt derzeit keine

Atmosphäre. Die deutschen Eliten sitzen immer noch in ihren alten Schützenlöchern und tauschen über den Grabenrand Beschimpfungen aus. Es fehlt das Bewußtsein der Gefährdung, die Bereitschaft zu unorthodoxen Lösungen, die Offenheit für Quereinsteiger und Außenseiter. Italien war schon derangiert genug, um die Prodis, Ciampis oder die di Pietros ans Ruder zu lassen. Den Deutschen, so scheint es, geht es dafür noch zu gut. Wie sagte Franz Josef Strauß in Sonthofen? »Es muß alles noch viel tiefer sinken...«

Hans-Olaf Henkel

Ein Bündnis für Nachhaltigkeit

Wir lösen unsere dringendsten Probleme, an vorderster Stelle die Arbeitslosigkeit, wenn wir bereit sind zum Wandel, zu Reformen, die nachhaltig wirken, die sich an den Interessen kommender Generationen ausrichten und nicht nur an denen der heutigen Wähler. Nachhaltigkeit bedeutet, daß wir unseren Kindern eine weniger belastete Welt übergeben. Verpflichtung zur Nachhaltigkeit muß in allen Bereichen der Politik gelten, nicht nur im Umweltschutz, sondern auch in der Finanz- und Sozialpolitik. Dic konsequente Ausrichtung politischer Entscheidungen an der Zukunft unserer Kinder muß die Leitschnur werden. Für diese Verpflichtung lohnt es sich, ein großes gesellschaftliches Bündnis zu schmieden; für »Runde Tische« und »Konsensrunden« – wie bisher praktiziert – lohnt es sich nicht. In acht Punkten möchte ich beschreiben, was ein solches Bündnis beinhalten sollte.

1. *Benchmarking Germany.* Am Anfang jedes Reformprozesses muß die Einigung auf die Fakten stehen. Fehlt sie, ist jedes »Bündnis« zum Scheitern verurteilt. Ich habe deshalb vorgeschlagen, die Formel vom »Kassensturz« zu erweitern auf »Benchmarking Germany«, den ungeschminkten Vergleich mit dem Ausland. Dieser Vergleich sollte in den wichtigsten Bereichen, die die Wettbewerbsfähigkeit unserer Gesellschaft beeinflussen, angestellt werden: von der Steuerbelastung der Unternehmen über die Arbeitskosten, Nettoeinkommen, Maschinenlaufzeiten bis hin zu den Studienzeiten an deutschen Hochschulen. Stärken und Schwächen treten dann klar zutage, der Handlungsbedarf auch. Ein solches »benchmarking« hat die holländische Regierung in Auftrag gegeben und damit die Reformbereitschaft im eigenen Lande stark befördert. Mit

einem solchen »benchmarking« befaßt sich jetzt auch eine Arbeitsgruppe des Schröderschen »Bündnisses für Arbeit, Ausbildung und Wettbewerbsfähigkeit«.

2. *Steuern senken für neue Arbeitsplätze.* Der Zusammenhang zwischen der Höhe der Unternehmensgewinne und der Bereitschaft, Existenzen zu gründen, sowie der Möglichkeit, die Zahl der Insolvenzen zu minimieren, Auslandsinvestitionen anzuziehen, die Abwanderung von Investitionen aus dem Inland einzudämmen, schließlich und vor allem Arbeitsplätze zu schaffen, ist eindeutig. Das erste Ziel der Steuerreform muß deshalb sein, die im Vergleich zu unserer eigenen Vergangenheit und im Vergleich zum Ausland viel zu niedrige Nettoumsatzrendite der Unternehmen wieder zu normalisieren. Dabei kommt es auf wettbewerbsfähige Steuersätze an: Inklusive Gewerbesteuer sollten sie nicht mehr als 35 Prozent betragen. Und es kommt auf eine Gesamtsteuerbelastung an, die mit unseren wichtigsten Wettbewerbern Schritt hält. Das Steuerentlastungsgesetz war in Wirklichkeit für die Wirtschaft eine zusätzliche Belastung. Sie muß zurückgenommen werden. Für den Erfolg der Reform ist auch entscheidend, ob einbehaltene und ausgeschüttete Gewinne, Kapital- und Personenunternehmen spürbar entlastet werden. Die Senkung aller Steuersätze – auch des allgemeinen Spitzensteuersatzes – sowie die Reform der Gewerbesteuer dürfen kein Tabu bleiben, sondern müssen endlich angepackt werden. Die Steuerreform muß den Generationswechsel von schätzungsweise 370 000 Familienunternehmen in den nächsten zehn Jahren möglich machen, ohne das Rückgrat der deutschen Industrie, den Mittelstand, zu gefährden.

3. *Die Sozialversicherungssysteme nachhaltig reformieren.* Renten-, Arbeitslosen-, Kranken- und Pflegeversicherung müssen in dieser Legislaturperiode grundlegend reformiert werden, daran führt kein Weg vorbei. Die zu versichernden Risiken sind auf die großen Risiken zu beschränken, die Verwaltungsaufwendungen und die – die Arbeitskosten in die

Höhe treibenden – Beiträge müssen drastisch gesenkt werden, die Zukunftsfähigkeit der Systeme ist angesichts der demographischen Herausforderungen und der medizinischen Möglichkeiten jetzt zu sichern. Drei Leitlinien sollten diese Umstellung begleiten: Erstens, Umkehr von der Pflicht-Versicherung zur Versicherungs-Pflicht für die großen Lebensrisiken. Zweitens, Auszahlung der Versicherungsbeiträge des Arbeitgebers direkt an den Arbeitnehmer, um ihm mehr Wahlmöglichkeiten zu geben, und drittens, weitestgehende Privatisierung unter einer entsprechenden staatlichen Aufsicht, um damit Wettbewerb unter den einzelnen Versicherungsträgern möglich zu machen.

4. *Den Arbeitsmarkt liberalisieren, die Tarifpolitik reformieren.* Der durch das Tarifkartell, durch Gesetze und die Praxis der Rechtsprechung der Arbeitsgerichtsbarkeit de facto außer Kraft gesetzte Arbeitsmarkt muß wieder funktionsfähig gemacht werden. Auch hier zeigt uns ein Blick ins Ausland, zum Beispiel in die USA oder nach Spanien, daß es eine klare Korrelation zwischen der Funktionsfähigkeit des Arbeitsmarktes und der Bereitschaft der Unternehmen gibt, Arbeitsplätze zu schaffen. Betriebsleitungen mit ihren Betriebsräten müssen die gesetzliche Möglichkeit haben, auch ohne Mitwirkung des Tarifkartells Abschlüsse über Arbeitszeit und Entgelt treffen zu können, wenn sie es selbst wünschen. Dies wird zu Wettbewerb in der Lohnfindung und damit auch zu einem marktgerechteren Verhalten der Tarifpartner führen. Es ist schon deshalb überfällig, weil der im Osten Deutschlands praktizierten und von vielen Politikern gewürdigten – aber oft rechtswidrigen – Flexibilität ein gesetzlicher Rahmen gegeben werden muß.

5. *Wettbewerb ins Bildungssystem.* Um das »Megathema« Bildung nicht zu einem »Megaproblem« werden zu lassen, brauchen wir »Megalösungen«. Weder zusätzliche finanzielle Mittel – so nötig sie sind, aber der Spielraum dafür ist sowieso begrenzt – noch die bisherigen Ansätze der Kultusminister-

konferenz können den enormen Herausforderungen, vor denen unser Schul- und unser Hochschulsystem steht, gerecht werden. Es gibt nur einen Weg der Umkehr des möglicherweise bedrohlichsten Trends in unserer Gesellschaft, und der ist, die Spielregeln des Wettbewerbs auch in unserem Bildungssystem einzuführen. Das heißt: In den Schulen muß das Leistungsprinzip wieder den Platz einnehmen, den es bei uns früher hatte und das in anderen Gesellschaften unverändert gilt. Das Abitur muß nach zwölf Jahren möglich sein. Die Ausbildung an Fachhochschulen als Alternative zur Hochschulausbildung muß gefördert werden. Die Lehrlingsausbildung muß schneller als bisher darauf reagieren, daß ständig neue Berufe entstehen. Private Hochschulen sollten zur Stärkung des Wettbewerbs in der akademischen Ausbildung mehr unterstützt werden. Insbesondere muß das Hochschulrahmengesetz reformiert werden und den Ländern die Freiheit geben, in einen echten Wettbewerb um die besten Hochschulen einzutreten. Wettbewerb zwischen Studenten muß schon zu Beginn des Studiums über Eingangsprüfungen möglich sein. Wettbewerb zwischen Professoren muß durch leistungsbezogene Bezahlung erfolgen. Wettbewerb zwischen Hochschulen muß auch über die Möglichkeit gefördert werden, Studiengebühren zu erheben. Bedürftige Studenten müssen ausreichende Stipendien erhalten.

6. *Den Länderfinanzausgleich neu regeln.* Der Länderfinanzausgleich muß neu geordnet werden. Dabei muß der vom Grundgesetz nie so vorgesehenen Nivellierungsideologie ein Riegel vorgeschoben werden. Im Interesse eines insgesamt stärkeren Ganzen muß für eine klare Trennung der Steuerverantwortung zwischen Bund, Ländern und Kommunen gesorgt werden. Die Aufteilung muß der Sachverantwortung entsprechen. Gemeinschaftsaufgaben sollen die Länder übernehmen, Verbundsteuern müssen abgeschafft werden, das heißt jede Gebietskörperschaft muß die alleinige Verantwortung für die von ihr erhobenen Steuern haben und sich dafür vom Bürger

das Mandat geben lassen. Es muß eine Neuregelung des Länderfinanzausgleichs geben, damit »sparsame Länder« belohnt und solche, die über ihre Verhältnisse leben, bestraft werden. Unser heutiges System mit überbordender Bürokratie, Mißverhältnis zwischen kleinem Land und großer Regierung, geringem Anreiz zur lokalen Standortpflege, Bestrafung von Leistung bei Duldung von Verschwendung kann sich unsere Gesellschaft nicht mehr erlauben. Alleiniger Zweck des Länderfinanzausgleichs sollte die Sicherung der Funktionsfähigkeit der Länder sein, also zu gewährleisten, daß sie in der Lage sind, die Gesetze zu wahren, die öffentliche Ordnung und die Bürgerrechte zu garantieren, soziale Mindeststandards aufrechtzuerhalten. Eine von den Ländern gewünschte Solidarität ist selbstverständlich zu respektieren. Das gilt besonders gegenüber den neuen Bundesländern, die diese Grundsätze erst dann befolgen können, wenn sie eine den alten Bundesländern entsprechende Wirtschaftskraft aufgebaut haben. Ansonsten sollen die Länder Solidarität selbst organisieren, weder eine verfassungsrechtliche noch eine bundesgesetzlich normierte Pflicht soll es dazu geben.

7. *Auch in Ländern und Kommunen drastisch privatisieren.* Im Bund ist in der letzten und vorletzten Legislaturperiode schon viel erreicht worden. Jetzt wird es Zeit, daß Länder und Kommunen dem Beispiel Bayerns und Berlins folgen und die Privatisierung von öffentlichen Unternehmen beschleunigen. Über einhunderttausend Betriebe befinden sich immer noch in den Händen der Länder und Kommunen. Ich vermute, daß mindestens die Hälfte der von diesen Betrieben wahrgenommenen Aufgaben privatisiert werden kann. Neben der bei den meisten Privatisierungsprojekten im Vordergrund stehenden finanziellen Entlastung der notleidenden öffentlichen Kassen gibt es nach meiner Überzeugung noch drei mindestens ebenso triftige Gründe. Erstens werden die Portemonnaies der Bürger entlastet, weil durch den entstehenden Wettbewerb die bisher oft drastisch steigenden Preise der kommunalen Monopole

sinken werden. Zweitens entwickelt sich durch den Wettbewerb eine Kultur, die den Bürger nicht als Bittsteller, sondern als Kunden behandelt. Drittens wird verhindert, daß der Mittelstand unfairem Wettbewerb durch von Kommunalpolitikern bevorzugte Kommunalbetriebe ausgesetzt ist.

8. Innovationsvorsprünge ausbauen, Projektfähigkeit erhalten. Die Bundesregierung muß eine alle Bereiche der Gesellschaft umfassende Initiative starten, um den Weg in die Informationsgesellschaft zu beschleunigen. Unsere Zukunft hängt nicht nur wegen des zu erwartenden starken Wachstums in den High-Tech-Branchen und den mit ihnen verbundenen Dienstleistungsjobs von der Informationstechnik ab. Die Querschnittswirkung der Informationstechnik und ihrer Anwendungen in der Wissensverarbeitung und der »künstlichen Intelligenz« reicht in immer mehr klassische deutsche Produkte und Dienstleistungen, in alle Unternehmen hinein. Es geht nicht nur um »electronic commerce«, sondern um neue Chancen überall in unserer Gesellschaft. Es geht um effizientere Verkehrssysteme, bessere Gesundheitsvorsorge, Unterstützung von Forschung und Entwicklung, Bildung in Schulen und Hochschulen, Unterstützung einer schlankeren öffentlichen Verwaltung. Der Aufbruch in die Informationsgesellschaft ist das eine. Das andere ist, den Bildersturm auf fortschrittliche Techniken zu verhindern. Deutsche Kernkrafttechnik darf schon allein deshalb nicht vernichtet werden, damit wir unsere Sicherheitstechnik – die weltweit beste – den Betreibern der 427 laufenden und der 46 im Bau oder in der Planung befindlichen Kernkraftwerken auch in Zukunft anbieten können. Wir müssen auf der ganzen Linie verhindern, unfähig zur Realisierung von Vorhaben an der vordersten Front, »projektunfähig« zu werden.

Die Verpflichtung aller politischen Akteure zur Nachhaltigkeit in der Politik muß die oberste Maxime werden. Meine Aufforderung an alle, die sich um unser Land Gedanken machen – die Sozialpolitiker vorneweg – ist, öfter die Frage nach den langfristigen Folgen unserer Finanz-, Sozial- und Bildungspolitik für die nachfolgenden Generationen zu stellen. Wenn wir ein Bündnis brauchen, dann eines für die Nachhaltigkeit in allen Bereichen der Politik, ein Bündnis für unsere Kinder, ihretwegen haben wir die Pflicht, unsere Gesellschaft in allen Lebensbereichen wieder wettbewerbsfähig zu machen.

Detlef Hensche

Feudalisierung der Politik?

Je tiefer die Ohnmacht, desto inbrünstiger die Heilserwartung. Anders läßt sich die Überhöhung des Bündnisses für Arbeit kaum erklären. Seit Jahren zeigt sich die Politik außerstande, die Arbeitslosigkeit wirksam zu bekämpfen. Die frühere Regierungskoalition wollte es nicht, da sie auf den Markt setzte. Die rot-grüne Koalition zögert angesichts vorgeblich enger Grenzen des politischen Handelns – sieht man vom begrüßenswerten Sofort-Programm für jugendliche Erwerbslose einmal ab. So richten sich alle Hoffnungen auf das Bündnis für Arbeit. Hier ist der Ort des Konsenses, der Ort, an dem sich die vermeintlich mächtigen Männer von Wirtschaft und Politik treffen, die allein sagen können, wo es langgeht. Eine polit-ökonomische heilige Dreifaltigkeit gleichsam.

Keine Gesellschaft liebt den Konflikt; die deutsche quält sich damit noch ein bißchen mehr. Kein Wunder in einem Land mit unterentwickelter liberaler Tradition. Demokratische Verfassungen wurden nicht von unten durchgesetzt, sie wurden gewährt. Das republikanische Erbe, das anläßlich des fünfzigjährigen Bestehens des Grundgesetzes allenthalben gefeiert wurde, verdankt sich zum Teil erst der 68er-Bewegung. Auch heute noch schimmert in Attributen wie »kompromißloser Konfliktaustragung« und ähnlich formulierter Abscheu vor Störenfrieden die Sehnsucht nach Harmonie durch.

Deshalb sei an die Binsenweisheit erinnert, daß jede Gesellschaft unterschiedliche Interessen kennt; und natürlich sind diese Interessen organisiert; wie anders könnten sie politikfähig werden? Richtig ist: In Zeiten der Individualisierung und der Auflösung sozialer Milieus verlieren die großen Gebäude einheitlicher, ja geschlossener Weltsicht an Gewicht; der Klassenbegriff hat nur noch eingeschränkte Deutungskraft. Das ändert jedoch nichts an der Existenz unterschiedlicher, zumeist gegensätzlicher Interessen. Wie freiheitlich eine Gesellschaft ist, erweist sich nicht zuletzt daran, welchen Raum und welche Legitimität sie der offenen Konfliktaustragung gibt. Die rechtlichen Fesseln des Arbeitskampfes, eine nicht unwesentliche Form des sozialen Konflikts, atmen auch heute noch den Geist von Obrigkeit und den Mief von Gemeinschafts-Sehnsucht.

Jüngst sprachen sich Gerhard Schröder und Tony Blair dafür aus, die traditionellen Konflikte am Arbeitsplatz zu überwinden. Das tat schon Bismarck; er wußte warum. Auf Feldern rechtlicher oder faktischer Subordination sichert die Ablehnung des Konflikts die vorhandene Herrschaft. So wundert es nicht, wenn wir im gleichen Papier von Schröder und Blair vom Bündnis für Arbeit lesen: Es diene dem Konsens, wobei der Zweck der Veranstaltung, nämlich Beschäftigung schaffen, unter den Tisch fällt. Konsens als Selbstzweck. Ludwig Erhard träumte von einer »formierten Gesellschaft«.

Dennoch und ungeachtet dieser Vorbemerkungen soll die Suche nach Konsens nicht abgewertet werden. Wer wollte ernsthaft etwas einwenden, wenn die Politik in existentiellen Fragen alles daransetzt, Polarisierungen zu vermeiden. Auch wenn die Gesellschaft an der Kontroverse nicht zerbricht – die Überwindung der Arbeitslosigkeit, die Wiederherstellung des ökologischen Gleichgewichts und manches andere sind so wichtige Unterfangen, daß es die Mühe lohnt, unter den beteiligten Akteuren Einvernehmen herzustellen. Um so größer sind die Chancen für eine loyale Umsetzung dessen, was als Ergebnis vereinbart wurde.

So gesehen macht es Sinn, in einem Bündnis für Arbeit Wege aus der Beschäftigungskrise zu suchen. Es lohnt sich auch, Geduld aufzubringen und Zeit zu investieren, um Vertrauen und damit ein Klima der Verständigung zu schaffen. Nicht umsonst stoßen wir in zahlreichen Ländern auf ähnliche Projekte, die durchaus Früchte tragen können.

Dabei soll freilich nicht verschwiegen werden, daß einige dieser Erfolge ein bißchen herbeigemogelt wurden. Es ist ja zu verführerisch, Bündnisse zu Lasten Dritter zu schließen. Das vielgerühmte Abkommen von Wassenaar enthielt unter anderem mit der Zusage mittelfristiger Lohndämpfung eine Subventionierung der niederländischen Exportwirtschaft. So wurde ein Teil der Arbeitslosigkeit nicht beseitigt, sondern über die Grenzen verlagert. Dem gleichen Muster folgen viele betriebliche Beschäftigungspakte, die durch Tarifdumping den Wettbewerber auszustechen versuchen. Das Beschäftigungsrisiko wird nicht beseitigt, sondern anderen vor die Türe gelegt. Die politischen Bündnisversuche der Kohl- und Schröder-Regierung trugen und tragen den verräterischen Beinamen »für Standortsicherung« beziehungsweise »für Wettbewerbsfähigkeit«.

Bündnisse dieser Art sind nichts anderes als die Fortschreibung bornierten betriebswirtschaftlichen Denkens, nämlich Lösungen zu Lasten Dritter. Das gesellschaftliche und volkswirtschaftliche Problem der Arbeitslosigkeit bleibt ungelöst. Die einzige Folge solcher Betriebs- und Standort-Arrangements ist, daß der Wettbewerber nachzieht und sich eine Spirale nach unten in Gang setzt. Jahrzehntelang bestand Übereinstimmung: Markt und Wettbewerb werden ihrer Antriebs- und Auslesefunktion vornehmlich dadurch gerecht, daß Produktivitätssteigerung, Verfahrensoptionierung, Qualitätsverbesserung, neue Produkte und Dienstleistungen, Kundenfreundlichkeit und Liefertreue prämiert werden. So lehrt man es die Kinder. Daß dagegen der Unternehmer belohnt wird, der seine Belegschaft am geschicktesten um Löhne und tarifliche Ansprüche prellt, steht nicht in den Lehrbüchern. Es ist immer wieder frappierend, mit welchem Eifer ausgerechnet Marktwirtschaftler für Wettbewerbsverzerrungen durch Dumping, also durch Dauersubventionierung seitens der Belegschaften oder der Standortinsassen eintreten!

Schon deshalb haben Löhne und Gehälter im Bündnis für

Arbeit nichts zu suchen. Der Vollständigkeit halber sei hinzugefügt, daß Verteilungsfragen über Löhne und Gehälter fundamentale Mitgliederrechte in den Gewerkschaften tangieren. Die Auseinandersetzung um die Verteilung des erarbeiteten Zuwachses ist und bleibt ein wesentliches Feld der Mitgliederbeteiligung. Artikel 9 unserer Verfassung enthält mit der Koalitionsfreiheit ein Freiheitsrecht der Mitglieder, nicht dagegen die Installierung von Lohn-Kommissaren am Kamin des Bundeskanzlers.

Damit ist keineswegs gesagt, daß Tarifthemen ausgeschlossen sind. Wer Beschäftigung wiederherstellen will, kommt neben vielen anderen Wegen nicht umhin, die Arbeit umzuverteilen. Die unterschiedlichsten Formen der Arbeitszeitreduzierung, von der Rente ab 60 bis zur Förderung von Qualifizierungszeiten und zur allgemeinen Arbeitszeitverkürzung wären daher geborene Themen für ein Bündnis für Arbeit, das seinen Namen verdient. Ja, wie auf keinem Sektor macht auf diesem Feld die Dreierkonstellation, bestehend aus Tarifparteien und Regierungsvertretern, einen Sinn. Was nutzt ein tarifvertragliches Recht auf Teilzeit oder befristeten Ausstieg, solange die Renten- und Arbeitslosenversicherung in ihrer Bindung an das Normalarbeitsverhältnis auf wechselhafte Erwerbsbiographien nicht die notwendige Rücksicht nehmen? Was bringt eine öffentliche Förderung der Weiterbildung, solange etwa der Tarifvertrag den Beschäftigten keinen Anspruch auf Teilnahme verschafft?

Gerade diese Themen sind allerdings im aktuellen Bündnisversuch nicht beziehungsweise nur beiläufig auf der Agenda: Statt dessen beobachten wir den Versuch der Bundesregierung, das Bündnis für Arbeit mit einer Vielzahl anderer Projekte zu überfrachten. Von der Senkung der Unternehmenssteuern bis zur Rentenreform – kaum ein zentrales wirtschafts- und sozialpolitisches Thema ist ausgelassen.

Das tangiert letztlich die parlamentarische Demokratie. Konsens schafft Fakten. Was unter den Sozialpartnern und der Regierung ausgehandelt wurde, wird von den Regierungsfraktionen und damit vom Bundestag nicht korrigiert werden. Die vorausgegangene Verständigung ist in kleinen Zirkeln zustande gekommen. Die Teilnehmer mögen noch so wichtig sein – für die Gesellschaft sind sie nicht repräsentativ. Das Verfahren, das zur Vereinbarung führt, ist überdies nicht öffentlich. Sein Ergebnis hat mehr mit wechselseitigem Geben und Nehmen, also mit Tausch- und Kompensationsgeschäften zu tun, als mit einem öffentlich ausgetragenen Meinungs- und Richtungsstreit.

Nun mag das auf dem engen Feld sozialer Regelungen, die aufs engste der betrieblichen und/oder tarifvertraglichen Begleitung bedürfen, noch angehen. Doch klassische Gesetzgebungsvorhaben gehören nicht in Bündnisrunden. Für die Beteiligung der Sozialpartner und vieler anderer mehr stellen Verfassung und Geschäftsordnungen das Verfahren der parlamentarischen Anhörung bereit.

Auch fehlt den Beteiligten die notwendige Repräsentativität. Bei allem Respekt, für die Behandlung von Renten und Steuerreform sind weder Arbeitgeberpräsidenten noch Gewerkschaftsvorsitzende gewählt.

Das leitet zu einer weiteren Frage über. Wäre es nicht angemessen, an einer langfristig angelegten Veranstaltung zur Überwindung der Arbeitslosigkeit nicht allein die Repräsentanten derer zu beteiligen, die jeweils drin sind, sondern Arbeitslose, Schüler und Studenten, die morgen Arbeit und Ausbildung suchen? Oder Mitarbeiter der Kirchen und Sozialverbände, die mit dem gesellschaftlichen Elend täglich konkret konfrontiert sind, die die Sicht der Opfer authentischer zur Sprache bringen können als mancher Verbandsvertreter? Oder: Wie wäre es, wenn man in regelmäßigen Abständen dem Bündnis für Arbeit ein Parlament der Arbeit zur Seite stellte, in dem vor allem den unmittelbar Betroffenen eine Stimme gegeben würde?

Bündnisse ersetzen keine Politik. Das Bündnis für Arbeit,

so wie es sich in den ersten Monaten darstellte, erweckt den Eindruck einer gewissen Ziel- und Orientierungslosigkeit. Auch die in der jüngsten Bündnisrunde im Juli '99 verabredeten Formel-Kompromisse sind eher dazu angetan, die Kluft zwischen öffentlicher Ankündigung und realer Wirkungslosigkeit zu vergrößern. Die Regierung beschränkt sich aufs Moderieren. Beim Ausstieg aus der Kernenergie beobachten wir ähnliches. Das mag für eine Anfangsphase aus atmosphärischen Gründen sinnvoll sein. Auf Dauer wäre damit das Scheitern programmiert. Hauptakteur bei der Überwindung der Arbeitslosigkeit ist nun einmal die Regierung und die parlamentarische Mehrheit. Auch wenn es hin und wieder in Vergessenheit gerät: Dafür ist sie letztlich gewählt worden. Die Überwindung der Arbeitslosigkeit spielte im Wahlkampf eine zentrale Rolle. Die Regierung kann Konflikten nicht auf Dauer ausweichen, indem sie die Lösung auf andere delegiert und sich selbst aufs Moderieren verlegt.

Abermals zeigt sich, wie nahe die Konsens-Suche, wenn sie sich verselbständigt, an der Grenze zu vordemokratischen politischen Mustern liegt. Eine Regierung, die nicht weiß, was sie will, desavouiert letztlich die Politik; in den Strudel gerät die Demokratie, die sich zugute hält, Formen der feudalen Aushandlung überwunden zu haben.

Josef Joffe

Kniefälle

Die BRD ist in Wahrheit die KRD, die »Korporative Republik Deutschland«. Was ist das, eine »korporative Republik«? Freundlich ausgedrückt, ist der Korporatismus ein Konsens-System. Etwas unfreundlicher ein politisches Gebilde, in dem jedes halbwegs organisierte Interesse von Gewicht ein Veto über die Willensbildung des Ganzen hat. In diesem System ist es zehnmal einfacher, den anderen zu blockieren, als die eigenen Ziele durchzusetzen. Das geheime Grundgesetz der KRD besteht aus zwei Teilen. Erstens, es darf sich nichts verändern. Zweitens: Wenn doch, müssen die Verlierer des Wandels reichlich kompensiert werden.

Daß dieses System an der Schwelle zum 21. Jahrhundert nicht mehr funktioniert, daß das Tempo der Anpassung immer mehr der Notwendigkeit des Wandels hinterherhinkt, zumal in Wirtschaft, Bildung und Verwaltung, ist tausendfach beschrieben und beklagt worden. In einem Bereich aber gilt das Gesetz nicht, und das ist die Außenpolitik. Die richtige Entscheidung bei den berühmten Schicksalsfragen wurde zwar stets heftigst bekämpft, aber sie wurde trotzdem getroffen. Das war vorweg die Westbindung als Prinzip, also die europäische Integration, die Wiederbewaffnung und der NATO-Beitritt.

Das war hernach das Prinzip der atomaren Abschreckung, das sich in den 50er Jahren in der Ausrüstung der Bundeswehr mit atomaren Trägerwaffen niederschlug, in den 80er Jahren in der Stationierung von Pershing II-Raketen und Marschflugkörpern. Im Grunde ging es auch hier nicht um nukleartheologische Quisquilien, sondern um jene ganz große Frage, welche die Regierung Adenauer trotz aller Anfeindungen schon in der Kindphase der Republik richtig beantwortet hatte: ob diese junge Demokratie in jene schreckliche Mittellage zurückfallen würde, in der Preußen-, Bismarck- und Weimar-Deutschland, weil ohne verläßliche Bindungen, noch jedes Mal in den existentiellen Notfall gerieten.

Spiegelverkehrt stellte sich das gleiche Problem in der Ära der Neuen Ostpolitik. Diesmal war es die Rechte, welche die unumgängliche Anpassung an den Lauf der Weltpolitik zu blockieren suchte – vergebens. Die Ostverträge wurden ratifiziert; Willy Brandt konnte nicht gestürzt werden. Ganz zuletzt war es das Gefecht um den Out-of-Area-Einsatz der Bundeswehr. Begonnen wurde es Anfang der 90er Jahre, wiewohl sehr zögerlich, von einer Mitte-Rechts-Regierung, die von einer pazifistisch argumentierenden Linken bedrängt wurde. Den Sieg in diesem Gefecht trug Ende der 90er Jahre merkwürdigerweise eine einst militant anti-militaristische Linkskoalition davon. Der erste Kampfeinsatz der Bundesrepublik (auf dem Balkan) lief – welch historische Ironie – unter rotgrünem Banner ab.

Vehement war jedes Mal der innere politische Krieg, historisch richtig genauso oft die Entscheidung. Das wirft ein interessantes Schlaglicht auf den Werdegang des demokratischen Deutschlands. Der Lichtkegel erhellt ein interessantes Paradox: Derweil in Wirtschafts- und Innenpolitik stets das Konsensprinzip (nach dem jeder jeden blockieren kann) die Oberhand behielt, war es in der Außenpolitik umgekehrt. Meistens früher denn später gerann das Notwendige zur Politik. Und das Notwendige war, jedesmal in neuer Variation, die Verweigerung eines deutschen Sonderwegs, der den Deutschen in ihren früheren politischen Inkarnationen keinesfalls zum Segen gereicht hatte. Letztendlich sprachen die Herren Schröder, Scharping und Fischer im Kosovokrieg die gleiche Sprache wie der alte Adenauer: Unser Weg ist im Westen, in der Gemeinschaft, welche die Deutschen vor 1945 entweder verschmäht hatten oder nicht für sich gewinnen konnten.

Doch hier endet das Paradox schon, schließt sich der korporative Kreis auch in der Außenpolitik. Gewiß doch: In den Schicksalsfragen der Außenpolitik war der Entscheidungsprozeß stets ein »binärer«; klare Alternativen wurden klar und »veto-immun« beantwortet. Doch jenseits der Landesgrenzen, dort wo die Außenpolitik als solche begann, galt dann trotzdem wieder das Neudeutsche Prinzip: lieber Konsens als Konflikt.

In der ersten, der Westpolitik-Phase, war Gemeinschaft (die höhere Form des Konsenses) nicht nur Mittel, sondern Zweck an sich. Sicherheit, Status, Einfluß wurden in der westlichen Gemeinschaft, sei's in der EG oder der NATO, gesucht und gefunden. Zugunsten des größeren Interesses, der Bindung an den Westen, wurden die kleineren zurückgestellt – ob in der Frage der Agrarfinanzierung oder des (hinteren) Sitzes auf dem deutsch-französischen Tandem.

Danach, in der Phase der Ostpolitik von circa 1969 bis 1989, wurde das Neudeutsche Prinzip fast genauso eifrig in Richtung Ost-Berlin, Warschau und Moskau ausgedehnt – freilich nie bis zu jenem Extrempunkt, wo der ältere Grundkonsens mit dem Westen riskiert wurde. Selbst der Erfinder des »Genscherismus«, dieser subtilen Manöverstrategie zwischen Ost und West, wußte instinktiv, daß er den Bogen nicht überspannen durfte. Wie Helmut Kohl kämpfte Hans-Dietrich Genscher für die Nachrüstung – nicht unbedingt, weil er deren strategischen Wert so hoch einschätzte, sondern weil ihm die Gemeinschaft mit dem Westen als unverzichtbar erschien. Denn ohne Westanker kein Kreuzen auf östlichen Gewässern.

Zum Beginn der deutschen EU-Präsidentschaft (erstes Halbjahr 1999) verkündete der frisch gekürte Kanzler Gerhard Schröder eine neue Europapolitik, die zu deutsch lautete, was die formidable Margaret Thatcher auf englisch zu sagen pflegte: »I want my money back.« Ein Vierteljahr später, auf dem Berliner Gipfel, sprach Schröder wieder wie Adenauer und Kohl. Man werde die Reformen langsam angehen, und, nein, die Deutschen würden nicht aus jenem Konsens ausscheren, der sie zwar zum größten Netto-Zahler, aber auch längerfristig gesehen zum größten Gewinner der europäischen Integration gemacht hatte.

Und was war der deutsche Kosovo-Einsatz, wenn nicht der erneute (und richtige) Kniefall vor dem Altar des Gemeinschafts-Prinzips? Zwar hatte Helmut Kohl noch 1995 verkündet, daß die Bundeswehr nie dort einmarschieren dürfe, wo die Wehrmacht gewütet hatte (was allenfalls den Einsatz in der Schweiz, in Portugal, Schweden und Irland noch hätte erlauben können). Aber seine Nachfolger haben die Truppe dann doch in das Kosovo entsandt, weil sie den Alleingang (wider den Rest der demokratischen Gemeinschaft) richtigerweise mehr scheuten als die Risiken des Krieges.

So löst sich das Paradox wenigstens zur Hälfte auf. Nachkriegsdeutschland hat den Krach innen gewählt, um den Konsens nach außen – die Gemeinschaft mit seinen Partnern und Verbündeten – zu hegen und zu pflegen. Und warum auch nicht? Zwei ewige Lektionen haben sich in das Kollektivbewußtsein der politischen Klasse eingebrannt. Wenn die Deutschen allein agierten oder marschierten, geriet ihnen der Sonderweg stets zum Abweg, zum Desaster: erst im Ersten, dann – potenziert – im Zweiten Weltkrieg. Als sie jedoch ihre Interessen gemeinschaftlich zu verfolgen lernten, also im Bündnis und in der Integration, haben sie floriert wie noch nie zuvor.

Solche Lektionen werden so schnell nicht vergessen, erst recht nicht in einer Zeit wie dieser, da die Deutschen zum ersten Mal in ihrer Geschichte umzingelt sind nur von Freunden. Wer so gesegnet ist, wird versuchen, diesen himmlischen Zustand zu bewahren – alte Freundschaften zu pflegen und neue Freunde zu gewinnen. Das neue Motto könnte sehr gut lauten: »An deutschen Spesen soll die Welt genesen«, und diese Variante hat sich, wieder langfristig gesehen, als tausendfach profitabler erwiesen als das Original.

Der Segnung zweiter Teil ist, daß eine Abkehr vom Prinzip »Konsens, Kooperation und Kommunalität« (KKK) nicht einmal als Versuchung aufscheint – nicht in einer Zeit, da die großen strategischen und ideologischen Konflikte im Eisfach der Geschichte gelandet sind. Das neue Zeitalter, die Postmoderne auch der Außenpolitik, ist den konsenssüchtigen Deutschen geradezu auf den Leib geschneidert. »Anything goes« gilt nicht nur in Kunst, Literatur und Architektur, sondern auch in der Großen Strategie. Der neue KKK-Stil der Deutschen – mit allen kooperieren, niemanden agitieren – paßt perfekt zu dem neuerdings äußerst permissiven europäischen Staatensystem, in dem deutsche Politik sich entfalten muß.

Freilich ändert diese Diagnose nichts an der Krankheit des konsensuellen Korporatismus in der Innen- und Wirtschaftspolitik. Hier darf man sich ruhig etwas mehr Konflikt- und weniger Konsensfähigkeit wünschen. Hier paßt die societé bloquée, wie der französische Soziologe Michel Crozier schon vor Jahrzehnten die eigene genannt hat, überhaupt nicht zu der lawinenmäßigen Dynamik des Wandels, der von außen auf die Deutschen einstürmt.

Dietmar Kuhnt

Wandel durch Dialog

Moderne Industriegesellschaften leben nicht von der Hand in den Mund – wie Jäger und Sammler zu Zeiten unserer Vorfahren. Unser Jahrhundert war und ist geprägt von Großinvestitionen. Ungeachtet des Übergangs von der Industrie- zur »Informations- und Dienstleistungsgesellschaft« bestimmen kapitalintensive Projekte zunehmender Größenordnung und Nutzungsdauer das Wirtschaftsgeschehen im Zeitalter der Globalisierung. Allen diesen Projekten ist gemein, daß sie über Jahrzehnte und vielleicht Generationen die Gesellschaft und den Alltag der Bürger verändern.

»Der Arm menschlicher Macht«, wie es der Philosoph Hans Jonas einmal nannte, greift dabei immer weiter in die Zukunft. Das gilt für die Bereiche Energie, Verkehr, Telekommunikation oder auch die Chemie und die Medizin gleichermaßen und löst oft schon bei der Inangriffnahme neuer Projekte Konflikte und Widerstände aus. Investitionen in Flughäfen (»Startbahn West«), kerntechnische Anlagen (»Brokdorf«, »Wackersdorf« etc.) oder auch den Transrapid sind zu Symbolen gesellschaftspolitischer Auseinandersetzungen geworden. Ein Grund hierfür ist die mit dem sozialen Wohlstand gewachsene Divergenz an Zielen, Werten und Normen in unserer Gesellschaft. Gemeinsame Nenner und gesellschaftsübergreifende Konsensmodelle sucht man bei politischen Zukunftsentscheidungen immer häufiger vergeblich. Die Folge: Skepsis, Unbehagen und Unsicherheit machen sich breit.

Für die Gesellschaft ist der heutige Entscheidungszwang für einen noch fernen Zeithorizont ein Novum, für das weder in der politischen Praxis noch in der Gesellschaftstheorie geeignete Spielregeln entwickelt wurden. Die Gefahr ist groß, daß aufgrund kurzfristig ausgerichteter politischer Entscheidungsgremien, ideologischer Konflikte, mangelnden Verantwortungsbewußtseins oder auch aus Angst falsche Wege eingeschlagen oder das Verharren auf dem Status Quo bevorzugt werden. Vor dem Hintergrund der Globalisierung von Märkten und unternehmerischem Verhalten bergen solche Verhaltensweisen jedoch eine erhebliche Gefährdung für eine dem sozialen Wohlstand, hoher Beschäftigung und innovativem Wachstum verpflichtete Volkswirtschaft wie Deutschland. Der Weltmarkt ist in rasanter Fahrt. Passen wir auf, daß wir den Anschluß nicht versäumen.

Die globalen Wettbewerbsbedingungen haben sich in den letzten Jahren in einem atemberaubendem Tempo verändert. Vor zwanzig, dreißig Jahren erkundigten sich deutsche Unternehmensdelegationen in Entwicklungs- und Schwellenländern in aller Ausführlichkeit nach den bürokratischen Schwierigkeiten bei der Gründung von Niederlassungen oder dem Betrieb von Produktionsanlagen. Heute können ausländische Unternehmen uns in Deutschland mit solchen Fragen in arge Verlegenheit bringen.

Stabile Entscheidungsgremien für die Zukunftsgestaltung schaffen

Mit der Höhe der von den Unternehmen für neue Projekte aufzubringenden Investitionssummen wachsen naturgemäß die Risiken, daß sich die investierten Mittel auch amortisieren. Zwar ist kein Unternehmen gegen Marktrisiken gefeit, weil sich das Nachfrageverhalten aufgrund technischer Entwicklungen oder neuer modischer Trends verändert. Aber wenn es keine verläßliche Rechts- und Wertebasis gibt, auf der ein Unternehmen seine Investitionen – im doppelten Sinne – bauen kann, werden Investoren einen weiten Bogen um einen Standort machen. Mit dem Ergebnis, daß diesem Standort wichtige und häufig technologisch anspruchsvolle Neuinvestitionen unwiederbringlich verlorengehen.

Wenn sich eine Volkswirtschaft nicht an diese Spielregeln hält, bestrafen dies Unternehmen mit Nichtbeachtung. Wer bei einer Investition, die auf 40 oder 50 Jahre ausgelegt ist, in Abständen von Legislaturperioden mit bruchartigen Veränderungen rechnen muß, wartet lieber noch einmal vier Jahre oder gibt sein Vorhaben auf. Das zeigt: Es gibt »politische Strukturinvestitionen«, die nicht dem Wechselspiel vierjähriger Wahlperioden unterworfen sein dürfen. Daher erscheint in bestimmten Fragen von grundsätzlicher Bedeutung ein parteienübergreifender Konsens notwendig. Unbestritten ist dies in zentralen wirtschaftspolitischen Aufgaben wie der Geldpolitik: Man stelle sich vor, die Deutsche Bundesbank wäre alle vier Jahre politischen Wechselbädern ausgesetzt worden. Wir hätten nicht über 50 Jahre eine der stabilsten Währungen der Welt gehabt. Andererseits darf und kann natürlich nicht jede Strukturinvestition auf den hohen Rang der Geldpolitik gehoben und politisch tabuisiert werden. Dies wäre eine deutliche Verletzung unseres parlamentarischen Systems und würde den Primat der Politik aushöhlen.

Zu dieser »Quadratur des Kreises« kann der gesellschaftliche Konsens einen wichtigen Beitrag leisten: Er kann Neues fördern und den Strukturwandel vorantreiben, ohne Strukturbrüche zu riskieren. Dies war das Erfolgsrezept des »Rheinischen Kapitalismus«. Je mehr aber die globale Wirtschaftsordnung nationale Entscheidungsfreiheiten und Gestaltungsmöglichkeiten einschränkt, um so schwieriger wird dieser Ausgleich im Konsens aller Beteiligten. Da andererseits immer mehr zukunftsrelevante Rahmenbeschlüsse in unserer Gesellschaft zur Debatte stehen – ob in der Renten-, der Steuer- oder der Energiepolitik –, wächst die Notwendigkeit, daß wir bewährte Mechanismen des wirtschaftspolitischen Dialogs erneuern und stabile Entscheidungsgremien für unsere Zukunftsgestaltung schaffen.

Mit welchen Instrumenten diese Gremien arbeiten müssen

und wie sie zusammenzusetzen sind, läßt sich nicht kategorisch festlegen. Wichtig aber ist vor allem die Bereitschaft aller Beteiligten, ohne ideologische Scheuklappen und kurzfristige Einzelinteressen Konsensentscheidungen zum Wohle künftiger Generationen zu fällen und mit realistischer Voraussicht Rahmenrichtlinien für den Wandel zu gestalten. Jede beteiligte Interessengruppe – ob aus Politik, Wirtschaft oder Gesellschaft – muß zum Konsens bereit sein, denn nur so können langfristig verläßliche und belastbare Rahmenbedingungen wiederhergestellt werden.

Die Gespräche zu einem »Bündnis für Arbeit« sind der Versuch, eine solche gemeinsame Plattform zu finden. Auch in der Energiepolitik führen wir seit Beginn der 90er Jahre »Konsensgespräche«, ohne daß bislang der entscheidende Durchbruch gelungen wäre. Die Energiepolitik, speziell die Kernenergie, ist jedoch ein Beispielfall für die jahrzehntelange Gratwanderung zwischen Konflikt oder Konsens in unserer Gesellschaft.

Es dürfte kaum ein wirtschaftspolitisches Thema geben, das zu einer derart tiefen gesellschaftspolitischen Spaltung wie die friedliche Nutzung der Kernenergie geführt hat. Zugleich ist die Energiewirtschaft gleichsam als Grundausstattung eines Industriestaates wie auch als sein größter Einzelinvestor von so eminenter volkswirtschaftlicher Bedeutung, daß regierungsamtlich verhängte Unsicherheiten verhängnisvolle wirtschaftliche Kettenreaktionen auslösen können. Deshalb wird sich am Erfolg der Energiekonsensgespräche auch entscheiden, inwieweit in anderen Themenfeldern neue »Bündnisplattformen« für den Weg ins 21. Jahrhundert gebaut werden können.

Wechselfälle deutscher Kernenergiepolitik

Wir haben in Deutschland 20 Kernkraftwerke, die auf weltweit höchsten Sicherheitsstandards rund ein Drittel der deutschen Stromversorgung zu wettbewerbsfähigen Konditionen produzieren. Diese Anlagen wurden in den 60er, 70er und 80er Jahren im Konsens mit der Politik – und zwar mit SPD- wie CDU-geführten Bundesregierungen – gebaut und können teilweise noch rund drei Jahrzehnte Strom erzeugen.

Diese deutschen Kernkraftwerke verdanken ihre Entstehung hauptsächlich der Politik. Seit Ende der 50er Jahre und bis weit in die 80er Jahre verfolgten alle Bonner Regierungsmitglieder von Franz Josef Strauß über Willy Brandt und Helmut Schmidt bis hin zu Helmut Kohl zielstrebig den Ausbau der Kernenergie. Die Gründe liegen auf der Hand: Kernkraftwerke erzeugen preisgünstigen und umweltfreundlichen Strom, sie machten unabhängig von ausländischen Rohstoffimporten und sind ein Vorzeigeprodukt des deutschen Anlagenbaus.

Die deutschen Energieversorger beurteilten die Kernkraft anfangs äußerst skeptisch, da sie die hohen Investitionen scheuten. Sie wurden jedoch von Politikern aller Couleur regelrecht bedrängt, mutig und zügig in die neue Technologie einzusteigen. Die Vorgaben der Politik aus den 60er und 70er Jahren setzten für die Energieversorger scheinbar unumstößliche Rahmenbedingungen. Der Entscheidungshorizont reichte zwar bei der Kernenergie mit einer durchschnittlichen Kraftwerkslaufzeit von vierzig Jahren weit in die Zukunft. Doch Unternehmen und Aktionäre durften sicher sein, daß sich die hohen Investitionskosten nach normalen Abschreibungszeiten rechtfertigen würden. Zweifel am Fortbestand der politischen Unterstützung für die Kernkraft bestanden faktisch nicht. Die politische Stimmung in den siebziger Jahren ist aus heutiger Sicht kaum mehr vorstellbar. Eine von der Bundesregierung in Auftrag gegebene Studie, welche die Medienberichterstattung zur Kernenergie in den Jahren 1970 bis 1974 untersuchte, kam zu dem Ergebnis: In 20 000 Artikeln fand man nur 123 mit kritischen Tönen.

Ende der 70er Jahre begann zum ersten Mal in politischen

Randgruppen die ursprünglich breite Kernenergie-Euphorie zu bröckeln. Veteranen der Studenten-Revolte und verschiedener linker Gruppen fanden sich nach dem Ende des Vietnam-Krieges mit Alt-Hippies und anderen Aussteigern in der Ökopax-Bewegung zusammen. Schon bald erhoben sie die Kernenergie zum Symbol für eine von ihnen verhaßte Gesellschaft, zum Sinnbild für verachteten Kapitalismus, moderne Technik und Fortschritt. Statt sachlich zu debattieren, argumentierten die Gegner der friedlichen Kernenergienutzung weltanschaulich – oder sie warfen gleich mit Steinen und zelebrierten ihren Protest mit »Sit-ins« und Zeltlagern auf Kernkraft-Baustellen: Wyhl, Brokdorf, Gorleben, Wackersdorf.

Am 16. Mai 1979 – für die Energieversorger und vielleicht auch für die Gesellschaft war dies ein »schwarzer« Tag – gab die Politik erstmals explizit und ohne sachlichen Grund dem Druck einer lautstarken, gewalttätigen Minderheit nach: Der damalige niedersächsische Ministerpräsident Ernst Albrecht lehnte eine Entscheidung für den Bau einer Wiederaufarbeitungsanlage und eines integrierten Entsorgungszentrums in Gorleben ab, weil dieses Konzept »zwar sicherheitstechnisch realisierbar« sei, aber »nicht politisch durchgesetzt« werden könne. Die Politik mit ihrer Verantwortung für das Gemeinwohl hatte abgedankt. Die einst verläßlichen Rahmenbedingungen für Investitionen in die Kernkraft gerieten ins Wanken.

Aufgescheucht durch die Erfolge der Grünen gerade bei jungen Wählern, begannen auch die Sozialdemokraten als erste staatstragende Partei ihren ursprünglichen Kurs für einen weiteren Kernenergieausbau Schritt für Schritt zurückzunehmen. Damals ging ein Riß durch die SPD, der ironisierend in dem Slogan zusammengefaßt wurde: »Mit Schmidt und Eppler für und gegen die Kernenergie«. Erste eindeutige Bekenntnisse gegen die Kernkraft wurden dann in den Ländern Hessen und Hamburg durch die Grünen und die SPD durchgesetzt.

Wie sehr dieser Riß zu einer Selbstblockade auf überregionaler Ebene führte, zeigt insbesondere die »Tragödie« des Schnellen Brüters SNR 300 über 17 Genehmigungsschritte von Dezember 1972 bis Oktober 1985. Als »Staatsreaktor« mit Investitionen von rd. 1,5 Milliarden DM konzipiert, an denen sich neben Deutschland mit 70 Prozent auch Belgien und die Niederlande mit jeweils 15 Prozent beteiligten, stiegen die Kosten schließlich auf 7,1 Milliarden DM.

Am 20. März 1991 erklärte der damalige Bundesforschungsminister Heinz Riesenhuber nach Beratungen mit der Industrie sowie der Stromwirtschaft, die sich in den Jahren zuvor auf Betreiben der Politik mit deutlich über 2 Milliarden DM finanziell engagiert hatten, daß das praktisch fertiggestellte Projekt nicht ans Netz gehen könne. Das Genehmigungsverfahren befand sich in einem Koma, das Kraftwerk war faktisch »totgeprüft«, und die Kosten waren damit nicht mehr kalkulierbar und vertretbar.

Das Schicksal der Investitionsruine teilt der Brüter – symptomatisch: inzwischen ein Freizeitpark – mit einer großen Zahl anderer kerntechnischer Projekte. Stichworte sind hier die Wiederaufarbeitungsanlage in Wackersdorf, der Hochtemperatur-Reaktor in Hamm-Uentrop oder die Brennelemente-Fabrik in Hanau. Alles in allem summieren sich die politisch induzierten Fehlinvestitionen bis heute auf rd. 15–20 Milliarden DM.

Gesellschaftliche Akzeptanz

In seinem berühmten Vortrag über »Politik als Beruf« beschreibt Max Weber zwei unterschiedliche Maximen politischen Handelns: die Gesinnungs- und die Verantwortungsethik. Während der Verantwortungsethiker bei jeder Entscheidung sachlich alle möglichen Konsequenzen einer Handlung abwägt, zählen für den Gesinnungsethiker allein seine Ideale, die eine Entscheidung für ihn selbst dann rechtfertigen, wenn die Folgen einer aus reiner Gesinnung fließenden Handlung »üble« sind. In der Kernenergiedebatte machten in den 80er Jahren die Verantwortungsethiker immer mehr den reinen emotional-weltanschaulich argumentierenden Gesinnungsethikern Platz.

Ein sichtbares Merkmal dieser politischen Veränderung war der Begriff des »ausstiegsorientierten Gesetzesvollzug«, der in den 80er Jahren bei den kernenergiekritischen Landesregierungen hoffähig wurde. Mit dieser »Politik der Nadelstiche« konterkarieren Teile der Exekutive seit dieser Zeit die vom Gesetzgeber gewollte friedliche Nutzung der Kernenergie durch nicht mehr zu rechtfertigende Prüfungsexzesse. Aktuell droht sich nun dieser »ausstiegsorientierte Gesetzesvollzug« auf die Verzögerung der Transporte abgebrannter Brennelemente zu richten, um auf diese Weise ein Vollaufen der vorhandenen Brennelemente-Lager an den Kraftwerken und damit ein Abschalten dieser Anlagen »auf dem kalten Weg« zu erreichen.

In diesen gravierenden Veränderungen im politischen Umgang mit der Kernenergie manifestiert sich ein gesellschaftspolitischer Meinungsbildungsprozeß, der stetigen Wellenbewegungen zwischen den Polen »Dissens und Akzeptanz« unterworfen war und ist. Am deutlichsten schlug das Meinungsbarometer 1986 gegen die Kernenergie aus, nach dem Unfall in Tschernobyl. Auch wenn ein solcher Unfall in einem deutschen Kernkraftwerk nicht vorstellbar ist, erfaßte die Menschen in Deutschland zu dieser Zeit eine intuitive, rational nicht begründbare Angst vor unbekannten Risiken, die durch bewußt mißverständliche Informationen der Kernenergiegegner noch angeheizt wurde. Erstaunlich unbeeindruckt blieben unsere französischen Nachbarn, die bei ihrer Stromerzeugung zu rund 75 Prozent auf Kernenergie vertrauen.

Ängste in der Bevölkerung, ob begründet oder nicht, müssen Politiker und Unternehmer im Sinne ihrer gesellschaftspolitischen Verantwortung respektieren. Dennoch ist keine vorausschauende Regierung gut beraten, wenn sie nur ständig die Hand am Puls des Wählers hat. Bei jedem spontanen Meinungsumschwung gilt es abzuwägen zwischen momentan überhöhten Ängsten und irreversiblen Folgen einer emotional ausgelösten Spontanentscheidung, die künftige Generationen tragen müssen.

Mehr als zehn Jahre nach Tschernobyl hat sich die Einstellung der deutschen Bevölkerung zur Kernkraft wieder gewandelt. Noch 44 Prozent der westdeutschen und 32 Prozent der ostdeutschen Bürger glauben nach einer Umfrage des Instituts für Demoskopie in Allensbach, daß zu hohe Risiken gegen eine langfristige Nutzung der Kernenergie sprechen. 42 Prozent möchten zwar keine neuen Kernkraftwerke mehr bauen, aber bestehende weiter betreiben. Nur 22 Prozent der Bevölkerung plädieren für einen schellen Ausstieg aus der Kernenergie, während 48 Prozent deren Beitrag zur Sicherung unseres Industriestandorts als besonders hoch einschätzen. Spiegeln vor diesem Hintergrund die Forderungen mancher Mitglieder der neuen Bundesregierung nach einem schnellen Aus der bestehenden Kernkraftwerke noch den Willen der gesellschaftlichen Mehrheit wider?

Der Weg aus der Selbstfesselung

Ich bin überzeugt, daß vieles von dem, was an Reformanstrengungen in Deutschland – von den sozialen Sicherungssystemen bis hin zur Steuerpolitik – zu bewältigen ist, sich im Konsens vollziehen läßt. Vieles, nicht alles. Zu dem, wo es möglich sein sollte, gehört die Energiepolitik. Ich begrüße es ausdrücklich, daß Bundeswirtschaftsminister Werner Müller und der Vorstandssprecher der Deutschen Bank, Rolf-E. Breuer, den »Energiedialog 2000« ins Leben gerufen haben mit dem erklärten Ziel, »in der Energiepolitik wieder zu einem politischen wie gesellschaftspolitischen Grundkonsens zu kommen«. Dies ist zweifellos ein Weg, den auch die deutsche

Stromwirtschaft jedweder Auseinandersetzung vor Gericht vorzieht, bei der es letztlich nur Verlierer geben kann. Und zu den Verlierern zähle ich aus den geschilderten Gründen ausdrücklich auch die deutsche Volkswirtschaft.

Der Schutz der bestehenden Investments ist für die Stromwirtschaft der natürliche und nicht-verhandelbare Ausgangspunkt der Kernenergiekonsensgespräche mit der Bundesregierung. Denn solche Verhandlungen sind kein »orientalischer Teppichhandel«, bei dem die Betreiber Positionen zulasten ihrer Mitarbeiter und Aktionäre und zugunsten der Befriedung von Teilen der grünen Parteibasis akzeptieren können. »Bauernopfer« – einer politischen Trophäe gleich – kann und wird es nicht geben. Für das Abschalten eines Kernkraftwerks sind allein technisch-wirtschaftliche Gründe ausschlaggebend. Die Rechtsstaatlichkeit politischen Handelns darf nicht zur Debatte gestellt werden. Dies gilt für den Betrieb der bestehenden Kernkraftwerke ebenso wie für die Sicherstellung einer gesicherten Entsorgung, wie sie gesetzlich vorgeschrieben ist und in die die Unternehmen schon Milliarden investiert haben.

Die Anerkennung des Primats der Politik steht dabei nicht in Frage. Hier folge ich Carl Christian von Weizsäcker, der dazu gesagt hat: »Die heutige Forderung nach dem Primat der Politik steht in der Tradition der abendländischen Demokratie. In dieser Tradition legitimiert sich die Politik durch die Verankerung im Willen des Volkes. Derselben Tradition entspricht aber auch die Begrenzung der Staatsmacht, der Schutz des Individuums davor, im Übermaß Manipulationsgegenstand der Politik zu werden. In dieser politischen Tradition gibt es neben dem Demokratieprinzip zugleich auch den Primat des Individuums gegenüber dem Staat, gibt es die verfassungsmäßig garantierten Grundrechte. Demokratie ist nach modernem Verständnis nicht nur Herrschaft der Mehrheit. Sie umfaßt auch einen möglichst freien Austausch und Kampf der Meinungen.«

Die friedliche Nutzung der Kernenergie ist europarechtlich in den Gründungsverträgen der Europäischen Union, im Euratom-Vertrag, verankert und auch in Deutschland verfassungsrechtlich und einzelgesetzlich legitimiert. Vor diesem Hintergrund trägt die Forderung mancher Politiker nach einem »unumkehrbaren Ausstieg« aus der Kernenergie die Züge eines Fetisches. Wie jeder andere Energieträger auch hat die Kernenergie den Charakter einer Übergangsenergie, die irgendwann einmal durch fortschrittlichere und noch effizientere und umweltfreundlichere Energien ersetzt werden wird. »Das Bessere ist stets der Feind des Guten« hat auch hier in vollem Umfang Gültigkeit. Hier und heute sehe ich jedoch keinen Energieträger, der mit Blick auf das energiepolitische Zieldreieck »Wettbewerbsfähigkeit, Versorgungssicherheit und Ressourcenschonung« die Kernenergie adäquat ersetzen könnte.

Zudem ist bekannt, daß wir in einem Binnenmarkt leben. Selbst bei Abschaltung aller deutschen Kernkraftwerke sorgt zum Beispiel dieser Europäische Energiemarkt dafür, daß wettbewerbsfähiger Strom aus Kernkraftwerken westlich und östlich unseres Landes bis an die Steckdosen des deutschen Kunden vordringt. In einem Umkreis von 2000 Kilometern rings um Deutschland befinden sich 200 Kernkraftwerke, mit zum Teil deutlich schlechteren Sicherheitsstandards als die deutschen. Ein nationaler Ausstieg schlägt deshalb gerade in sicherheitstechnischer Sicht nur negativ zu Buche. Auf derselben Seite der Standortbilanz wären die Verluste an heimischen Arbeitsplätzen, Wertschöpfung und Investitionen zu verbuchen.

»Die Welt beobachtet uns«, schreibt der langjährige BMW-Chef Eberhard von Kuenheim, und fügt an: »Aber Mitleid ist nicht Teil ihrer Regeln.« Die Zeiten, in denen die Wirtschafts- und Energiepolitik allein im nationalen Rahmen definiert werden konnte, sind mit der Globalisierung endgültig vorbei. Gerade der Umgang mit der Kernenergie in Deutschland wird im

Ausland als »Lackmustest« gesehen, inwieweit ideologische Grundpositionen für den Erfolg in der gemeinsamen Sache aufgegeben werden können und die deutsche Gesellschaft bereit ist, sich aus der vorhandenen Selbstfesselung zu befreien. In diesem Prozeß muß es auch möglich sein, selbst alte Parteitagsbeschlüsse zu überdenken und sie an der neuen politischen wie ökonomischen Wirklichkeit zu orientieren.

Eine Regierung, die das wichtigste wirtschaftspolitische Kriterium, die Beschäftigung, zu ihrem Erfolgsmaßstab macht, muß zum Wandel im Dialog bereit sein, auch wenn sich die Märkte ändern. Dialog und Diskussion erfreuen sich gerade in Deutschland hoher Wertschätzung. Dennoch können sie drängende Entscheidungsnotwendigkeiten nicht ersetzen. Nach der Diskussion muß auch entschieden werden. Für die Akzeptanz möglichst im Konsens. Die Stärke der Demokratie liegt aber auch in der verfassungsrechtlich legitimierten Konfliktbewältigung.

Otto Graf Lambsdorff

Politikmanagement oder Mauschelei?

Eigentlich ist es ja naheliegend: Es gibt ein Problem (Arbeitslosigkeit, Energieversorgung, Lehrstellen). Folglich setzen sich jene, die an der Lösung des Problems ein Interesse haben, an einen Tisch, analysieren die Lage und einigen sich. Man findet in vertrauter Runde einen gemeinsamen Nenner und verhindert, daß ein Konflikt in aller Breite an die Öffentlichkeit getragen und prestigebeladen wird, wodurch ja oft Lösungen blockiert werden und eine gesellschaftspolitische Stagnation entsteht – so die Vorstellung.

Ein Beleg für den Dauerkonflikt ohne Konsens ist schnell gefunden: Da wird dann die Spätära Kohl zitiert, die ja durch gegenseitige Blockade und Sprachlosigkeit gekennzeichnet gewesen sei. Das ist jetzt scheinbar alles anders. Eine gemeinsame Erklärung jagt die nächste. Fachdialoge, Themendialoge, Arbeitsgruppen, Steuerungsgremien oder Ausbildungskonferenzen sorgen dafür, daß Catering-Unternehmen begründete Hoffnungen auf ein weiteres Marktwachstum hegen dürfen.

Derweil erlebt das staunende Publikum eine Symphonie ohne offenkundige Mißklänge. Der Präsident des Arbeitgeberverbandes Gesamtmetall verlangt schon jetzt, die kommende Lohnrunde im Geiste des Bündnisses für Arbeit zu gestalten. Wer mosert, hat nicht verstanden, wie modernes Politikmanagement in der Informationsgesellschaft auszusehen hat. Dieses Management verstehen die Protagonisten am runden Tisch prächtig, indem sie sich mit wohlklingenden Verlautbarungen an die Öffentlichkeit wenden. Der Kanzler selbst ist zufrieden, auch wenn seine Schäfchen gelegentlich ein Machtwort brauchen.

Aber was geschieht, wenn der Vorhang fällt? Wer nachhört,

findet die Mißklänge sofort, und wer zuvor genau hingehört hat, wird schon die öffentliche Aufführung mittelmäßig finden müssen, weil zwar eine gemeinsame Partitur gespielt wird, aber eben auf dem kleinsten gemeinsamen Nenner.

Ein Beispiel: Die hochgelobte Lehrstellenaktion, vereinbart beim dritten Spitzengespräch des Bündnisses für Arbeit, interpretiert die IG Metall so, daß zunächst eine saubere Datenlage für jede Region erstellt werden müsse und die Betriebe (nicht die Funktionäre) an ihre Versprechen zu erinnern seien. Dann geht es weiter: »Notfalls müssen die Betriebe durchgekämmt werden.« Dabei winkt die IG Metall (die dafür weder Mandat noch Macht hat) mit dem Knüppel einer gesetzlichen Ausbildungsplatzabgabe. Ist das dann der neue Geist des Bündnisses für Arbeit? Wollen die Arbeitgeber in diesem Geiste die neue Lohnrunde angehen?

Offene Konflikte sind notwendige Begleiterscheinung einer demokratisch verfaßten Gesellschaft. Sie sind Treibsatz für Neuerungen, wenn die Gesellschaft mit ihnen klug umgeht. Kleinere Eruptionen – dazu zählen Streiks, Konkurse oder auch Verbandsaustritte – halten einen Reformdruck aufrecht, der es einer Volkswirtschaft ermöglicht, sich evolutionär zu modernisieren.

Aber noch wichtiger ist etwas anderes: Repräsentative Demokratien mit funktionstüchtigen staatlichen Strukturen und einer marktwirtschaftlichen Ordnung verfügen prinzipiell über alle Institutionen, um Konflikte auszutragen, gleichzeitig die Teilhabe der Bevölkerung zu gewährleisten und das notwendige Lösungspotential zu entwickeln. Demokratische Austragung von Konflikten ist ein Wesensmerkmal einer offenen Gesellschaft.

Die Wirtschaftsgeschichte Deutschlands ist hingegen ein ständiges Schwanken zwischen korporatistischen Ansätzen und Wettbewerbswirtschaft, wobei im internationalen Vergleich eine stärkere Neigung zu sozialen Pakten festzustellen ist. Das reicht vom Korporatismus der Weimarer Republik über die Einkommenspolitik der 50er Jahre, die Konzertierte Aktion (1967–1977) und die Kanzlerrunden der 80er Jahre bis hin zum Bündnis für Arbeit, Ausbildung und Wettbewerbsfähigkeit seit 1998.

Die Befürworter runder Tische verweisen gern darauf, daß durch gesellschaftliche Bündnisse mehr Öffentlichkeit hergestellt werden könne. Sie argumentieren weiter, daß gesellschaftliche Bündnisse es der Bevölkerung erleichtern, sich mit unpopulären Maßnahmen anzufreunden und daß der vertrauensstiftende Ansatz dazu beitragen könne, Gesprächstabus aufzubrechen.

Es ist nichts dagegen einzuwenden, wenn Kartellbündnisse mal aus dem Halbdunkel gezerrt werden. Aber das zentrale ordnungspolitische Problem liegt darin, daß große Konsensrunden Zuständigkeiten verwischen und Verantwortung vernebeln. Wir erleben momentan, wie die Lohnpolitik plötzlich auch zu einer staatlichen Angelegenheit wird, die Gesetzgebung zur Diskussionsgrundlage von Verbandsvertretern degeneriert oder die Finanzpolitik als Verhandlungsmasse halbamtlicher Konsensrunden erscheint.

Schließlich: Korporatistische Lösungen versprechen meist viel mehr, als sie halten können. Kaum ein runder Tisch kann so umfassend sein, daß es nicht Außenseiter gibt, die entweder mit (externen) Kosten einer Vereinbarung belastet werden oder als Wettbewerber alle Abmachungen unterlaufen. In jedem Fall behindern korporatistische Lösungen zudem einen freien Wettbewerb der Ideen. Und endlich haben die Funktionäre, die am Tisch sitzen, weder ein Mandat noch die Möglichkeit, einzelwirtschaftliche Entscheidungen vorab zu bestimmen. Deshalb sind substantielle Festlegungen eher unwahrscheinlich, während allgemein gehaltene Absichtsbekundungen näher liegen). Aber ein Bündnis, das nur ein bloßer Spielball organisationspolitischer Interessen ist und lediglich dem Zweck dient, die Rolle von Verbandsfunktionären wieder aufzuwerten und die traditionelle Klientel bei der Stange zu halten, ist nicht viel wert.

Deshalb kann ich nur davor warnen, von solchen runden Tischen allzuviel zu erwarten. Konflikt und Konsens gehören zur Marktwirtschaft. Es geht deshalb nicht um die Scheinalternative Konsens ohne Konflikt versus Konflikt ohne Konsens. Es geht auch nicht um die Scheinalternative korporatistische Koordination versus Stagnation im Konflikt. Vielmehr sind sowohl Konsensfähigkeit als auch Konfliktbereitschaft wesentliche Elemente, um in einer Marktwirtschaft effizient Entscheidungen treffen zu können. Konflikt und Konsens sind – im effizienztheoretischen Sinne – zwei Seiten einer Medaille.

Claus Leggewie

Nur nicht ausweichen

Der viel beklagte Stillstand der deutschen Verhältnisse wird häufig darauf zurückgeführt, daß hierzulande zu viel Wert auf Konsens gelegt werde. Vor allem in den USA und in Großbritannien macht es sich gut, eine angeblich typisch deutsche Konfliktscheu anzuklagen. Gewiß, es klingt unverkennbar Harmoniesucht durch in der Forderung, politische Parteien und soziale Gruppen sollten sich nicht so viel unter- und miteinander streiten, sondern lieber an einem Strang ziehen und »die Probleme lösen«.

Kinder, vertragt Euch! – schon Mamas Parole am Mittagstisch mißachtete, daß ein klärendes Gewitter im privaten Leben genau wie in öffentlichen Angelegenheiten besser sein kann, als einer Konfrontation auszuweichen und Konflikte schwelen zu lassen. Was im Kleinen für Paarbeziehungen und Arbeitsgemeinschaften gilt, trifft in modernen Gesellschaften und pluralistischen Demokratien generell zu. Oder hätten wir es lieber, wenn Konflikte durch Zwang niedergehalten oder durch unumstößliche Autorität beendet würden? Streit ist gut, lautet deshalb eine alte Weisheit der Soziologie, die den Konflikt geradezu als Quelle sozialer Integration entdeckt hat, indem er Widersprüche sichtbar macht, gegensätzliche Interessen zum Ausgleich bringt und übermäßige Spannungen beilegen kann. Das bedeutet auch: indem er Konsens erzeugt. Übereinstimmung ist in pluralistischen Gesellschaften nicht einfach vorauszusetzen, sondern immer wieder neu zu gewinnen und zu befestigen. An dieser zweifellos anstrengenden Pointe sieht man bereits, daß die starre Alternative Konflikt oder Konsens unlogisch ist. Es geht offenbar um die richtige Mischung von Konsens und Konflikt, diesen beiden Aggregatzuständen sozialer und politischer Vergemeinschaftung.

Wird demnach in Deutschland zu wenig gestritten? Wer das sogenannte Sommerloch als Zeitungsleser oder Fernsehzuschauer überbrückt hat, wird diese pauschale Behauptung kaum bestätigen. An einem einzigen Augusttag wurde heftig, bisweilen auch sachlich gestritten über die Vermögenssteuer und ein neues Steuersystem, wieder mal über den Ladenschluß (nun am Sonntag) und das Importverbot für britisches Rindfleisch, neuerlich über den Zivildienst und die Bundeswehr, auch über die Tarifautonomie. Ein keineswegs bloß deutsches Manko ist, daß der Streit oft mit dem Hinweis, etwas sei rechtlich geboten oder gehe rechtlich nicht, zu früh beendet wird. Was in Deutschland »Karlsruhe« als letzte Instanz ist, ist in den angelsächsischen Ländern die Klagewut der Anwälte. Und so wurde vor Gerichten über das 630-Mark-Gesetz und den Berliner Großflughafen befunden. Daß ein Bundeskanzler und Parteivorsitzender gern Ruhe im Karton hat, mag man verstehen, aber auch wer die BSE-Angst für hysterisch und die 630-Mark-Regelung für grundverkehrt hält, muß anerkennen, daß es bei den meisten Themen des sogenannten Sommertheaters keineswegs um oberflächliche Inszenierungen ging, die vom Wesentlichen bloß ablenken, sondern um die Grundlagen des Wohlfahrtsstaates, die äußere Sicherheit und den inneren Frieden dieser Republik. Also um das »Eingemachte«, um das sich Streiten lohnt und Konflikte angesichts veränderter Rahmenbedingungen daheim und weltweit unvermeidbar sind.

Insofern lohnt, jenseits der konkreten Streitgegenstände, eine genauere Betrachtung der institutionellen und formalen Voraussetzungen des Konfliktgeschehens in der Bundesrepublik Deutschland, üblicherweise mit dem Plastikwort »Streitkultur« bezeichnet. Was dabei *erstens* auffällt, ist, daß die Berliner Republik jene Proporz- oder *Konkordanz*demokratie geblieben ist, als welche die Bonner Republik vor fünfzig Jahren ins Leben gerufen worden war, also keine *Konkurrenz*demokratie, die vor allem angloamerikanische Beobachter und ihre Sympathisanten favorisieren. Sie setzen auf klare, in einer Regierungsmehrheit konzentrierte Machtalternativen, bei denen die Exekutive einen tiefgreifenden Politikwechsel herbeizwingen kann. Diese Lösung ist derzeit en vogue, aber sind wir wirklich zu konsensverliebt, wenn es in Deutschland, wie übrigens in den meisten anderen Ländern des Kontinents und bei der überwiegenden Zahl der liberalen Demokratien weltweit, anders zugeht, also Koalitionen und Verhandlungsnetzwerke vorherrschen, Minderheiten besser repräsentiert und berücksichtigt werden und Staat und Gesellschaft föderativer aufgebaut sind? Derart auf Interessenausgleich bedachte Demokratien gelten in der Regel als leistungsfähiger als solche, die auf Polarisierung setzen. Kann man ihnen eine Neigung zur »Tyrannei der Mehrheit« vorwerfen, so muß man unserer Verhandlungsdemokratie gerechterweise die hohen Konsensbildungskosten und die Zeitverzögerung anlasten, die Reform- und Reparaturmaßnahmen durch die Berücksichtigung von Gruppeninteressen oft erfahren.

Zweitens ist zu bemerken, daß nicht mehr allein politische Parteien den Streit um Details und das große Ganze lenken und auch das Parlament nicht (mehr) die Arena darstellt, in der gesellschaftlicher Streit vorrangig ausgetragen wird. Den Parteien ist das einstige Quasi-Monopol der Meinungs- und Willensbildung vor allem durch die elektronischen Medien entwunden worden; auch haben höhere Bildung und Vertrauensverlust dazu beigetragen, daß Parteivertreter nun eher dem Volk bzw. dem jeweiligen Mikrofonhalter nach dem Munde zu reden suchen als umgekehrt. Oft ist zu hören, die großen Parteien würden sich zu wenig voneinander unterscheiden. Das steht nicht nur im Widerspruch zu der ebenso häufig zu vernehmenden Forderung, den »Parteienstreit« beizulegen. Es wird auch dementiert durch die Aufregung nach dem jüngsten Regierungswechsel in Deutschland, die – trotz bislang eher maßvoller Kurskorrekturen – kaum abflaut, obwohl man solche doch von der deutschen Wunschkonstellation, der Großen Koalition nämlich, erwartet hätte. Wenn angeblich schon egal ist, ob Edmund Stoiber oder Gerhard Schröder regiert, und wenn selbst die GRÜNEN auf dem Weg in die überfüllte Mitte sind – warum dieses Geschrei?

Empört sind vor allem die Interessenverbände, und ihre Traditionsmacht führt zu dem anderen, schwerwiegenden Problem hiesiger »Streitkultur«, daß nämlich mehr und mehr an den repräsentativen Organen vorbeiadministriert wird und Entscheidungen etwa im Bereich der Sozial- und Umweltpolitik Gipfeltreffen wie dem »Bündnis für Arbeit« und »Energiekonsensgesprächen« überlassen bleiben. Solche Elefantentreffen verletzen demokratische Prinzipien in der Tat, und der Theaterdonner, der im Umfeld der Gipfelgespräche üblicherweise entfaltet wird, übertönt kaum die faulen Konsense, die dort zu Lasten Dritter gefunden werden. Verbraucher und Arbeitslose, nicht-organisierte Bürger ganz allgemein, sind im Politikprozeß heute viel zu schwach vertreten, d. h. die Inklusion, die gerade eine Konsensdemokratie anstrebt, hat sich in faktische Exklusion verwandelt. Das gilt für den sogenannten dritten Sektor zwischen Markt und Staat, für die eigentlichen Nutzer der Neuen Medien, für Studierende und Professoren, die bei der Hochschulreform weitgehend außen vor bleiben. Wesentliche Akteure des Geschehens werden also gar nicht als »gesellschaftlich relevante Gruppen« anerkannt, und häufig sind es eben jene Kräfte, die am ehesten innovationsfähig sind.

Das führt zur *dritten* Beobachtung über die deutsche Konfliktarena. In den vergangenen 50 Jahren kann man wahrlich nicht davon sprechen, die Bundesrepublik sei konfliktscheu gewesen. Zahlenmäßig lag strittige Beteiligung – Demonstrationen, Streiks, Bürgerbegehren – nicht unterm europäischen Durchschnitt, und was Qualität und Intensität dieser Kontroversen anbelangt, waren die Klassenkonflikte der ersten Jahrzehnte trotz deklarierter Sozialpartnerschaft nicht von schlechten Eltern, gab es in den 60ern und 70ern einen massiven Generations- und Kulturkonflikt, fanden in den 80ern seitens der ökopazifistischen Bewegung die größten Massenaufmärsche nach 1945 statt – und hat sich, nicht zu vergessen, eine Bürgerbewegung in Ostdeutschland durchsetzen können. Immer gab es organisierte Gruppen und informelle Bewegungen, die Ressourcen und Machtmittel besaßen, um den politischen Entscheidungsprozeß von innen oder außen erfolgreich zu beeinflussen. Konfliktfähigkeit ist dabei heute wie früher höchst unterschiedlich ausgeprägt. Heute hat die Kapitalseite, dank der Globalisierung oder wenigstens ihrer Wahrnehmung, eine solche Marktmacht erreicht, daß sie nicht minder berechtigte Interessen von Arbeitnehmern, Verbrauchern und Bürgern beiseite schieben zu können meint. Sie bestimmt die Tagesordnung, und die »Automänner« in der Politik ratifizieren sie bloß noch. Statt sich um Fairneß und Ausgleich zu bemühen. Die Arroganz, mit welcher große Konzerne und deren Verbandsvertreter heute auftreten, steht in keinem Verhältnis zu ihrer tatsächlichen Innovationsfähigkeit; es ist ein Unding, allein die Sturheit der Arbeitnehmerverbände oder das Beharrungsvermögen der Sozialsysteme dafür verantwortlich zu machen, daß Deutschland im internationalen Wettbewerb zurückgefallen ist, wo doch gerade die Unternehmen Weichen für qualitatives Wachstum hätten stellen müssen.

Wenn nun gefragt wird, ob Deutschland künftig im Konsens oder im Konflikt regiert werden soll, dann wird von dieser Seite zu forsch geantwortet: mit mehr Konflikt. In diesem Postulat klingt die Hoffnung durch, man könne sich auf kaltem Wege bessere Ausgangspositionen verschaffen, um dann im alten Trott weiterzufahren. Doch zum Konflikt gehören immer (mindestens) zwei Parteien. Wünscht sich also, wer mehr Konflikt will, etwa beim Atomausstieg mehr Massendemonstrationen wie seinerzeit in Brokdorf oder guerillaartige Aktionen gegen die nächsten Castor-Transporte? Wer seitens der Ärzteschaft zu Streik- und Boykottmaßnahmen greift, ist der vorbereitet auf eine ebenso massive Reaktion der Patienten und drakonische Maßnahmen der Krankenkassen? Wer die Verschlafenheit des öffentlichen Bildungssystems attakkiert, ist der selbst aufgeweckt genug, wenn Studenten und Schüler erneut und vielleicht in größerer Zahl auf die Straße gehen? Oder wird dann, wer immer Entstaatlichung gepredigt hat, wieder bei Vater Staat Zuflucht suchen, um unerwünschte Konflikte einzudämmen? Organisationsmacht und Mobilisierungsfähigkeit sind in Deutschland noch ungleicher verteilt als Einkommen und Vermögen. Die »scharfe Auseinandersetzung«, die manche übermütig an die Wand malen, ist den vermeintlichen Vorbildern dieses autoritären Neoliberalismus jenseits von Ärmelkanal und Atlantik in den 70er und 80er Jahren jedenfalls schlecht bekommen. Dort wünscht man sich: mehr Konsens.

Karl Lehmann

Steter Tropfen höhlt den Stein

Vielleicht hat man von Konsens und/oder Konflikt jeweils falsche Vorstellungen. Man erwartet von »Konsens« immer noch die Vision eines allumfassenden, harmonischen Einvernehmens, das es in der pluralistischen Gesellschaft schon lange nicht mehr gibt; von einer Konfliktstrategie, die auf Konsenselemente verzichtet und von einem gesteigerten Dissens einen Deus ex machina-Effekt erwartet, sollte man Abschied nehmen. Was kann man für diese Überwindung tun?

1. *Möglichst vorurteilsfreie Analyse:* Das im Zeitalter der Wissenschaft stehende Erfassen unserer Wirklichkeit ist besonders in der Politik immer noch sehr naiv und vormodern. Ich mache mir keine Illusionen über die sogenannte »Voraussetzungslosigkeit« der Wissenschaften, aber ihre Ergebnisse können immer noch viele Scheuklappen herunterreißen und die Augen öffnen für das, was ist. Dabei können viele Umfragen, die letztlich parteipolitisch programmiert sind, aufgegeben werden. Sie vernebeln nur. Wenn alle sich dem Diskurs über das, was wirklich ist, unvoreingenommen stellen, kristallisiert sich auch eine größere Annäherung an die Realität heraus. Warum flüchten wir zum Beispiel weitgehend vor den Ergebnissen und Konsequenzen demographischer Fakten für die Gestaltung unserer Zukunft?

2. *Gegen ideologische Verblendungen:* Viele wissen genau, was los ist und was zu tun ist. Nicht für alles braucht man wissenschaftliche Erkenntnis. Aber alltägliche Erfahrung und gesunder Menschenverstand werden oft verdrängt. Wie viele gute Erkenntnisse hört man nur hinter vorgehaltener Hand. Im politischen Streit und erst recht im Wahlkampf ist alles wieder vergessen. Jeder weiß, daß man die Arbeitslosenstati-

stik längst differenzierter aufstellen und vor allem auswerten sollte. Die Programme der Parteien sind notwendig als inhaltliche Richtungsanzeiger des politischen Gestaltungswillens, aber sie müssen sich immer wieder im Detail korrigieren lassen. Warum gelingt dies so wenig? Warum erleben wir hier nur bei wenigen den notwendigen Freimut? Will die Gesellschaft immer wieder hintergangen werden? Leider sind auch viele Medienschaffende parteilich bis auf die Knochen. Wer reißt endlich die Masken herab? Mir kommt beispielsweise der Streit um den Atomausstieg um einige Jahre früher oder später ausgesprochen verbohrt vor. Wenn andere Energieerzeugungsarten wirklich ausreichend zur Verfügung stehen oder ganz neue Kraftwerkstypen entstehen, löst sich das Problem fast von selbst. Wir brauchen kein Fetischdenken, wie das Abschalten einiger Atomkraftwerke oder wenigstens eines Werkes noch in dieser Legislaturperiode.

3. *Begrenzter Grundkonsens:* Vor diesem Hintergrund müßte es doch möglich sein, einen begrenzten Konsens in einigen Grundentscheidungen anzugehen. Sage niemand, so etwas sei nicht möglich. Es käme wenigstens auf den Versuch an. In den vergangenen Monaten gab es eine – keineswegs selbstverständliche – Gemeinsamkeit in zentralen außenpolitischen Fragen. Warum soll so etwas nicht möglich sein in einigen wesentlichen innenpolitischen und gesellschaftspolitischen Grundentscheidungen, wenn das Land dringliche Neuorientierungen braucht? Ich denke an die Steuerreform, das Arbeitslosenproblem, die Rentenreform, das Durchforsten der Subventionen und der Sozialleistungen. Natürlich geht dies nicht ohne Kompromisse. Ein Kompromiß, wenn er nicht nur formelhaft ist, bemißt sich freilich nicht nach den vielleicht schmerzlichen partiellen Abstrichen von der eigenen Programmatik, sondern letztlich nach der erreichten, handlungsfähigen, in die Zukunft weisenden Gemeinsamkeit. Natürlich muß darüber diskutiert und gestritten werden, bis sich einige Leitlinien für eine solche Gemeinsamkeit abzeichnen.

4. Koalition der Vernünftigen: Dies alles fällt nicht vom Himmel, obwohl dieser auch gnädig sein muß. Aber die Erneuerung der politischen Kooperation geht nicht ohne Pioniere. Sie müssen, um wirksam werden zu können, einen angemessenen Platz in ihrer Partei haben, dürfen aber nicht nur Parteifunktionäre sein. Es gibt viele Verhaltensweisen in den Parteien, die so etwas erschweren, am meisten der vereinbarte und der faktisch wirksame Fraktionszwang. Abgeordnete sollen zuerst der Verfassung und dem Gemeinwohl sowie ihrem Gewissen verpflichtet sein und bei ihren Entscheidungen aus dem ihnen erreichbaren Sachverstand schöpfen. Ich weiß, daß dies im ganzen nicht ohne Partei und Fraktion gehen kann. Aber die Innovation muß wohl aus einer solchen Koalition relativ unabhängiger Pioniere kommen, die nicht sofort als Abweichler im Sinne von Verrätern gelten, wenn sie über den Tellerrand hinaus denken. Für das Gelingen bedarf es freilich eines echten demokratischen Stils, der das Neinsagen um fast jeden Preis ebenso meidet wie die Arroganz einer Mehrheit, die keine Rücksicht auf Minderheiten nehmen zu müssen glaubt. Ob es unter dieser Rücksicht klug war, keinen EU-Kommissar den Oppositionsparteien zuzugestehen oder wenigstens einen ihnen nahestehenden Vertreter zu nominieren?

Mir scheint, daß eine solche Koalition der Vernünftigen besser sein könnte als eine förmliche Große Koalition und am Ende vielleicht sogar nützlicher als ein Bündnis für Arbeit, wenigstens in seiner jetzigen Gestalt.

Viele werden sagen, diese vier Punkte, die eng zusammengehören, seien selbstverständlich oder naiv, unpraktikabel und unpolitisch. Ich bleibe dennoch dabei, gerade wenn der Vorschlag einige verrückte oder utopische Züge enthält. Steter Tropfen höhlt den Stein. Oder in einem anderen Bild: Wie soll man sonst dicke Bretter bohren? Gegenprobe bitte!

David Marsh

Das Beispiel Großbritannien

Der deutsche Sozialstaat müsse ungekrempelt, Strukturreformen endlich in die Wege geleitet werden. Ohne Änderungen in der Organisation der deutschen Arbeitswelt würde die größte europäische Volkswirtschaft den Herausforderungen des 21. Jahrhunderts nicht standhalten können. Die seit vielen Jahren von führenden Politikern und Unternehmern verkündeten Hiobsbotschaften über die vermeintliche Verwundbarkeit der deutschen Wirtschaft rufen im Ausland oft Verwunderung hervor oder lösen ein Schmunzeln aus. Denn gerade im abgelaufenen Jahrzehnt, als die wirtschaftliche und politische Integration der ehemaligen DDR in die Bundesrepublik erfolgreich verwirklicht wurde, ist es Deutschland wiederholt gelungen, zumindest die äußerlich sichtbaren Zeichen seiner Wirtschaftskraft glänzen zu lassen. Sei es die Übernahme britischer oder amerikanischer Automobilkonzerne wie Rover und Chrysler durch kapitalstarke deutsche Unternehmen, seien es die wieder steigenden Handelsbilanzüberschüsse oder die Schaffung der für die Bedürfnisse der deutschen Industrie und Finanzinstitute maßgeschneiderten einheitlichen europäischen Währung: Es mangelt nicht an aussagestarken Indizien für die Leistungsfähigkeit des deutschen Wirtschaftsstaats.

Und doch ergeben solche Indikatoren ein einseitiges Bild. Wäre es nicht möglich, daß Deutschland in einem Buddenbrooks-ähnlichen Syndrom des schleichenden Niedergangs gefangen ist? Denn, wie Thomas Mann schrieb: »Die äußeren, sichtbaren und greifbaren Zeichen und Symbole des Glücks und Aufstiegs erscheinen oft erst, wenn in Wahrheit alles schon wieder abwärts geht. Diese äußeren Zeichen brauchen

Zeit, anzukommen, wie das Licht eines solchen Sternes dort oben, von dem wir nicht wissen, ob er schon im Erlöschen begriffen, nicht schon erloschen ist, wenn er am hellsten strahlt.«

Die wirklichen Herausforderungen für die deutsche Konsensgesellschaft wiegen gerade aufgrund ihrer unbezweifelten Erfolge und Leistungen der vergangenen Jahrzehnte besonders schwer. Denn im krassen Gegensatz zu Großbritannien, wo am Ende der siebziger Jahre die Zuspitzung einer seit langem lauernden Wirtschaftskrise zu einem schmerzlichen, aber letzten Endes erfolgreichen wirtschaftspolitischen Umbau geführt hat, hat Deutschland zu keinem Zeitpunkt nach dem Zweiten Weltkrieg eine Krise durchmachen müssen, die dramatisch genug gewesen wäre, um einen grundlegenden wirtschaftspolitischen Wandel zu erzwingen.

Der deutsche Weg seit dem Krieg ist – trotz des Abflauens in den letzten Jahren – wesentlich erfolgreicher gewesen als der Großbritanniens. Und da die deutsche Konsensmaschinerie vor allem darauf angelegt ist, alles zu vermeiden, was auch nur vage nach Krise aussehen könnte, ist ein kathartischer Schock für das deutsche System kaum zu erwarten. Im Gegensatz zu den Jahren nach dem Ersten Weltkrieg ereignen sich deutsche Wirtschaftskrisen heute nicht mehr plötzlich, sondern wachsen so verdeckt und heimlich heran, daß sie gar nicht wie Krisen erscheinen.

Trotz der gewaltigen Unterschiede: Kann Großbritannien Modell oder Katalysator für eine wirtschaftspolitische Wende in Deutschland sein? Ich meine: ja. Sicherlich ist vieles, was seit der Amtsübernahme von Margaret Thatcher im Jahre 1979 von London aus in die Wege geleitet und auch von der Labour-Regierung unter Tony Blair seit zwei Jahren ohne große Veränderungen fortgeführt wurde, weder für Deutschland wünschenswert noch auf Deutschland übertragbar. Einige der Rezepte der Thatcher/Blair-Küche aber eignen sich durchaus als Lösungsansätze für Deutschland. Eine umfassende Flexibilisierung des Arbeitsmarktes, der Umbau des Altersvorsorgesystems mit kapitalisierten Pensionsfonds und die Beschleunigung der Deregulierung im Dienstleistungssektor würden Wachstum und Beschäftigung in Deutschland erhebliche Impulse verleihen.

Diese Erkenntnisse scheinen dem im Juni 1999 veröffentlichten Arbeitspapier von Gerhard Schröder und Tony Blair – »Der Weg nach vorne für Europas Sozialdemokraten« – zugrunde zu liegen. Schröder und Blair haben sich freilich von unterschiedlichen Motiven leiten lassen. Der deutsche Bundeskanzler weiß, daß Deutschland wirtschafts- und sozialpolitische Reformen braucht, auch daß er nach dem enttäuschend glanzlosen Start seiner Regierungszeit unbedingt Reformen in Gang setzen muß. Ein Hebel dafür, so mag der Bundeskanzler sich gedacht haben, könnte darin bestehen, gemeinsam mit dem britischen Premierminister eine Reihe wirtschafts- und sozialpolitischer Empfehlungen zu formulieren, welche die deutschen Sozialdemokraten zu »mehr Markt und weniger Staat« ermutigen sollen. Blair ist offenbar der erfolgreichste Spitzenpolitiker der gemäßigten Linken in Europa. Dies müßte der Überzeugungskraft eines Programms zugute kommen, das den wirtschaftlichen Stillstand in Deutschland – vor allem die eindeutigen Mängel des Steuer- und Rentensystems – überwinden will.

Tony Blairs Motive waren denen Gerhard Schröders in gewisser Weise ähnlich und doch auch entgegengesetzt. Schröder will sich für den notwendigen wirtschaftlichen Wandel Blairs Stärke als Modernisierer, Blair will sich für den notwendigen politischen Wandel – namentlich die Annäherung Großbritanniens an das übrige Europa – Deutschlands Stärke als Wirtschaftsmacht zunutze machen. Blair geht es vor allem darum, Großbritannien und Deutschland enger aneinander zu binden. Die Probleme des Euro und die ökonomische Schwäche in den Kerngebieten von Euroland bedeuten, daß der britische Beitritt zur Wirtschafts- und Währungsunion nicht vor 2004 kommen wird; deshalb ist es für Großbritannien wichtiger denn je, eine zusätzliche Bindung an Deutschland herzustellen. Am Ende des Prozesses, den diese Überlegungen ausgelöst haben, stand das Schröder-Blair-Papier. Aus Schröders Sicht hat die Sache freilich einen Haken. Die Arbeit am Entwurf war einem kleinen Kreis persönlicher Berater der beiden Regierungschefs anvertraut, und so blieb seine SPD weitgehend draußen vor der Tür. Schröder hat auf diese Weise ganz bewußt gegen die deutsche Konsensmaschinerie verstoßen. Er tut es mit hohem Risiko: Durch die Mißachtung des deutschen Konsensstils und die Übernahme der britischen Methode, die Dinge »von oben« zu verändern, verscherzt er sich viele Sympathien bei denen, die er zu überzeugen sucht.

Sollten allerdings die Schröder-Blair-Thesen von einflußreichen Politikern der SPD und führenden Gewerkschaftlern aufgegriffen und auf überzeugende Weise vertreten werden, dann könnte das Dokument als Wegweiser zu den überfälligen Reformen in Deutschland gute Dienste tun.

Wirtschaftsminister Werner Müller hat den neuen Ton bereits angeschlagen. Bei der Vorlage seines 1999er Wirtschaftsberichtes verkündete er feierlich: »Das gegenwärtige Wirtschaften lebt langsam, aber stetig immer mehr auf Kosten kommender Generationen. Von der Zukunft zu leben ist aber nicht zukunftsfähig.« Jetzt bleibt abzuwarten, ob Müllers Worten Taten folgen werden. Eines ist jedoch unumstritten: Eine reformorientierte deutsche Regierungsmannschaft der gemäßigten Linken, im Schulterschluß mit ausländischen Spitzenpolitikern wie Blair, hätte vermutlich bessere Chancen als eine christdemokratisch geführte Regierung, die deutschen Arbeitnehmer für die notwendigen wirtschafts- und sozialpolitischen Änderungen zu gewinnen. Auf diese Karte setzt Schröder. Und wenn er das britische System mit Erfolg spielen kann, könnte diese Karte ihm trotz der enttäuschenden Bilanz seines ersten Jahres doch die Gelegenheit bieten, in der zweiten Periode einer vermutlich acht Jahre dauernden Regierungszeit als tatkräftiger und erfolgreicher Reformator des deutschen Wirtschaftswesens seinen Platz in den Geschichtsbüchern zu finden.

Thomas Middelhoff

Die Gesellschaft bewegen

Gesellschaft und Wirtschaft geben der Politik das Tempo der Veränderung vor. In der globalen Wissensgesellschaft brechen sichergeglaubte Gewohn- und Gewißheiten von heute auf morgen weg. Technologien erzwingen Veränderungen in Unternehmen und beschleunigen Geschäfts- und Arbeitsprozesse. Große Unternehmen werden zunehmend virtuell und global, fusionieren und transformieren sich, passen sich an und bauen sich um. Als sicherer Ort eines lebenslangen Arbeitsverhältnisses sind sie kaum mehr tauglich. Gewerkschaften suchen in den sich in flexible Einheiten auflösenden Industriestrukturen eine neue Rolle, verlieren dabei aber zunehmend die Autorität eines Generalanwaltes für die arbeitende Gesellschaft. Die Menschen werden zunehmend mobiler und flexibler, nomadisieren im Sinne einer modernen Employability und verhalten sich immer mehr als Unternehmer im eigenen Sinne. Gemeinschaftstiftende Bindungen drohen verlorenzugehen, auch weil die Familie ihre traditionelle Aufgabe als Sozialkern der Gesellschaft und Generalinstanz geistiger Orientierung zunehmend einbüßt. Kirchen verlieren ihre klassische Bindekraft als Moralinstanz, weil sich der Glauben – wenn er noch vorhanden ist – von vorgegebenen Institutionen löst und individualisiert wird.

Was und wer muß sich angesichts dieses durchgreifenden Wandels verändern? Wie verarbeitet unsere Gesellschaft diese eruptiven Umwälzungen? Wer kanalisiert die daraus resultierenden Konflikte, und wie werden sie gelöst, wenn unsere traditionellen Problemlösungsinstanzen im Zuge der Veränderungen selber zum Problem mutieren und dem Wandel unterworfen sind? Gilt der alte Wertekanon unserer Gesellschaft noch, der auf christlichen Grundüberzeugungen beruhte, oder hat sich ein modernes Normengerüst an seine Stelle gesetzt – oder sind gemeinsame Wertüberzeugungen vielleicht in einer fragmentierten, zwischen Globalität und Lokalität eingespannten Gesellschaft überhaupt nicht mehr erreichbar oder gar anzustreben?

Wie unser Land regiert werden muß – ob mit mehr oder weniger Konflikt –, hängt mit der Beantwortung dieser Fragen eng zusammen. Dabei stelle ich die These auf, daß die staatlichen und politischen Institutionen in Deutschland einen wesentlich größeren Nachholbedarf an Veränderungen haben als die gesellschaftlichen Institutionen und ihre Mitglieder. Für jeden einzelnen sind Veränderungen in Beruf und Privatheit heute bereits Realität.

Ich will ein Beispiel nennen: Mit mehreren hundert Jugendlichen habe ich auf dem Evangelischen Kirchentag 1999 über die Chancen und Herausforderungen des Internet diskutiert. Tatsache ist, daß die allermeisten – auch die gesellschaftspolitisch besonders Nachdenklichen – bereits Erfahrungen mit diesem Medium haben und es entweder in Schule, Studium oder Freizeit gekonnt nutzen. Das Internet ist für sie eine Selbstverständlichkeit. In der Politik dagegen wird das neue Medium bislang nur sehr zögerlich eingesetzt und oft unter Gefährdungsaspekten denn unter Wirtschafts- und Beschäftigungschancen diskutiert. Zweites Beispiel: Während in der deutschen Politik über Jahre das Gespenst der Globalisierung an die Wand gemalt worden ist und über realitätsfremde Abgrenzungsszenarien philosophiert wurde, ist das globale Denken und Handeln für viele deutsche Studenten zu einem fast selbstverständlichen Teil ihrer Karriereplanung geworden. Sie lernen Fremdsprachen, studieren in Frankreich oder den USA und machen Praktika außerhalb von Deutschland.

Es ist wahr, daß diese Veränderungsprozesse auch innergesellschaftlich nicht ohne Konflikte vonstatten gehen. Das Maß der Geschwindigkeit des Wandels zum Beispiel am Arbeitsplatz überfordert viele. Nicht jeder kann Schritt halten mit den technologischen Neuerungen, mit fremden Mentalitäten und wechselnden Aufgabenstellungen. Die teilnehmende Gesellschaft – wie sie in der Sozialwissenschaft benannt wird – verlangt von jedem einzelnen ein gehöriges Maß an Lern- und Anpassungsbereitschaft. Nur wer im sozialen und lokalen Sinne mobil ist, wer lebenslang zu lernen bereit ist, nimmt Teil und gehört zu den Gewinnern der Gesellschaft.

Nimmt die Politik noch teil oder droht sie ebenfalls, abgehängt zu werden von den wirtschaftlichen und technologischen Entwicklungen, etwa hin zur Informations- und Mediengesellschaft? Peter Glotz meinte kürzlich, die aktuelle medienpolitische Debatte hinke müde hinter der Wirklichkeit von technischer Konvergenz und Digitalisierung her. Doch selbst, wer nicht so weit gehen möchte, kommt an der Erkenntnis nicht vorbei, daß sich die Politik stark als Behüterin verlorengegangener Strukturen geriert und zu wenig Kraft darauf verwendet, mit den Möglichkeiten des Staates sowohl die Menschen als auch die Gesellschaft insgesamt auf eine veränderte Wirklichkeit vorzubereiten. Sollte es nicht Aufgabe der Politik sein, Menschen zu motivieren und gesellschaftliche Potentiale zu mobilisieren? Das wäre wichtiger, als den Menschen eine Sicherheit vorzumachen, die sie nicht mehr vorfinden und die in der Konsequenz das Mißtrauen gegenüber der Politik nur vergrößert, statt es abzubauen. Im günstigsten Falle kommen sie zu dem Schluß, Politik könne an ihrer Situation nichts ändern, sei gegenüber den Entwicklungen ebenfalls handlungsunfähig und ohnmächtig.

Die Frage nach effizienten Lösungsinstrumenten gesellschaftlicher Zukunftsfragen stellt sich aus meiner Sicht vordringlich für jene Institutionen, deren Selbstjustierungsmechanismen eher schwach ausgeprägt sind. Ohne das Loblied auf die deutsche Wirtschaft anzustimmen (denn auch hier ist über Jahre oftmals weithin Strukturkonservatismus gepflegt worden), doch die Unternehmen, die in einem anziehenden internationalen Vergleich stehen, sind über den Mechanismus *Wettbewerb* schon seit vielen Jahren gezwungen, sich zu modernisieren, zu rationalisieren und neue Märkte innovativ anzugehen. Betriebe, die an diesem Erneuerungsprogramm nicht teilgenommen haben, sind vom Markt verschwunden, oder sie sind von anderen Unternehmen übernommen worden. Wer wollte behaupten, daß dieser Prozeß konfliktfrei vonstatten gehe?

Konflikt in der Sache, das heißt durch veränderte Wettbewerbsbedingungen erzwungene Anpassung, muß auf vertraute, konsensfähige und effektive Veränderungsmechanismen innerhalb von Unternehmen treffen, um Wandel erfolgreich zu gestalten. Das ist ein Teil von Unternehmenskultur, die bei Bertelsmann eine besondere Ausprägung gefunden hat. Reinhard Mohn hat früher als viele andere Unternehmer in Deutschland erkannt, daß aus Veränderungen resultierende Unsicherheiten und Konflikte am besten über eine partnerschaftliche Unternehmenskultur abgebaut werden können; negative Irritationen können in einigen Fällen sogar durch sie im Entstehen verhindert werden. Natürlich stoßen Veränderungen auf Mißtrauen; Veränderungen und Diskussionen sind nicht immer bequem. Geschäftsprozesse werden in unserer Zeit transparenter, und der Argwohn gegenüber einer vermeintlichen Beschneidung unternehmerischer Kompetenzen ist sehr groß. Auch im Unternehmen muß viel Überzeugungsarbeit geleistet werden, wenn man Führungskräfte und Mitarbeiter für gemeinsame Ziele begeistern will, erst recht, wenn Veränderungen anstehen, die nur in bereichsübergreifenden Anstrengungen zu bewältigen sind. Letztlich entscheidet die Vermittlung einer konsistenten und realistischen Vision über Erfolg oder Mißerfolg. Gegen den Willen der Menschen im Unternehmen läßt sich kein Kurswechsel vollziehen; und hochmotiviert sind wir alle nur, wenn wir hinter den Zielen der Unternehmen stehen können. Wer vermutet, daß die unternehmerische Verantwortung, zu führen und Entscheidungen zu treffen, einer auf Konsens ausgerichteten Unternehmenskultur zuwiderläuft, der irrt. Mitarbeiter zu motivieren, ihnen über die Arbeit eine Identifikation mit dem Unternehmen und ihrem eigenen Tun zu ermöglichen, mit dem Betriebsrat im ständigen Austausch zu stehen, Mitarbeiter frühzeitig zu informieren und in Entwicklungsprozesse miteinzubeziehen, sie am Unternehmenserfolg zu beteiligen – all das sind zentrale Führungsaufgaben, die trotz aller vorhandenen Veränderungskonflikte dauerhaft den Erfolg des Unternehmens sichern helfen.

In der Wirtschaft ist es der Wettbewerb am Markt, der Veränderungsdruck erzeugt. Welche Mechanismen zwingen die Politik zur Anpassung an die Realitäten? Konflikt ist ein Wesensbestandteil von Politik, ja, die Politik lebt nur durch den Konflikt und die Entscheidung. Und ohne Konflikt fände Politik in den Medien kaum den Widerhall, den sie heute hat: kein Tag ohne Auseinandersetzung. Doch wie ernsthaft ist es der Politik mit diesem Konflikt wirklich? Steht Konflikt dieser Art tatsächlich für Veränderungsbereitschaft und die ernsthafte Suche nach Lösungen? Oder ist die politische Art von Konflikt, wie wir sie erleben, nicht gerade Zeichen einer programmatischen Verhärtung von Positionen und also oft auch von Stillstand? So positiv die Errungenschaft unserer modernen Gesellschaften im 20. Jahrhundert auch ist, gesellschaftliche Konflikte zivilisiert, institutionalisiert und kanalisiert zu haben, um so kritischer beobachten viele die extreme Ritualisierung von Konflikt; Streit, der sich nicht auf die Suche nach einer Sachlösung begibt, sondern Streit um der (Medien-)Inszenierung willen.

An dieser Stelle möchte ich eine Klarstellung einbeziehen, die für die Grundfrage des Buches wichtig zu sein scheint. Die Zuspitzung auf ein Entweder-Konflikt-oder-Konsens-Lösungsmodell für gesellschaftliche Problemstellungen kann so ernst nicht gemeint sein. Jeder von uns weiß, daß wir sowohl Konsens- als auch Konfliktbestandteile im gesellschaftlichen

Dialog benötigen. Doch zum Zwecke der Positionsverdichtung lasse ich mich an dieser Stelle einmal in der Tendenz auf das unterstellte Schwarz-Weiß-Szenario ein und behaupte: Wir brauchen in Deutschland einen Grundkonsens, vor allem als Verständigung über die Verfahren von Problemlösungen. Und wir benötigen mehr Konflikt in der inhaltlichen Auseinandersetzung. Um es weiter zuzuspitzen, fehlt uns in Deutschland vielleicht aus demokratischer Unsicherheit der breite Konsens darüber, daß Konflikt gut und sinnvoll ist für die Fortentwicklung unserer Gesellschaftsordnung. Ich meine keinen Streit um des Streites willen; und auch keinen Streit, bei dem die Schwächeren und Minderheiten in unserer Gesellschaft auf der Strecke bleiben.

Doch die volonté générale – also der unstrittige Gemeinschaftswille –, die beginnend bei Rousseau die französische Kultur des Politischen stark geprägt und als Idee auch in Deutschland viele Anhänger gefunden hat – sie existiert in einer pluralistischen und offenen Gesellschaft nicht (mehr). Die amerikanischen Verfassungsväter haben eine zur kontinentaleuropäischen Haltung alternative Position eingenommen: Sie sahen klar, daß die Gesellschaft im Spannungsfeld zahlreicher widerstreitender Interessen und Gruppen steht und nur durch ein System der »Checks and Balances« verhindert werden kann, daß bestimmte Interessen grundsätzlich die Oberhand gewinnen. In Europa wollte man demnach die Konfliktlager in einem gesamthaften Willen der Gesellschaft verschmelzen, Abweichungen von diesem Gemeinschaftswillen galten als störend. In Amerika dagegen akzeptierte man die Konflikte als konstitutiv für eine lebendige Zivilgesellschaft, bändigte sie aber in einem Korsett von sich gegenseitig kontrollierenden und voneinander abhängigen Institutionen.

Mancher bezweifelt, daß Deutschland für eine republikanische Konfliktkultur reif ist. Dabei ist die deutsche Gesellschaft heute offener und in weiten Teilen internationaler, als manch kritischer Feuilletonbeitrag in unseren Medien vermuten läßt.

Ich habe bereits beschrieben, daß sich die homogenen Großgruppen alter Prägung rasch in fragmentierte Teilgruppen auflösen, die oft nur für eine begrenzte Zeit für ein inhaltlich klar umrissenes Thema kooperieren. Auch in Deutschland funktioniert heute ein System von »Checks and Balances« und verhindert entgegen anderslautender und oft wiederholter Beschwörungen die Übermacht einzelner Interessengruppen in unserer Gesellschaft. Gemeinwohlorientierte Entscheidungen zu treffen, also im eigentlichen Sinne Politik zu machen, ist in einer solchen Gesellschaft nicht mehr im Konsens aller Betroffenen möglich. Konflikte sind vorprogrammiert. Das Prinzip der Mehrheitsentscheidung nimmt in Kauf, daß der Wille der Minderheiten bei bestimmten Entscheidungen keine Berücksichtigung finden kann. Und selbst eine große Koalition findet immer ihre Opposition. Entscheidend für die Akzeptanz von Mehrheitsentscheidungen ist allerdings das Vertrauen darauf, daß die Minderheitsrechte geschützt sind und auch die Minorität einmal die Majorität werden kann. Dieses Vertrauen ist durch die vergangenen Wahlen in Bund und Ländern seit Herbst 1998 gestärkt worden. Wir sollten deshalb mutiger werden und den Konflikt als Instrument der Problemlösung zulassen, wenn nicht befördern. Was wir brauchen, sind Konflikte, die die Gesellschaft bewegen, und zwar in Richtung Zukunft. Ritualisierte Konflikte, wie sie sich etwa zwischen Parteien oder zwischen den Verbänden und der Politik abspielen, meine ich ausdrücklich nicht.

Mein Plädoyer für den politischen Streit ist bewußt eine Kontraposition zu der Idee, Politik müsse heute vor allem die Rolle des Moderators zwischen den widerstreitenden gesellschaftlichen Gruppen einnehmen. Auch wenn dies gut gemeint ist als Gegenmodell zum Macht ausübenden Obrigkeitsstaat, der in Deutschland lange Zeit von der Herrschaft der Regierenden über die Regierten geprägt gewesen ist. Niemand wünscht sich diese Situation zurück. Politik heute muß – um verbindliche Entscheidungen treffen zu können – mit den betroffenen gesellschaftlichen Gruppen sprechen und deren Interessen in die Entscheidungsfindung mit einbeziehen. Richtig ist auch, daß der Staat sich neue Aufgabenfelder in einer veränderten Umwelt erschließen und andere an die Gesellschaft zurückgeben muß. Doch in der New Economy, die durch den Einsatz neuer Medien, durch Globalisierung und durch virtuelle Wirtschafts- und Arbeitsstrukturen geprägt ist, darf es sich kein Land erlauben, durch fehlende oder inkonsistente rechtliche Rahmenbedingungen eine Modernisierung von Wirtschaft und Gesellschaft zu verschlafen. Die das Mandat für Entscheidungen in der Politik von den Wählern erhalten haben, müssen der ihnen übertragenen Verantwortung auch gerecht werden und Führungskraft beweisen; auch gegen Widerstände. Politische Führungsverantwortung zu tragen heißt, gesellschaftliche Diskussionen mobilisieren und moderieren, aber auch Konflikte aushalten zu können. Der NATO-Doppelbeschluß und seine konsequente Umsetzung in Deutschland Anfang der 80er Jahre ist ein historisches Beispiel für diese Art von verantwortlicher Politik.

Heute stehen wir vor neuen Aufgaben. Neue Arbeitsplätze, technologische Innovationen und wirtschaftliche Prosperität sind nicht voraussetzungsfrei, sondern abhängig von vernünftigen Rahmenbedingungen. Das betrifft auch die deutsche Medien- und Informationswirtschaft, in der 1,7 Millionen Menschen arbeiten und die einen geschätzten Gesamtumsatz von 500 Milliarden DM erwirtschaften. Insbesondere im Bereich der Multimediaproduktion, den Call-Centern, der Softwareentwicklung sowie dem Mobilfunk können unter dem Strich über hunderttausend zusätzliche Arbeitsplätze entstehen. Ursache für diese Positiventwicklung ist der zu beobachtende Trend der Medienkonvergenz, der die Gesetzmäßigkeiten der bisherigen Medienwelt auf den Kopf stellt. Die Grenzen zwischen den unterschiedlichen Mediengattungen werden fließend; in der »Online-Welt« – erst recht wenn aus der schmalbandigen eine breitbandige »Online-Welt« wird –

erscheint die heute noch gültige Unterscheidung zwischen Rundfunk, Mediendiensten, Telediensten und Presse fast willkürlich. Das Internet kennt keine nationalen Grenzverläufe mehr, ist global. Medien und Telekommunikation greifen immer stärker ineinander. Individual- und Massenkommunikation sind keine trennscharfen Kriterien mehr für die Medienpolitik.

Das gegenwärtig geltende Regulierungsregime in Deutschland ist entstanden in der analogen Medienwelt, in der die Anzahl der Medienplattformen aus technischen Gründen stark begrenzt war und der Zugang und Nutzen gerecht reguliert und kontrolliert werden mußte. Für die digitale und konvergente Zukunft ist es dagegen kaum gerüstet. Im Gegenteil: Das System selber trägt das Potential in sich, die Marktdurchdringung von Konvergenztechnologien und entsprechenden Angeboten in Deutschland zu verzögern. Denn Medien- und Telekommunikationspolitik sind heute weder inhaltlich noch institutionell miteinander verzahnt. Wer genau hinschaut, bekommt im Gegenteil eher den Eindruck einer *Atomisierung* der Medien- und Telekommunikationspolitik statt den einer *Konvergenz*. Erforderlich wäre dagegen eine Politik, die die Digitalisierung und die Konvergenz der Medien gezielt fördert und die heute gegebene Trennung zwischen Rundfunk- und Telekommunikation überwindet. Ich möchte noch einmal zustimmend Peter Glotz zitieren: »Die deutschen Medienpolitiker in Parlamenten, Verbänden und traditionellen Medienunternehmen sollten sich rasch mit den neuen, radikal veränderten Kommunikationsverhältnissen in der digitalen Netzinfrastruktur vertraut machen.«

Der Streit um die Modernisierung von Wirtschaft und Gesellschaft ist überfällig. Die weltweit tätigen Multimedia-Unternehmen haben im September 1999 einen Katalog von Empfehlungen und Maßnahmen zur globalen Steuerung des Electronic Commerce vorgelegt. Ziel dieses Global Business Dialogue genannten Prozesses ist es, weltweit einheitliche

Rahmenbedingungen für den Handel im Internet zu erreichen. Auch die deutsche Politik war auf dem Kongreß in Paris vertreten und kann aus Sicht der beteiligten Unternehmen mit der Umsetzung der Empfehlungen einen Beitrag dazu leisten, den Rückstand Deutschlands in Sachen Informationsgesellschaft im Vergleich zu den USA nicht noch größer werden zu lassen. Die Zukunftsstandards etwa im Bereich des elektronischen Handels, der Netzsoftware und der technischen Hardware werden in Amerika entwickelt. Wahlen über das Internet, elektronischer Bürgerservice in Rathäusern oder der konsequente Einsatz neuer, interaktiver Medien für die politische Kommunikation sind in Deutschland vielerorts noch Zukunftsmusik, in den USA dagegen bereits über die Testphase hinaus. 1,2 Millionen hochbezahlte Arbeitsplätze rund um das Internet sind in den vergangenen Jahren in den Vereinigten Staaten entstanden; in Deutschland können 100 000 Jobs im IT-Bereich nicht besetzt werden, weil das Bildungssystem es sich leistet, am Bedarf der Unternehmen vorbei auszubilden.

Ohne Konflikte lassen sich etablierte Strukturen gerade in Deutschland nicht auflösen. Eine mutige Politik mit Führungsanspruch sollte im Interesse von Innovationsförderung und Beschäftigung vernünftige Entscheidungen herbeiführen – Konsens suchen, aber Konflikte nicht scheuen. Mit dem Umsteuern dürfen wir in Deutschland nicht länger warten, wenn wir von den Entwicklungen nicht abgehängt werden wollen. Bei aller Konfliktbereitschaft, die für den Kurswechsel erforderlich ist, muß es doch einen inhaltlichen Grundkonsens in unserer Gesellschaft geben: den jungen Generationen die Chance zu geben, mit einer ausgezeichneten Bildung in Beruf und Gesellschaft an der Zukunftsentwicklung dieses Landes in einem internationalen Umfeld teilzuhaben und sie mitzugestalten. Das sind wir ihr schuldig, und dafür lohnt jeder Streit.

Meinhard Miegel

Es herrscht das Volk

Wer der Frage nachgeht, wie Deutschland regiert werden soll, setzt voraus, daß es regiert wird. Was aber heißt »regieren«? Nach seinem Wortsinn heißt es »lenken«, »herrschen«, »beherrschen«. Doch wer herrscht in Deutschland? Daß dies keineswegs nur eine rhetorische Frage ist, zeigen die Schwierigkeiten bei ihrer Beantwortung.

Herrschen die Staats- und Regierungschefs? Den angeblich Mächtigsten unter ihnen, den amerikanischen Präsidenten, beschleichen mitunter Zweifel, ob er überhaupt etwas bewegen könne oder nicht viel mehr Marionette von Umständen sei. Ein früherer britischer Premier sah sich von unkontrollierbaren Ereignissen gesteuert. Und Helmut Schmidt empfand sich in seiner Zeit als Bundeskanzler durchaus nicht als Herrscher, sondern lediglich als leitender Angestellter.

Herrschen dann die Regierungen? Erhard Eppler, Entwicklungsminister unter Helmut Schmidt, bekannte unlängst, nie sei er so ohnmächtig gewesen wie zu jener Zeit. Wie ihm geht es vielen. Fast zieht es sich wie ein roter Faden durch die Biographien der hohen Amtsträger: Wir vermochten nur wenig. Nur ein Bruchteil unserer Vorstellungen wurde Wirklichkeit, nicht selten auch gar nichts. Woran scheiterten sie? An den Parlamenten?

Die Parlamentarier winken ab. Die einen sehen sich in der Pflicht, die Regierungspolitik zu stützen, die anderen glauben, opponieren zu müssen. Aber zu lenken oder gar zu herrschen, kommt ihnen allenfalls kurzfristig in den Sinn. Spätestens wenn sie am Wochenende in ihre Wahlkreise zurückkehren, werden sie von der Parteibasis wieder auf den Boden der Tatsachen geholt. Sie macht ihnen unmißverständlich klar, was geht und was nicht geht.

Regieren also die Parteien? Das wird oft unterstellt. Deutschland ein Parteienstaat. Richtig daran ist, daß die Parteien die gesamte Gesellschaft durchdrungen haben und erheblichen Einfluß bei der Besetzung einer Vielzahl von Ämtern ausüben. Doch regieren würden sie nur dann, wenn jene, die sie auswählen, regierten. Das aber geschieht nur ausnahmsweise, nämlich nur dann, wenn die Bevölkerung sie regieren läßt – im allgemeinen in Not- und Katastrophenzeiten.

Damit ist dieses Gemeinwesen viel demokratischer, als viele meinen. Das Grundgesetz postuliert: Alle Staatsgewalt geht vom Volke aus. Dieser Satz ist oft belächelt worden. Wie soll ein ganzes Volk Träger der Staatsgewalt sein? Gilt nicht auch heute: Die da oben, die da unten? Eindeutig nein. Selbst die absolutistischen Fürsten wußten bereits – von ein paar Verblendeten abgesehen: Gegen das Volk läßt sich auf Dauer nicht regieren. Letztlich herrscht das Volk. Die jüngste deutsche sowie mittel- und osteuropäische Geschichte hat das erneut eindrucksvoll bestätigt.

Das legt »dem Volk« eine schwere Bürde auf. Namentlich in einer Demokratie kann es sich nicht hinter irgendwelchen Parteien, Parlamenten, Regierungen oder Regierungschefs verstecken. Deren Fehler und Schwächen sind seine eigenen, deren Stärken kann es sich selbst zugute halten. Denn das Volk wählt nicht nur die Amtsträger aus, es steuert und kontrolliert sie auch in viel höherem Maße, als es sich dessen bewußt ist.

Da die Amtsinhaber nur allzu gerne in ihren mit Herrschaftsinsignien ausgestatteten Ämtern zu verbleiben suchen, vermeiden sie nämlich nach Kräften, das Volk zu stören oder gar zu verärgern. Ängstlich bemühen sie sich um den Schulterschluß, und wenn der nicht gelingt, verlagern sie mißliebige Entscheidungen in »Bündnisse« oder an »Runde Tische«. Nur nicht mit unpopulären Maßnahmen identifiziert werden! »Politisch nicht durchsetzbar« steht auf dem Schild, hinter dem sich Amtsträger zurückziehen, wenn sie gegen Volkes Stimme oder organisierte Partikularinteressen handeln müßten.

Das Volk muß um diese innere und oft auch äußere Abhängigkeit seiner leitenden Angestellten wissen. Seine Position ähnelt durchaus der Position jener absolutistischen Fürsten oder heutigen Unternehmensprinzipale, die darauf achten müssen, daß ihre Räte oder Mitarbeiter ihnen nicht nach dem Munde reden und das Blaue vom Himmel versprechen.

Wie begründet dieser Hinweis ist, zeigt die praktische Politik. Wer sich lange genug in ihrem Dunstkreis bewegt hat, hat Dutzende Male erlebt, wie Politiker unter vier Augen das genaue Gegenteil dessen erklären, was sie vor laufenden Fernsehkameras oder offenen Mikrofonen bekunden. Darauf angesprochen, meinen sie, das seien sie ihrer Klientel, sprich der Erhaltung ihres Amtes, schuldig. Schließlich wollten sie keinen politischen Selbstmord begehen.

Aus der gleichen Quelle speisen sich die mitunter geradezu aberwitzigen Versprechungen, die Amtsträger, und mehr noch deren Herausforderer, vor allem in Wahlkämpfen machen. Gemeinsam wissen sie, daß sie nicht selten objektiv Unmögliches in Aussicht stellen. Aber im Buhlen um die Gunst des Volkes ist ihnen beinahe jedes Mittel recht. Das Volk muß bei Laune gehalten werden. Das wußten schon die römischen Caesaren.

Was bedeutet das für die Frage, wie Deutschland regiert werden soll? Wenn das Volk, wie von der Verfassung gewollt, der Prinzipal ist und die politischen Amtsträger seine leitenden Angestellten sind, müssen beide ihre derzeitigen Sicht- und Verhaltensweisen nachhaltig ändern. Das Volk muß sich bewußt sein, daß die politischen Amtsträger in gewisser Weise Angst vor ihm haben und Konfrontationen mit ihm zu vermeiden suchen. Praktisch gewendet, muß sich das Volk davor hüten, vorzugsweise denen zu lauschen, die es in seinen Vorurteilen und Neigungen bestärken. Keinesfalls darf es – wie heute die Regel – die Boten schlechter Nachrichten bestrafen.

Statt dessen müssen diejenigen, die Fehlentwicklungen aufzeigen, ausdrücklich ermutigt werden. Gelegentlich gegen den Strich alter Gewohnheiten zu bürsten ist in einem lebendigen Gemeinwesen unverzichtbar.

Freilich ist das leichter gesagt als getan. Wie entsteht eine solche Sicht- und Verhaltensweise? Auch auf diese Frage gibt die Verfassung eine kluge Antwort. Die Parteien, so postuliert sie, wirken an der Willensbildung des Volkes mit. Daß dies in der Wirklichkeit nur höchst unzulänglich geschieht, ist ein bedenklicher Mangel. Die Parteien tanzen auf allen möglichen Hochzeiten. Doch Vordenker bei der politischen Willensbildung sind sie nicht. Ähnlich wie die Amtsträger selbst treiben sie zumeist im Strom der Mehrheitsmeinung dahin – wie richtig oder falsch diese auch sein mag. Die Einsichtsfähigkeit und -bereitschaft von Parteien geht über die von Stammtischen – wenn überhaupt – nur mäßig hinaus. Das gilt es zu ändern. Die Parteien müssen hier hart an sich arbeiten.

Neben den Parteien tragen die Medien entscheidend zur Willensbildung des Volkes bei. Zum Teil tun sie dies in verantwortlicher Weise, zum Teil aber auch nicht. Im Streben nach hohen Auflagenzahlen und Einschaltquoten wird die Neigung zu Politunterhaltung und -klamauk häufig übermächtig. Entsprechend sieht die so genährte Willensbildung aus. Sie ist weder sachgerecht noch verantwortungsvoll.

Aber auch die Amtsträger haben sich zu ändern. Sie müssen ihre Liebedienerei gegenüber dem Volk beenden, selbst wenn das im einen oder anderen Fall das Amt kostet. Das ist eine Frage der politischen Ethik. Wer dieser Ethik nicht gewachsen ist, sollte um die Politik einen weiten Bogen machen. Den eigenen Einsichten und Erkenntnissen zu folgen und für sie zu werben, gehört zu den vornehmsten Aufgaben eines politischen Amtes.

Voraussetzung zur Erfüllung dieser Aufgabe ist allerdings Sachkompetenz. Daß diese nicht selten zu wünschen übrig läßt, ist ein offenes Geheimnis. Was Amtsträger in politischen

Debatten oft von sich geben, kann Kundige – vorsichtig formuliert – nur wundern. Die Fähigkeit, Gruppen oder Grüppchen hinter sich zu scharen, darf keine ausreichende Qualifikation für die Besetzung eines Amtes sein. Der Amtsträger muß auch wissen, wovon er redet.

Schließlich müssen beide gemeinsam, Volk und Amtsträger, Prinzipal und leitende Angestellte, einen Konsens darüber herbeiführen, ob jene, die mit der Formulierung von Politik beauftragt sind, Vor- oder Nachhut der gesellschaftlichen Entwicklung sein sollen. Theoretisch ist beides möglich. Verhängnisvoll ist jedoch, wenn die Beteiligten glauben, die Nachhut sei die Vorhut oder umgekehrt. Das aber ist die heutige Lage in der Bundesrepublik. Allgemein wird angenommen, die Amtsträger marschierten nahe der Spitze des Zuges. In Wirklichkeit befinden sie sich oft an dessen Ende.

Bevor sich die Politik eines Themas annimmt, hat dieses in der Regel sein Verfallsdatum längst überschritten und einen strengen Geruch angenommen. Die Amtsträger warten zu, bis die Mehrheit des Volkes unangenehme Wahrheiten selbst herausgefunden hat. Erst wenn jedermann die Sachzwänge offenbar sind, handelt die Politik. Das ist in der Arbeitsmarktpolitik nicht anders als in der Sozialpolitik, in der Finanzpolitik nicht anders als in der Umweltpolitik. Das Kind muß immer erst in den Brunnen gefallen sein, ehe Maßnahmen ergriffen werden. Vorbeugendes Handeln ist die Ausnahme.

So war spätestens seit den frühen achtziger Jahren erkennbar, daß sich die Bedingungen des Arbeitsmarktes aus unterschiedlichen Gründen radikal verändern würden. Geschehen ist nichts. Die Arbeitslosigkeit brach nicht über uns herein, sondern entwickelte sich Schritt für Schritt wie ein chronisches Leiden. Gleiches gilt für die sozialen Sicherungssysteme. Daß die lebensstandardsichernde Altersrente keine Fundierung mehr hat, ist ebenfalls seit langem offenkundig. Doch die Politik rührte sich nicht, ehe nicht die Bevölkerung lautstark auf die Erosionen hinwies. Ähnliches läßt sich für zahlreiche weitere Politikbereiche aufweisen. Der Sammelbegriff hierfür heißt: Reformstau.

Dieser Reformstau ist die Manifestation jenes Politikzugangs: Die Dinge liegenlassen, bis sich, gewissermaßen eigengesetzlich, eine Mehrheit für ihre Änderung gebildet hat. Diese Vorgehensweise hat den Nachteil, außerordentlich aufwendig zu sein. Metaphorisch gesprochen, entwickelt sich das Leiden so lange, bis es unerträglich, zugleich aber auch seine Heilung sehr schwierig geworden ist. Die Alternative hierzu ist: Früherkennung problematischer Entwicklungen, Erarbeitung von Strategien zu ihrer Überwindung, Werbung für diese Strategien, Umsetzung. Das alles bedeutet für viele Amtsträger beinharte, ungewohnte und risikoreiche Arbeit.

In der Demokratie muß das Volk entscheiden, welche dieser Alternativen es wünscht. Bisher hat es eindeutig erstere vorgezogen und ihre Vertreter politisch belohnt. Die Folge war Stagnation. Soll diese überwunden werden, sind die Beziehungen zwischen Prinzipal und leitenden Angestellten neu zu ordnen. Sie müssen rationaler und nüchterner werden. Das Volk darf nicht mehr politische Showeffekte honorieren, sondern nur politisches Können. Noch sind wir hiervon weit entfernt.

Hugo Müller-Vogg

KRD – Konsens-Republik Deutschland

Der deutsche Bundestag hatte seine Zelte in Bonn bereits abgeschlagen, als das »Bündnis für Arbeit« im Juli dort noch einmal getagt hat. Es war wohl die letzte Vollversammlung des Arbeitsmarkt- und Sozialkartells in der nunmehr alten Bundeshauptstadt, obwohl es konsequent wäre, diesen »Runden Tisch« auch nach dem Regierungsumzug an die Spree weiterhin am Rhein tagen zu lassen. Denn das »Bündnis für Arbeit« steht für das deutsche Streben nach Harmonie und Einmütigkeit, nach Ausgleich und Kompromiß, das die alte Bundesrepublik so entscheidend geprägt hat. Das Bündnis für Arbeit symbolisiert die KRD – die Konsens-Republik Deutschland.

Die Beschränkung selbst demokratisch legitimierter Macht, der institutionalisierte Zwang zum Kompromiß, das waren – und sind – die Merkmale der bundesrepublikanischen Demokratie. Nach dem Scheitern der ersten deutschen Demokratie hat die Mehrheit des Parlamentarischen Rats unsere Verfassung aus damals verständlichen Gründen so konzipiert. Das hat der Bundesrepublik Deutschland zu politischer Stabilität, wirtschaftlichem Wohlstand und sozialem Ausgleich verholfen. Der Preis, den die Konsens-Republik heute auf wirtschaftlichem Feld dafür zahlt, ist jedoch hoch: Er besteht in der Unfähigkeit, auf die dramatischen weltwirtschaftlichen Veränderungen, also auf Globalisierung und Digitalisierung, angemessen zu reagieren. Er besteht in einer verringerten Attraktivität des Standorts Deutschland für ausländische Investoren wie im Verlust von Weltmarktanteilen der deutschen Unternehmen. Er besteht in einer unnötig hohen Arbeitslosigkeit.

Um nicht in Panik und Schwarzmalerei zu verfallen: Die deutschen Unternehmen sind, wie der Blick in jede Exportstatistik zeigt, international noch immer wettbewerbsfähig. Die deutschen Arbeitnehmer sind es hingegen nicht. Nicht, weil letztere schlechter ausgebildet oder träger als andere wären. Aber sie arbeiten weniger und sind teurer als ihre Konkurrenten in anderen Industrieländern; das ist angenehm, für alle, die Arbeit haben, aber ein schweres Handikap für diejenigen, die Arbeit suchen, insofern sind die Arbeitnehmer die Leidtragenden eines Systems, das mit Ludwig Erhards Vorstellung einer sozialen Marktwirtschaft nicht mehr viel zu tun hat. Bei dem Versuch, diese soziale Marktwirtschaft immer sozialer zu machen, ist etwas ganz anderes entstanden: eine Volkswirtschaft, in der rentable Arbeitsplätze per Tarifvertrag vernichtet und unrentable per Subvention erhalten werden, eine Gesellschaft mit zu vielen Arbeitslosen, die gerne arbeiten würden, mit zu vielen Kostgängern des Staates, die gar nicht arbeiten wollen, eine Wirtschaftsordnung, in der im Zeichen sozialer Gerechtigkeit die Fleißigen und Erfolgreichen mit hohen Steuern und Abgaben bestraft werden.

Aus der einst bewunderten sozialen Marktwirtschaft ist also durch wirtschafts-, sozial- und tarifpolitische Fehlentscheidungen eine unsoziale Marktwirtschaft geworden. Die Besonderheit der Fehlentwicklungen, die den Standort Deutschland für ausländische Investoren mehr oder weniger unattraktiv haben werden lassen, besteht jedoch darin, daß sie das Produkt einer im Konsens betriebenen Politik sind: im Konsens der beiden sozialdemokratisierten Großparteien, im Konsens zwischen Bundestag und Bundesrat, im Konsens der Tarifvertragsparteien, sich – ungeachtet des während Tarifverhandlungen üblichen Feldgeschreis – letztlich lieber auf etwas Falsches zu einigen, als auf einen Konflikt zuzusteuern.

Andere Länder hatten in den achtziger Jahren vor ungleich schwierigeren Herausforderungen gestanden als die Bundesrepublik, nicht zuletzt die Vereinigten Staaten von Amerika und Großbritannien. Beide Länder haben jedoch den »turnaround« dank einer rigorosen »Entstaatlichung« und kaum für möglich gehaltenen Flexibilisierung in verhältnismäßig kurzer Zeit geschafft, schneller und viel erfolgreicher als die in Deutschland wegen ihres Neo-Korporativismus so hoch gelobten Niederlande. Der deutsche Reformrückstand hat – ungeachtet aller Unterschiede in den politischen Kulturen – eine Ursache im politischen System der Bundesrepublik, das umfassenden und schnellen Wandel aus institutionellen Gründen nahezu unmöglich macht. Das beginnt mit einem Wahlsystem, das die Erringung einer absoluten parlamentarischen Mehrheit nur in Ausnahmefällen zuläßt; in fünfzig Jahren Bundesrepublik genau einmal, nämlich 1957.

Ein Wahlsieger ohne eigene parlamentarische Mehrheit braucht einen oder mehrere Koalitionspartner. Und schon beginnt die Suche nach Kompromissen zwischen den Programmen der Koalitionspartner. Die Koalitionspartner können aber selbst das nach langen Verhandlungen im Konsens vereinbarte Regierungsprogramm nur umsetzen, wenn der Bundesrat mitspielt. Da der deutsche Wähler aber bei Landtagswahlen dazu neigt, seine Stimme für solche Parteien abzugeben, die er bei der vorangegangenen Bundestagswahl nicht gewählt hat, hat fast jede Bundesregierung Schwierigkeiten mit dem Bundesrat. Um diese zu beseitigen, gibt es einen von der Verfassung eingebauten »Weichspüler«, den Vermittlungsausschuß. Gesetze, die diesen verlassen, haben meist nur noch wenig zu tun mit den Vorlagen, die die Regierung vorgelegt hatte. In der Konsens-Republik Deutschland bekommt der Wähler nur selten das, wofür er gestimmt hat. Es sei denn, in einer bestimmten Frage gibt es zwischen den Parteien keine signifikanten Unterschiede.

Ein politisches System, das auf den Kompromiß als Krönung des politischen Entscheidungsprozesses zielt, verleitet die Akteure zu einer Strategie der Konfliktvermeidung. Es färbt zwangsläufig auf alle Bereiche und Gruppen in der Gesellschaft ab. Es ist geradezu typisch für die »KRD«, daß die katholischen Bischöfe aus Sorge, sie könnten sich gesellschaftspolitisch isolieren, wider die eigenen religiösen Überzeugungen an der »Schein-Praxis« zum Schwangerschaftsabbruch festhalten. Im Geiste der Konsens-Republik bezeichnen sich die Kontrahenten am Arbeitsmarkt, also Arbeitgeber und Gewerkschaften, gerne als Tarifpartner. Diese treten selbstverständlich zusammen mit den Parteien für eine Sozialpartnerschaft ein. Der soziale Friede konkurriert mit dem inneren Frieden um die Einstufung als das höchste erstrebenswerte Ziel. Im Arbeitskampfrecht spielt die Friedenspflicht eine zentrale Rolle, und was einst als »konzertierte Aktion« nur kurzfristig Erfolg hatte und an den inneren Widersprüchen zerbrechen mußte, soll nun als »Bündnis für Arbeit« wiederbelebt werden. Und wohin soll das führen? Zum ewigen (zumindest lang anhaltenden) sozialen Frieden, der in einem Beschäftigungspakt besiegelt wird.

Wer zöge nicht Frieden dauerndem Streit vor, die allgemeine Harmonie dem ständigen Konflikt. Das Prinzip Roman Herzogs, »daß soviel wie möglich im Konsens bewältigt werden sollte«, ist ebenso richtig wie seine Feststellung »Konflikte aufzubauen, wo sie nicht nötig sind, ist ein schwerer Fehler«. Übertragen auf die Ordnungspolitik lautet das entsprechende Credo: »Soviel Markt wie möglich, soviel Staat wie nötig.« Diese Formel ist so unverbindlich, daß sie hierzulande nicht einmal mehr von den Jungsozialisten angezweifelt wird. Doch die Entscheidung, wieviel »nötig« und wieviel »möglich« ist beziehungsweise sein sollte, läßt sich nur selten im Konsens fällen. Die Angelsachsen neigen aufgrund ihrer politischen Kultur eher dazu, sich im Zweifelsfall für den Konflikt zu entscheiden. Die deutschen Konsens-Demokraten hingegen sind im Zweifel für die Harmonie. Und sie sind auch bereit, dafür einen hohen Preis zu zahlen. Denn im Konsens gefundene Formel-Kompromisse tragen oft nicht weit, verschieben die Lösung auf spätere Zeiten, verlängern damit Fehlentwicklungen und verteuern ihre Beseitigung oder Korrektur.

Womit wir wieder beim »Bündnis für Arbeit« wären. Ein Teil der dort versammelten Vertreter organisierter Interessen und Minderheiten hat vor fünfzehn Jahren schon einmal einen Friedensvertrag unterzeichnet, der das Land sehr teuer zu stehen kam. Die Rede ist vom Kampf um die Einführung der 35-Stunden-Woche in der Tarifrunde 1984. Zugegeben, es hatte einen Arbeitskampf gegeben. Aber letzten Endes hatten die Arbeitgeber nachgegeben. Um des lieben Friedens willen und nicht zuletzt mit Blick auf den Export. Die Gewerkschaften waren die großen Sieger – und die Arbeitnehmer, die in den folgenden Jahren wegen der gestiegenen Arbeitskosten ihre Arbeitsplätze verloren, die großen Verlierer.

Daß Arbeit in Deutschland so teuer geworden ist, haben die Tarifvertragspartner – Arbeitgeber wie Gewerkschaften – sich selbst zuzuschreiben. Die Gewerkschaften haben ihre Forderungen in den siebziger und achtziger Jahren in erster Linie daran orientiert, den Arbeitsplatzbesitzern mit und ohne Gewerkschaftsausweis zu höherem Einkommen und zusätzlichen betrieblichen Sozialleistungen zu verhelfen. Und die Arbeitgeber haben – im Streben nach Konsens und zur Vermeidung von Konflikten – Verträge unterschrieben, von denen sie wußten, daß sie Arbeitsplätze gefährdeten. Die volkswirtschaftlichen Risiken ihrer Politik haben beide Seiten in Kauf genommen beziehungsweise an die Bundesanstalt für Arbeit in Nürnberg delegiert; man könnte auch sagen, die tarifpolitischen Fehler wurden sozialisiert.

Dem Wirken der Tarifpartner in einer Konsens-Gesellschaft wohnt ohnehin die Tendenz zur Sozialisierung der Verluste inne. Dies kann schon deshalb nicht anders sein, weil jede Regierung – wiewohl oft unbeteiligt – sich wirtschaftliche Erfolge gutschreibt und folglich großes Interesse daran hat, wirtschaftliche Mißerfolge zu vermeiden oder zumindest zu kaschieren. So geben die Konsens-Funktionäre aller Parteien und Interessengruppen vor, den Standort Deutschland vor den Folgen weltwirtschaftlicher Veränderungen bewahren zu können. Tatsächlich haben wir es mit einer Globalisierung der Produktion wie der Finanzierung zu tun, gegen die nationale Regierungen und nationale Verbände faktisch nichts tun können. Das führt in der globalen Wirtschaft zu einem Zusammenprall unterschiedlicher Ansätze und Kulturen: auf der einen Seite die angelsächsisch geprägte Renditebetrachtung, auf der anderen die von sozialer Verantwortung geprägte Sichtweise der kontinentaleuropäischen Sozialstaatler, insbesondere der Deutschen.

Die Erwartung, die Weltwirtschaft könnte »am deutschen Wesen« genesen und zurück auf den Pfad der alten Tugend finden, erscheint illusionär. Doch zuzugeben, daß ein fröhliches »Weiter so!« uns nicht weiter bringt, fällt im Land des Konsenses unglaublich schwer. Die Beschwörung des Mythos' »Gemeinsam können wir es schaffen« wird da leicht zur allgemeinverbindlichen Ausrede, zum gemeinsamen Nenner derer, die – wie die Arbeitgeberverbände – die Realität mit Blick auf das gute Verhältnis zu ihrem Verhandlungspartner lieber nicht so genau beschreiben, sowie derer, die – wie die Gewerkschaften – die Realität mit Blick auf ihre Mitglieder nicht wahrhaben wollen. So ist das »Bündnis für Arbeit« eine Art institutionelle Klammer zwischen der Bonner und der Berliner Republik. Es nährt die Illusion, wenn alle Gutwilligen aller Stände sich gemeinsam um einen runden Tisch versammelten, könne nur Gutes dabei herauskommen. So hält die Bündnis-Republik Deutschland den Konsens hoch – und die Arbeitslosigkeit.

Winfried Münster

Das Neue suchen

Provoziert Werner Müller den Konflikt? Kann der Bundeswirtschaftsminister das Land nur so in seinem Sinne voranbringen? In der Sommerpause, in der ihm jegliche Aufmerksamkeit sicher war, präsentierte er seinen ganz persönlichen Jahreswirtschaftsbericht. Er gewann mit ihm auf Anhieb mehr Schlagzeilen, als die Regierung für ihre einschlägigen Dokumentationen je erhoffen könnte. Müllers Bericht schlug hohe Wellen, weil in ihm nicht, wie es der Gewohnheit entspricht, beschrieben wird, was die Regierung tut, sondern was sie tun müßte. Ihr wird ergo von ihrem eigenen Fach-Minister bescheinigt, daß sie nicht die richtige Wirtschaftspolitik betreibe.

Bei der Vorstellung seiner Lektüre beeilte sich Müller zu versichern, daß sie nicht in Konkurrenz zum gesetzlichen Jahreswirtschaftsbericht verfaßt worden sei. Das mußte der Minister erklären, da ihm sonst unterstellt worden wäre, er mache nicht einmal einen Hehl daraus, daß er sich in die Opposition zur eigenen Regierung begeben habe. An dem Eindruck, den er der Öffentlichkeit vermittelte, änderte dies nichts: Ein Mitglied des Bundeskabinetts schart – vom Bundesverband der Industrie über die Arbeitgeberverbände, den Mittelstand und die Banken bis zum Handwerk – die wirtschaftspolitischen Gegenkräfte wie auch die parlamentarische Opposition hinter sich. Ein Konflikt dieses Ausmaßes innerhalb der Regierung fällt in einem Land, in dem Streit nicht als Element der politischen Kultur willkommen geheißen, sondern im Gegenteil als unanständig diskontiert wird, völlig aus dem Rahmen. Konflikte dieser Art sind nicht einmal in jenen angelsächsischen Ländern üblich, die man dafür kennt, daß sie ihre Probleme ganz bewußt auf dem Wege des demokratisch regulierten Kampfes mit Gewinnern und Verlierern lösen.

Es paßte ins Bild, daß die Gewerkschaften, die das rot-grüne Kabinett gemeinhin stützen, sofort gegen Müller in Stellung gingen. Das hatte der Wirtschaftsminister folgerichtig erwartet, und so versuchte er von vornherein, ihre Kritik zu unterlaufen. Er verstehe die Mißbilligung seines Berichts nicht, entgegnete er. Wenn er argumentiere, der teure Staat sei unsozial, da er auch den Arbeitnehmer teuer mache und ihn so um seinen Arbeitsplatz bringe, dann sei dies doch im Sinne der Gewerkschaften.

Das ist es auch. Aber die Zusammenhänge zwingen die Gewerkschaften dennoch zum Widerstand: Selbstverständlich wissen die gewerkschaftlichen Ökonomen genau, daß die hohen Kosten des aufwendigen Sozialstaates auch die Arbeitskosten der Unternehmen nach oben treiben, hohe Arbeitskosten wiederum Arbeitsplätze vernichten. Doch darauf können die Gewerkschaften keine Rücksicht nehmen. Schon um die Zahl ihrer Mitglieder halbwegs stabil halten zu können, müssen sie wider alle wirtschaftliche Vernunft für hohe Löhne bei nicht minder aufwendiger sozialer Sicherung streiten. Aus purem Selbsterhaltungstrieb als Organisation und Interessenverband »produzieren« sie Arbeitskosten und somit Arbeitslose, die dann von Dritten aufgefangen und finanziert werden müssen. Dieser Dritte kann nur der teure Sozialstaat sein, und er vermag die Arbeitslosigkeit um so länger zu finanzieren, je teurer er ist.

Aus diesem Zusammenhang sollte gefolgert werden dürfen, daß starke Gewerkschaften, wie überhaupt organisierte Interessengruppen, den Konflikt nolens volens zu ihrem maßgeblichen Instrument machen. Die Landwirte etwa würden sich ohne ihren Verband wohl nicht so häufig zum Protest auf die Straße begeben. Die Bundesrepublik gilt als klassischer Verbände-Staat. Ist die »Deutschland AG« also konfliktträchtig? Nein, sie ist es trotzdem nicht, im Gegenteil. Von Japan abgesehen, kann sich keine andere große Industriegesellschaft eines solch stabilen sozialen Friedens rühmen. In keinem anderen großen Industrieland werden so wenige Streiktage registriert wie in der Bundesrepublik. Die Bundesrepublik ist keine Konfliktgesellschaft, weil die deutsche Industriekultur den Kampf ablehnt und die Tarifpartner sich erst gar nicht für ihn rüsten. Die Gewerkschaften sind stark genug, um mit den Arbeitgebern hart verhandeln zu können. So stark aber, daß sie einen flächendeckenden Streik finanziell in »amerikanischer« Länge durchzustehen vermöchten, sind sie nicht. Die Arbeitgeber stehen den Gewerkschaften am Verhandlungstisch in nichts nach. Den Kampf aber empfänden sie als Niederlage, kaum daß er begonnen hat. Deutschlands Arbeitswelt preist den Kompromiß. Den Tarifpartnern – Ausnahmen bestätigen die Regel – reicht es für ein Unentschieden. Für den Sieg taugen sie nicht. Die relative Schwäche wie auch Stärke der Tarifpartner sind zwei Seiten derselben Medaille und haben dieselbe Ursache: den Organisationsgrad. Gewerkschaften wie Arbeitgeberverbände sind zu groß und zentralisiert, als daß sie dauerhaft zu gemeinsamem Willen fänden. Sie müssen zu viele auseinanderstrebende Kräfte bändigen. Die Unterhändler der Arbeitgeber lassen es nicht auf einen Streik ankommen, weil sie fürchten, daß potente Mitgliedsfirmen, die nicht weiter gefeilscht wissen wollen, abspringen. Die Gewerkschaften würden sich womöglich gar nicht erst auf das Ziel einigen, auf das hin sie zum Streik aufrufen wollten. Die branchenweiten Gewerkschaften in Deutschland sind relativ schwach, weil sie relativ groß sind. Gäbe es hierzulande eine spezielle Gewerkschaft der Lokführer, die Deutsche Bahn führe öfter nicht.

Nein, die Deutschland AG ist eine Konsensgesellschaft, aber gerade deshalb hat sie versagt. Sie versagt, gemessen an ihrer Aufgabe, ihren Mitgliedern Arbeit und ein Maximum an Wohlstand zu verschaffen. Es gehört zum Wesen des wirtschaftspolitischen Konsenses, daß er den Markt nicht gewähren läßt. »Markt« ist in diesem Kontext der überwölbende

Begriff für Wettbewerb, und Wettbewerb ist der Fachausdruck für Kampf nach ökonomischen Spielregeln. Für eine Konsensgesellschaft ist es typisch, daß die Tarifpartner ein Kartell bilden, das Regierung und Gesetzgeber sanktionieren. Dieses Kartell konserviert die Vorteile derer, die einen Arbeitsplatz haben, und es stützt gleichzeitig jene, die ohne Job klarkommen müssen. Dieses Kartell verhindert, daß genügend Arbeitsplätze entstehen. Genügend Arbeit gäbe es sofort, wenn dieses Kartell abgeschafft und durch den Markt, also eine Form des wirtschaftlichen Laisser-faire ersetzt würde. Der Konsens in Deutschland aber ließe dies nicht zu, da sich die Arbeitgeber im Laisser-faire als die Stärkeren herausschälten und sich der Wohlstand, nähme er auch zu, ungleich, ja unfair verbreiten würde.

Vielleicht ist es nicht schade um das, was hierzulande oft als amerikanischer Sozial-Darwinismus verunglimpft wird. Es fällt aber auf, daß es in Ländern mit mehr Markt und Wettbewerb leichter fällt, einen Arbeitsplatz zu finden, als in korporatistisch strukturierten Volkswirtschaften wie der deutschen. Es fällt ferner auf, daß das internationale Investitionskapital erstere Länder bevorzugt, Deutschland dagegen meidet. Eine reife Volkswirtschaft, wie die hiesige, hält ihr Wohlstandsniveau aber nicht, wenn die Investitionen des Auslands auf Dauer ausfallen. Deutschlands Kartell funktioniert zudem nicht, die Arbeitgeber »betrügen« es. Minister Werner Müller, der zwar nicht gleich das Laisser-faire walten lassen möchte, aber doch für eine zusätzliche Prise Wettbewerb plädiert, rechnet vor, daß Deutschlands große Industriebranchen im Ausland in enormem Maße Arbeitsplätze schaffen, im Inland dagegen abbauen.

Spätestens jetzt kommt der Einwand »Holland«. Die Konsensgesellschaft par excellence hat die Arbeitslosigkeit besiegt, das Tarifkartell aufgebrochen, die Arbeitsmärkte dem Wettbewerb überantwortet und den Konsens dennoch bewahrt. Dänemark wiederum huldigt dem Korporatismus intensiver denn je, die Arbeitslosenrate schrumpft trotzdem. Schweden rückt umgekehrt vom Korporatismus ab, zumindest graduell, und doch wird es schwieriger, Arbeit zu finden. Kommt es auf die Alternative Konflikt- oder Konsensgesellschaft doch nicht an, jedenfalls nicht in der Wirtschaftspolitik?

Für kleine Länder gelten andere Gesetze. Hollands Gewerkschaften beispielsweise agieren selbstsicherer als die deutschen. Sie müssen sich nicht aus Existenzangst wirtschaftlichen Wahrheiten verschließen. Der vorbildliche Akkord von Wassenaar, in dem Regierung und Tarifpartner im Mai 1982 mäßig steigende Löhne verabredeten, gründete sich auf dem Anerkenntnis der Gewerkschaften, daß die Kaufkraft aller Arbeitnehmer wächst und die Konjunktur anspringt, wenn die, die einen Arbeitsplatz haben, Verzicht üben, damit die, die keinen haben, in Lohn und Brot kommen. Diesen Zusammenhang streiten Deutschlands Gewerkschaften rundweg ab.

Bleibt es also dabei? Sollte Deutschland zur Konfliktgesellschaft umgewandelt werden, damit der Markt seine Chance erhält und eine neue, Handel und Wandel stimulierende Dynamik entfalten kann? Braucht die Bundesrepublik den Konflikt, im guten, demokratischen Sinne des Wortes, um sich aus ihrer Erstarrung zu befreien? Die Antwort lautet eindeutig ja. Politisch-taktisch wäre es klüger, weniger provozierend von der Wettbewerbs- statt der Konfliktgesellschaft zu sprechen. Amerika macht es vor, wie überlegen sich eine Volkswirtschaft entwickelt, wenn nicht nur die Gesellschaft abstrakt, sondern auch der einzelne Bürger, das Individuum, konkret den Wettbewerb als Leistungsprinzip bejaht. Aber just dies wird in Deutschland nicht geschehen. Die Bundesbürger sind fast 50 Jahre lang daraufhin erzogen worden, sich einzurichten und den Status quo zu bewahren, anstatt Risiken einzugehen und das Neue zu suchen.

Heinrich von Pierer

Vom Wettbewerb der Standorte

An der Schwelle zum nächsten Jahrtausend steht Deutschland vor einer weitreichenden Herausforderung. Wir leben in einer Welt zunehmender Globalisierung. Aus der Vielzahl regulierter Einzelmärkte wird ein großer deregulierter Weltmarkt. Die Zeiten, in denen Wirtschaftsbeziehungen vor allem auf nationaler oder regionaler Ebene stattfanden, sind ein für allemal vorbei. Produkte – egal ob es sich um einen Hochgeschwindigkeitszug, ein Auto oder ein Medikament handelt – werden heute in globalen Wertschöpfungsketten entwickelt und hergestellt. Und Aufträge, etwa für ein neues Kraftwerk oder ein Telefonnetz, schreiben unsere Kunden in der Regel weltweit aus.

Eine ganz wesentliche Konsequenz aus dieser Entwicklung ist ein ständig schärfer werdender internationaler Wettbewerb. Diesem Wettbewerb müssen sich die deutschen Unternehmen, aber auch der Standort Deutschland insgesamt stellen.

Deutschland ist ein Standort mit hohen Löhnen, hohen Kosten, hohen Umwelt- und Sozialstandards. Wenn wir im globalen Wettbewerb erfolgreich sein wollen, muß also noch etwas anderes hinzukommen: Wir müssen bessere Produkte und attraktivere Dienstleistungen als unsere ausländischen Konkurrenten anbieten. Und das geht nur durch Innovationen. Innovationen sind der Schlüssel zur Erhaltung unserer internationalen Wettbewerbsfähigkeit und damit auch zur Erhaltung unserer Arbeitsplätze und zur Erhaltung unseres Wohlstandes.

Kernaufgabe einer zukunftsgerichteten Standortpolitik muß es daher sein, Deutschlands Stärken im internationalen

Innovationswettlauf zu fördern und alle Rahmenbedingungen konsequent auf dieses Ziel auszurichten. Konkret geht es um fünf Handlungsfelder:

1. Wissen ist der Rohstoff für Innovationen. Deswegen sind hervorragend ausgebildete Menschen ein ganz wichtiger Erfolgsfaktor für den Erhalt unserer Innovationskraft. Wir brauchen ein **Ausbildungssystem**, dessen Lehrinhalte, Berufsbilder und Ausbildungsgänge auf dem neuesten Stand sind.

Das **duale Ausbildungssystem** mit seiner engen Verknüpfung von Theorie und beruflicher Praxis ist eine der traditionellen Stärken des Standorts Deutschland. Um unseren Facharbeiterstamm werden wir weltweit beneidet. Damit das so bleibt, ist es entscheidend, die Ausbildungsordnungen an neue technologische Entwicklungen und neue Betätigungsprofile anzupassen. Dazu zählt insbesondere die Entwicklung neuer Berufsbilder in der gewerblichen Ausbildung.

Auf Initiative der Unternehmen konnten in den vergangenen Jahren eine ganze Reihe solcher neuer Berufsbilder eingeführt werden. Siemens war daran maßgeblich beteiligt und bildet schon viele junge Leute in diesen neuen Feldern aus: 1997 haben wir vier neue Berufe der Informations- und Kommunikationstechnik eingeführt, seit Herbst vergangenen Jahres bilden wir in zwei weiteren neuen Berufsfeldern aus. Bis jetzt haben schon 700 junge Leute bei Siemens eine solche Ausbildung begonnen, weitere 600 Ausbildungsplätze werden wir im laufenden Geschäftsjahr zusätzlich anbieten.

Doch wir dürfen dabei nicht stehenbleiben. Die Entwicklung neuer Berufsbilder und die zeitgemäße Überarbeitung der etablierten Ausbildungsberufe muß ein permanenter Prozeß werden. Denn nur so bleibt unser Ausbildungssystem attraktiv, praxisnah und technologisch auf der Höhe der Zeit.

An unseren **Universitäten** und **Hochschulen** brauchen wir weniger Regulierung und mehr Wettbewerb. Nur wenn sich diese in einem freien Wettbewerb miteinander messen und um die besten Studenten und Professoren wetteifern, können sie zu einem Motor für Kreativität, Innovation und neuer Dynamik werden.

Im internationalen Vergleich sind unsere Studiengänge trotz einiger Fortschritte nach wie vor nicht genügend praxisbezogen, auch unsere Studienzeiten sind zu lang. Im Zeitalter der Globalisierung wetteifern die Standorte nicht nur um Kapital und Arbeitsplätze. Es ist auch ein Wettbewerb um die klügsten Köpfe entbrannt. Wir können Deutschlands Innovationsvorsprung langfristig nur halten, wenn wir auch für die Wissenschaftseliten aus aller Welt interessant bleiben.

Mit dem neuen Hochschulrahmengesetz sind die ersten Schritte eingeleitet: Hin zu einem schnelleren, intensiveren, praxisnäheren Studium und in Richtung international kompatibler Abschlüsse wie Bachelor oder Master. Nun kommt es darauf an, diese neuen Möglichkeiten so schnell wie möglich in den Bundesländern und an den Universitäten umzusetzen.

2. In Deutschland werden über 80 Milliarden DM für **Forschung und Entwicklung** aufgewendet. Davon entfallen zwei Drittel auf die Industrie und ein Drittel auf die Universitäten und Forschungsinstitute. Allein Siemens hat im letzten Geschäftsjahr über 9 Milliarden DM in Forschung und Entwicklung investiert und steht damit in seiner Branche international an erster Stelle.

Damit die Gelder von Industrie und öffentlicher Hand einen möglichst großen positiven Effekt für die Innovationskraft in Deutschland entfalten, brauchen wir mehr Austausch und Kooperation zwischen den einzelnen Forschungsstellen. Alle Seiten – Industrie, Universitäten und die nicht-universitären Forschungsstätten – müssen aufeinander zugehen.

Die Notwendigkeit, intensiver mit den Unternehmen zusammenzuarbeiten, ist von den Hochschulen inzwischen weitgehend erkannt. Viele Universitäten haben Anlaufstellen für interessierte Unternehmen eingerichtet. Auch an gemeinsamen Forschungsprojekten herrscht heute größeres Interesse als früher. Jetzt kommt es darauf an, daß diese Ansätze noch an Kontinuität und Profil gewinnen. Das wäre dann ein großer Fortschritt in Richtung auf ein umfassendes Forschungs- und Innovations-Netzwerk und die Keimzelle für neue Wissens- und Kompetenzcluster.

Solche Cluster sind schon längst kein Monopol des Silicon Valley mehr. Sie finden sich überall, wo Institute und Universitäten und innovative Unternehmen zusammenkommen und sich gegenseitig in ihrer Arbeit befruchten. Dazu gehören zum Beispiel die Medizintechnik-Region Erlangen-Forchheim, das Biotechnologie-Zentrum im Münchner Süden oder das Zentrum für Halbleitertechnologie, das in den letzten Jahren in Dresden entstanden ist.

3. Träger der Wettbewerbsfähigkeit unseres Landes sind die Unternehmen. Sie sind es, die Innovationen in marktfähige Produkte und Dienstleistungen umsetzen und dadurch Arbeitsplätze schaffen. Die Unternehmen können dies aber nur dann leisten, wenn sie an ihrem Standort **Kostenstrukturen** vorfinden, die sie im internationalen Vergleich nicht schlechter stellen als ihre Wettbewerber. Das betrifft zum einen das Steuer- und Abgabensystem und zum anderen die Arbeitskosten.

Die neue Bundesregierung ist mit dem Anspruch angetreten, durch eine umfassende **Steuerreform** für eine Entlastung der Bürger und der Unternehmen zu sorgen. Ein solches umfassendes Konzept wurde über Jahre hinweg diskutiert, blieb in der Umsetzung jedoch immer wieder stecken.

Generell kann eine Steuerreform nur dann etwas bewirken, wenn sie unter dem Strich zu einer wirklichen Entlastung führt. Maßnahmen, die unter dem Vorbehalt der Gegenfinanzierung stehen, laufen dagegen auf eine bloße Umverteilung hinaus, die weder für Investitionsanreize noch für Kaufkraftzuwachs sorgen kann.

Besonders augenfällig wird der Reformbedarf bei den **Arbeitskosten.** Deutschland nimmt hier im weltweiten Vergleich eine Spitzenposition ein: In der verarbeitenden Industrie kostete 1997 im Durchschnitt eine Arbeitsstunde in Westdeutschland fast 48 DM, in Großbritannien dagegen nur etwas über 28 DM.

Hauptgrund für die deutliche Differenz ist jedoch nicht der Arbeiterlohn selbst, sondern es sind die **Personalzusatzkosten**. Die Zusatzkostenquote für das verarbeitende Gewerbe liegt in Deutschland zur Zeit bei 82 Prozent. In den USA beträgt die Quote nur 39 Prozent und in Großbritannien 40 Prozent. Mit anderen Worten: Deutsche Arbeitnehmer verdienen nicht einmal viel mehr als amerikanische oder englische Kollegen, aber sie kosten ihr Unternehmen deutlich mehr. Angesichts solcher Zahlen wird klar, um wieviel besser wir in Produktivität und Innovationskraft sein müssen, um diesen Kostennachteil ausgleichen zu können.

4. Innovationskraft ist kein Monopol der Großindustrie. Gerade in wichtigen Zukunftsfeldern wie Internet-Technologie, Biotechnologie oder Mikromechanik – um nur einige zu nennen – kommt jungen, innovativen Start-ups eine tragende Rolle zu. Das Silicon Valley liefert dafür das beste Beispiel. Wir brauchen deshalb **Existenzgründer**, also kreative Menschen, die mit guten Ideen den Weg in die Selbständigkeit beschreiten.

In Deutschland ist in den vergangenen Jahren bereits viel passiert – auch und gerade auf Initiative der Bundesregierung. Allein im Programm des Bundeswirtschaftsministeriums »BTU – Beteiligungskapital für kleine Technologieunternehmen« wurden 1998 rund 750 Millionen DM in Ost- und Westdeutschland für Unternehmensbeteiligungen mobilisiert. In diesem Jahr soll durch diese Förderung Beteiligungskapital in Höhe von rund 1 Milliarde DM verfügbar gemacht werden.

Im Gegensatz zu den USA und anderen Ländern hat Deutschland aber noch keine wirklich eingespielte und anerkannte »Existenzgründungskultur«. Dazu bedarf es einer gesellschaftlichen Grundstimmung, die geprägt ist durch Unternehmergeist, Neugier und den Willen, selbst etwas zu gestalten und dabei auch die eigene Position zu verbessern.

Was in einem solchen Klima geleistet werden kann, zeigt der Blick über den Atlantik: In den USA ist es selbstverständlich, daß die Besten eines Jahrgangs in hochdynamische Hightech-Unternehmen streben oder sich eine eigene Existenz aufbauen. In Deutschland dagegen genießen Risikofreude und unternehmerische Initiative nur geringe gesellschaftliche Anerkennung. Nur acht Prozent der deutschen Studenten äußern die Absicht, sich selbständig zu machen, über 50 Prozent wollen in den öffentlichen Dienst.

Eine Trendwende ist hier dringend erforderlich. Der Staat sollte deshalb Existenzgründer nicht nur durch die Mobilisierung von Finanzmitteln unterstützen, sondern auch bestimmte Werte in der Gesellschaft wie Leistungsbereitschaft und Unternehmertum fördern. Damit könnte die oft zitierte Aufbruchstimmung erreicht werden.

5. Innovativ zu sein heißt aber nicht nur, neue Produkte zu entwickeln. Wettbewerbsentscheidend ist heute immer stärker die Verbindung von technischen Innovationen und innovativen **Dienstleistungen**. Gerade auf diesem Gebiet besteht ein enormes Wachstumspotential mit einer Vielzahl neuer Geschäftsmöglichkeiten und entsprechenden Chancen für eine nachhaltige Entlastung des Arbeitsmarktes.

Wenn der Anteil der Servicejobs pro Einwohner in Deutschland so hoch wäre wie in den USA, gäbe es im deutschen Dienstleistungssektor drei bis sechs Millionen neuer Jobs. Zu diesem Ergebnis kommt eine Studie des Nürnberger Instituts für Arbeitsmarkt- und Berufsforschung. Und andere Erhebungen zum Thema nennen ähnliche Zahlen. Aufgabe des Staates ist es also, das Beschäftigungspotential, das der Dienstleistungssektor bietet, nachdrücklich zu fördern.

Ob Deutschland im Konsens oder im Konflikt regiert werden soll, läßt sich nicht pauschal beantworten. Die Problembewältigung im Konflikt zwischen den einzelnen politischen

Parteien ist Kennzeichen einer funktionierenden parlamentarischen Demokratie, die sich in Deutschland seit mehr als 50 Jahren bestens bewährt hat. Angesichts der uns bevorstehenden fundamentalen Umwälzungen sehe ich aber die Gefahr, daß sich die Vertreter der einzelnen Interessengruppen durch das Beharren auf überholten ideologischen Positionen selbst blockieren und darüber Deutschlands Zukunft verspielen.

Wir müssen uns vor allem über eines klar werden: Die Globalisierung ist eine Realität, auf die ein einzelnes Land keinen maßgeblichen Einfluß ausüben kann. Wir können diese Herausforderung zögerlich angehen oder ihre Chancen aktiv aufgreifen; aufhalten aber läßt sie sich nicht.

Wir dürfen nicht versuchen, mit den Konzepten und Positionen von gestern die Probleme von heute und morgen zu meistern. Heute greifen selbst im Wettbewerb der Standorte rein nationale Ansätze zu kurz. In der Industrie ist es längst gang und gäbe, sich mit den besten Wettbewerbern weltweit zu vergleichen und von ihnen zu lernen. Das in der Wirtschaft so erfolgreiche Konzept des Benchmarking sollte auch in der Politik Eingang finden.

Das zweite wichtige Instrument für eine zukunftsgerichtete Standortpolitik ist das Prinzip der Nachhaltigkeit. Politik muß mehr sein als die Summe von Einzelmaßnahmen, die im schlimmsten Fall das Gegenteil dessen erreichen, was eigentlich gewollt ist. Nötig ist deshalb ein politisches Gesamtkonzept, das jede gesetzgeberische Maßnahme daran mißt, ob sie zur Stärkung des Standorts Deutschland im internationalen Wettbewerb beiträgt.

Fritz Pleitgen

Die lautlose Erosion der Demokratie

Wie soll Deutschland regiert werden? Am besten so, wie es der Amtseid den Regierenden vorgibt: daß sie ihre Kraft dem Wohle des deutschen Volkes widmen, Schaden von ihm wenden, Gerechtigkeit gegen jedermann üben. Wenn sie damit tatsächlich Schaden abwenden, wäre schon viel erreicht, wie der Politik-Wissenschaftler Wilhelm Hennis zutreffend ergänzt.

Im Herbst des Patriarchen entstand ein Wort, das bald zum Signet für den Zustand des Gemeinwesens am Ende der Ära Kohl wurde und im Dezember 1997 sogar zum Wort des Jahres avancierte: Reformstau. Zentrale Reformprojekte, sagte die auf den Begriff gebrachte Kritik, würden nicht angepackt, das behindere den Wettbewerb und schade dem Standort Deutschland. Die Politikmaschine laufe heiß, weil sich Verfassungsorgane gegenseitig blockierten, hieß es, die Regierung könne ihre Politik nicht durchsetzen, weil die Opposition die Länderkammer instrumentalisiere, und überhaupt verfügten zu viele Akteure über eine Vetomacht.

Vor allem Wirtschaftsführer attackierten das hochgelobte deutsche Konsensmodell mitsamt seinem Föderalismus und verlangten ultimativ, es zu reformieren. Weg mit dem Bundesrat, weg mit dem Verhältniswahlrecht. Verfassungsänderung: klare Mehrheiten statt Koalitionszwang, Konflikt statt Konsens. Social engineering statt Politik.

Unbestritten ist, daß die Politik anstehende Reformen liegenließ: Renten, Gesundheit, Steuern, Bildung: Sie hielt an alten Systemen fest, obwohl sie wußte, daß so nichts zu retten war. Sie brachte nicht die Kraft zu einer Grundlagendebatte über den Sozialstaat auf, und sie entwickelte keine Idee, wie der rheinische Kapitalismus zu reformieren sei. Die Strategie für den Aufbruch aus der Stagnation jedoch auf das Gegensatzpaar »Konsens oder Konflikt« zu bringen, folgt aus einer verkürzten Wahrnehmung. Sie könnte am Ende auch zum leichtfertigen Umgang mit Institutionen führen, die uns erlaubt haben, den sozialen Ausgleich zu finden.

Die Forderung nach einer Reform des deutschen Bundesstaates und wichtiger Elemente des politischen Systems ist nicht neu; das Thema ist ein Dauerbrenner in den Universitäten. Dort wird seit langem über Fehlentwicklungen debattiert, Schwachstellen wurden analysiert und Vorschläge präsentiert, die es aufzunehmen gilt: Die schwindende Solidarität der deutschen Länder, die deutsche Vereinigung, der europäische Integrationsprozeß und die Globalisierung der Märkte machen die Reform nun dringlich. Wie der frühere baden-württembergische Ministerpräsident Lothar Späth zweifle allerdings auch ich, ob sich die Parteien aufgrund ihrer Struktur und des Zwangs zum Wettbewerb eignen, in diese Debatte einzutreten. Späth empfiehlt, den Rat einer unabhängigen Kommission einzuholen, die beim Staatsoberhaupt angesiedelt ist.

Aber es ist eine allzu griffige Vereinfachung, in der angewandten Mechanik der bundesstaatlichen Ordnung die Ursache für den Stillstand in der Politik zu sehen. Nicht einander blockierende Mehrheiten im Bundestag und Bundesrat verhindern beispielsweise, daß diese Republik eine seriöse politische Debatte über so wichtige öffentliche Angelegenheiten wie die Reform des Sozialstaats oder des Bildungswesens führt.

An Analysen und Reformkonzepten für die Sozialversicherungssysteme sowie Schulen und Hochschulen besteht kein Mangel; Verbände und gesellschaftliche Gruppen waren an ihrer Erarbeitung maßgeblich beteiligt oder sind gar selber Initiatoren; der Wissensstand ist hoch. Doch fehlt es den Parteien an der Fähigkeit oder am Willen oder an beidem, im Prozeß der politischen Meinungsbildung die Führungsrolle zu übernehmen, um Entscheidungen herbeizuführen.

Im vergangenen Herbst wählte die Mehrheit der Deutschen den Wechsel, erwartete den Ausbruch aus Reformstau und Immobilismus, das Ende des »muddle through«, das in ihren Augen im Ergebnis die Politik an Interessenverbände und die Strategien der globalisierten Wirtschaft ausgeliefert hatte.

Nichts weniger als die Wende der Politik und obendrein noch die Wende zur Politik war versprochen worden. Also die Verbindung zwischen Reden und Tun wiederherzustellen, um die Gesellschaft zu integrieren. In langen Oppositionsjahren hätten sich Sozialdemokraten und Bündnisgrüne auf die Übernahme der Macht vorbereiten können.

Doch auch nach 12 Monaten war der Kurs der Koalition zur Modernisierung des Landes noch immer unklar. Die Kontroversen und Widersprüche, die in der Regierung über die Reformpolitik auftreten, spiegeln zwar das Spannungsverhältnis zwischen Beharrung und Veränderung in der Gesellschaft wider, repräsentieren also die Probleme, aber verdeutlichen wenig Angebote für Lösungen.

Von neuer Mitte, neuem Gesellschaftsvertrag, von Bündnissen, die es zu schließen gilt, reden die Regierenden viel, allen voran der Kanzler. Dem Reden folgt das Tun nicht. So wurde ihr großes Projekt, das neue Staatsbürgerschaftsrecht, zu einer nicht so großen Nummer. Gerade diese überfällige Reform aber wäre der Mühen des Werbens und Überzeugens wert gewesen, hätte zu einem Bündnis vieler führen können.

Statt dessen setzte die Koalition hochmütig auf ihre Mehrheit, bekam in Hessen dafür die Quittung und mußte ihr Vorhaben am Ende auf ein FDP-Modell zurückstutzen. Freilich eignet sich dieser Fall nicht dafür, an ihm die aufgeworfene Frage »Konflikt oder Konsens« abzuhandeln. Es ist vielmehr ein Exempel politischer Einfalt, auf welche die Opposition simpel, nämlich populistisch reagiert hat.

Der Zwang, Mehrheiten zu gewinnen, die Permanenz des Wahlkampfs, die Professionalisierung der Politik, aber auch die Zusammensetzung der Mitgliedschaft und der Funktionsverlust der Parteibasis – aber auch die Komplexität der Probleme –, dies hat mit dazu beigetragen, daß die politischen Parteien immer weniger in der Lage sind, Zukunftsthemen von sich aus auf die Tagesordnung zu setzen und den gesellschaftlichen Diskurs über langfristige Ziele und Orientierungen anzuführen.

Ihr Zeithorizont ist kurz, ihre Perspektiven sind eingeschränkt, ihr Verhältnis zur Wirklichkeit prekär. In der Gesellschaft zirkulieren zahlreiche Ideen, Analysen und Konzepte zur Vorbereitung notwendiger Reformen, zur Neubestimmung von Staatspflichten und Gemeinschaftsaufgaben, doch auch die Abschottung gegenüber der in Wissenschaft und Öffentlichkeit vorhandenen Kompetenz gehört zu den Schwächen nicht des politischen Systems, sondern der politischen Akteure.

Um so mehr sollten die öffentlich-rechtlichen Medien ihrer Rolle für die Verständigung über Ziele von grundsätzlicher Bedeutung und die Wege, die dorthin führen können, gerecht werden. Ihr gesetzlicher Auftrag lautet, *Medium* und *Faktor* öffentlicher Willens- und Meinungsbildung zu sein.

Daraus leitet sich die Verpflichtung ab, über die laufenden Ereignisse zu berichten, Defizite politischen Handelns aufzuzeigen und zu kritisieren. Sie könnten Foren schaffen, auf denen Interessenkonflikte benannt und argumentativ ausgetragen, auf denen aber auch Konzepte für tragfähige Kompromisse zur Diskussion gestellt werden. Das ganze Spektrum der Meinungen und der Lösungen darf keinen interessegeleiteten Denkverboten unterworfen sein.

Der Westdeutsche Rundfunk, Hörfunk und Fernsehen, beschäftigt sich in unterschiedlichen Sendungen mit Zukunftsthemen, veranstaltet Hearings, Streitgespräche und Debatten über Zukunftsfragen. Sonntag für Sonntag diskutieren Journalisten unterschiedlicher Couleur und Herkunft im Presseclub alltägliche und auch prinzipiell bedeutsame Sachverhalte meist kontrovers. Das Zuschauerinteresse ist erfreulich groß.

Noch lebhafter geht es bei »Sabine Christiansen« zu, wenn sich die Größen der Politik vehement auseinandersetzen.

Freilich: Das Fernsehen ist auch ein Unterhaltungsmedium. Und so schenkt das Publikum, das beim TV-Gucken Entspannung und Unterhaltung sucht und erwartet, schwer verdaulicher politischer Kost nicht großzügig seine Gunst; eine Mehrheit verweigert sich vor allem solchen Sendungen, die die Anstrengung des Begriffs erfordern. Das hat mit dazu beigetragen, daß nun auch Sendungen mit politischer Thematik zunehmend dem Entertainment Tribut zollen; auch in die Vermittlung politischer Inhalte durch Politiker kamen Showelemente, denn durch Fernsehauftritte erreichen sie ein Millionenpublikum; Karrieren hängen heute auch davon ab, ob die Politiker mediengerecht sind.

Das Image ist wichtig, nicht so sehr die Kompetenz; so scheint es jedenfalls. Die Regie von Parteitagen folgt längst mehr den Gesetzen des Showbusiness als den Spielregeln zur politischen Willensbildung in demokratischen Institutionen. Anschaulich wurde dies zuletzt auf dem SPD-Parteitag in Leipzig 1998. Die Kandidatenkür, die de facto per Plebiszit schon in Niedersachsen erfolgt war, als perfekte Unterhaltungsshow! Das Fernsehen war dabei, aber auch bei einer Art »Gegenveranstaltung«: dem Himmelfahrtsparteitag der Bündnisgrünen im Mai in Bielefeld, wo in der kleinen Regierungspartei stellvertretend für die gesamte Politik der Konflikt zwischen Befürwortern und Gegnern des Natobombardements gegen Serbien ausgetragen wurde.

Phoenix, der Parlaments- und Ereigniskanal, übertrug die Bielefelder Debatten übrigens in voller Länge und hatte besonders gute Einschaltquoten. Woran zweierlei bemerkenswert ist. Erstens: Die Bürger sind auch interessiert am Meinungs- und Richtungsstreit in den Parteien, wenn sie denn merken, daß es sich zwar um eine Inszenierung handelt, aber eine, bei der das Stück erkennbar ist. Politisches Theater ganz ohne Politik bewegt am Ende keinen mehr, es verbreitet nur Langeweile. Zweitens: Gerade der Erfolg von Phoenix zeigt, daß die Bevölkerung nicht politikverdrossen ist, wie oft behauptet wird. Also kommt es darauf an, die wichtigen Zukunftsfragen öffentlich zu diskutieren, die Interessenlagen der Betroffenen zu verdeutlichen, das Spektrum der Handlungsmöglichkeiten mitsamt ihrer Folgen auszubreiten, so daß klar wird, wer die Gewinner und die Verlierer im Modernisierungsprozeß sind. Wenn Politiker und Parteien zu den wichtigen Fragen aber lieber schweigen und die Medien lieber über unwichtige, aber unterhaltsame Dinge reden wollen, entpolitisieren sie den öffentlichen Raum.

Wäre dann die lautlose Erosion der Demokratie noch aufzuhalten?

Hubertus Schmoldt

Soziale Marktwirtschaft als Standortvorteil

Die Industriegewerkschaft Bergbau, Chemie, Energie – zweitgrößte Gewerkschaft in der Bundesrepublik – steht in einer Tradition, die sich einem Modell der konsensorientierten Partnerschaft in einem auf Ausgleich und Kompromiß angelegten politischen und wirtschaftlichen System verpflichtet fühlt. Sie versteht sich zwar primär als konsequente Interessenvertretung für ihre Mitglieder, und dies erfordert Konfliktbereitschaft und auch Durchsetzungsfähigkeit. Aber sie ist keineswegs einseitig auf Ideologien und schon gar nicht auf Überwindung des Systems fixiert. Diese Einstellung beruht auf der festen Überzeugung, daß unser demokratisch verfaßter Sozialstaat die Gesellschaftsform ist, die politische und soziale Stabilität garantiert, die beste Voraussetzungen für dauerhaften wirtschaftlichen Erfolg bietet, die ein Mindestmaß an Verteilungsgerechtigkeit und jene Beteiligung an Entscheidungsprozessen möglich macht, durch die Arbeitnehmerinnen und Arbeitnehmer zu gleichberechtigten Individuen in Wirtschaft und Gesellschaft werden können.

Diese Grundhaltung ist das Ergebnis eines schmerzlichen historischen Lern- und Erfahrungsprozesses. Konsensorientierung und pragmatische Grundeinstellung waren in Zeiten harter politischer Frontstellungen und schwierigster Verteilungskämpfe kaum vorhanden und wohl auch nicht darstellbar. Letztlich haben wohl erst die Erfahrungen mit der Katastrophe des Dritten Reiches Kooperation als Prinzip in einer Weise möglich gemacht, die die westdeutsche Demokratie und die soziale Marktwirtschaft als dauerhaftes Erfolgsmodell etabliert hat. Es wäre leichtfertig und würde der Substanz unserer Gesellschaft unabsehbaren Schaden zufügen, wenn wir dieses

Prinzip um der tagespolitischen Auseinandersetzung willen aufs Spiel setzen würden.

Dieser Weg zum Pragmatismus und zur Partnerschaft, den im Grunde alle Gewerkschaften, wenn auch mit graduellen Unterschieden, gegangen sind, war nur möglich, weil der organisierten Arbeitnehmerschaft Anerkennung und umfängliche Gestaltungsspielräume zuteil wurden. Nur gegenseitiges Geben und Nehmen wird verhindern können, daß ein Rückfall in die historischen Antagonismen droht, und deshalb ist bei allem Verständnis für den Sinn der polemischen Auseinandersetzung der Rückzug auf radikale und einseitige Interessenpositionen, wie wir ihn zur Zeit verstärkt bei manchem Wirtschaftsvertreter beobachten, ein fahrlässiges Spiel mit dem Feuer.

Wenn die Frage nach Konsens oder Konflikt gerade heute so aktuell erscheint, dann hat dies in erster Linie mit der Beantwortung jener Herausforderungen zu tun, die uns durch Globalisierung und zunehmenden internationalen Wettbewerb gestellt sind. Wir treffen vielfach auf die Behauptung, der Standort sei nicht mehr konkurrenzfähig, das Konsensmodell führe zu Reformstau und zu mangelnder Flexibilität. Allein die Entfesselung der Marktkräfte könne unsere Zukunft sichern.

Der Wirtschaftsstandort Deutschland ist meines Erachtens aber durchaus konkurrenzfähig, er ist innovationsfreudig, und in vielen strategisch wichtigen Branchen verzeichnen wir eine überaus positive Entwicklung. Bei allem Verdruß über manchen politischen Streit kann auch keine Rede davon sein, daß unser System nicht reformfähig wäre, denn Veränderung läßt sich vielfach feststellen, mag sie auch langsam vorangehen. Der mühselige Prozeß des Interessenausgleichs, der Mehrheiten und Konsens braucht, ist jedenfalls allemal stabiler als eine verordnete Modernisierung ohne Substanz. Daß die Gewerkschaften in diesem System des Interessenausgleichs und der Kompromißbildung unverzichtbar sind und ihre ganz entschiedene Rolle spielen wollen, muß nicht gesondert betont werden.

Unser System der sozialen Marktwirtschaft bleibt auch unter den Bedingungen der Globalisierung absolut notwendig. Diese Wirtschafts- und Gesellschaftsordnung ist keine Belastung, sondern im Gegenteil ein Standortvorteil, auf den wir nicht verzichten können. Es wird zu häufig übersehen, daß wirtschaftlicher Erfolg eine intakte gesellschaftliche und soziale Struktur voraussetzt. Die qualifizierte Arbeit von Millionen motivierter Menschen ist das Pfund, mit dem man wuchern kann. Strategische Planspiele in den Chefetagen sind das eine, ohne das Engagement, die Kreativität und die Qualifikation der Arbeitnehmerinnen und Arbeitnehmer sind sie am Ende wirkungslos. Daher ist die Herstellung sozialer Gerechtigkeit, daher ist die Beteiligung der breiten Bevölkerungsmehrheit heute wichtiger denn je – gerade auch unter den Bedingungen der Globalisierung.

Was in letzter Zeit in Asien geschieht, sollte ein mahnendes Zeichen sein. In vielen dieser Staaten fehlt es eben an jener demokratischen und sozialen Substanz, ohne die es auf Dauer keine ökonomische Stabilität geben kann und politische schon gar nicht. Radikale Unterordnung unter verordnete Marktstrukturen und Menschen, die nur funktionieren sollen, das kann auf Dauer nicht erfolgreich sein. Unsere besondere Form des Korporatismus, unser Konsensmodell, das auf der Einbeziehung von organisierten Interessen aller Gruppen beruht, hat sich zweifellos als stabiler und zukunftsfähiger erwiesen.

Damit kein Mißverständnis entsteht: Globalisierung wird von den Gewerkschaften weder als Bedrohung noch als Schreckgespenst empfunden. Es kommt wie bei so vielen Dingen auf den richtigen Umgang mit den aufgeworfenen Fragen an. Globalisierung eröffnet zusätzliche Entwicklungschancen und Zukunftsperspektiven für uns, vor allem aber auch für andere Länder. Die gesellschaftliche Akzeptanz für Veränderungsprozesse dürfte allerdings in dem Maße nachlassen, wie versucht wird, Globalisierung als Hebel für die Aufkündigung unseres gesellschaftlichen Konsenses zu mißbrauchen. In diesem Sinne ist soziale Marktwirtschaft, ist das konsensorientierte Wirtschafts- und Gesellschaftsmodell ein strategischer Ansatz mit Zukunft.

Seit einiger Zeit erleben wir erfreulicherweise eine Renaissance des Solidaritäts- und des Verantwortungsprinzips, bei uns, aber auch anderswo. In Deutschland hat dies nicht erst mit dem Regierungswechsel eingesetzt, sondern dürfte tiefergehende Ursachen haben. Die massive Ökonomisierung aller Lebensbereiche und die gleichzeitige Unfähigkeit der westlichen Industriegesellschaften, soziale und ökologische Probleme adäquat zu lösen, führt offenbar zu einer Rückbesinnung auf die Grundprinzipien der sozialen Marktwirtschaft. An die Stelle der vordergründigen Modernisierungseuphorie und der ausschließlichen Fixierung auf Profit und Erwerbsarbeit treten zunehmend Forderungen nach sozialer Gerechtigkeit, gesellschaftlichem Ausgleich und politischem Grundkonsens.

Selbst Wirtschaftsvertreter verabschieden sich mehr und mehr vom »Shareholder-Value-Prinzip« und kommen zu der Erkenntnis, daß der Mensch auch im Mittelpunkt der Wirtschaft zu stehen hat. Dem Korporatismus deutscher Prägung, in den vergangenen Jahren als der Standortnachteil an sich verteufelt, attestieren nunmehr alle Seiten wieder positive Wirkungen. Der Blick nach Holland ist modern geworden, dabei würde auch schon ein Blick auf unsere Vergangenheit vieles geraderücken können. Was in unserem Nachbarland erfolgreich praktiziert wird, ist in vielen Elementen auch bei uns eigentlich nicht so neu, es hat lange Tradition. Aber manchmal ist es in Vergessenheit geraten, verkümmert oder ist durch Diffamierung aus der Mode gekommen. Wenn die politische Konjunktur nunmehr eine andere Richtung vorgibt, spricht dies am Ende wohl für den bleibenden Wert von Sozialstaatlichkeit.

Es ist für uns als Interessenorganisation mit Gemeinwohlorientierung auch weiterhin ein unverzichtbarer Teil unseres Gestaltungsanspruchs, daß Verbände, Politik und Wirtschaft gemeinsame Anstrengungen unternehmen, um die Standort-, Beschäftigungs- und Finanzierungsprobleme zu lösen. Selbstverständlich gibt es unterschiedliche Positionen und Interessen, und das ist legitim. Konsens bedeutet Einigung und nicht Einheit. Aber der unversöhnliche Austrag der Interessen würde den Zusammenhalt unserer Gesellschaft gerade in einer solchen Umbruchsituation empfindlich beeinträchtigen. Partnerschaft und Sozialstaatlichkeit, da gehören wir zu den Optimisten, werden sich eben nicht als Schönwetterveranstaltung, sondern als überlegenes Gestaltungsprinzip erweisen.

Dieter Schulte

Das Bündnis für Arbeit: Eine politische Innovation ersten Ranges

I.

Wie gelingt der Abbau von Arbeitslosigkeit, und wie läßt sich soziale Gerechtigkeit verwirklichen? Das sind – vor dem Hintergrund von Globalisierung, europäischem Einigungsprozeß und deutscher Einheit – aus meiner Sicht die wichtigsten Herausforderungen für politisches Handeln.

Die größten Sorgen bereitet den Menschen die Massenarbeitslosigkeit. Wie eng es auf dem Arbeitsmarkt geworden ist, bekommen heute selbst 20- bis 25jährige zu spüren, die einen qualifizierten Berufsabschluß haben: eine Arbeit, die der Qualifikation angemessen ist oder den Einkommensvorstellungen entspricht, ist nicht mehr selbstverständlich. Dabei gründet unser gesamtes gesellschaftliches Wertesystem auf Erwerbsarbeit – und doch ist Vollbeschäftigung ein Zustand, den wir seit über 25 Jahren nicht mehr kennen. Die Zukunft der Arbeit ist ein Thema, das die gesamte Gesellschaft erfaßt und bewegt.

Mit der Zukunft der Arbeit sind viele unserer sozialstaatlichen Regelungen eng verknüpft. Wir wissen aus Umfragen, aus der Stimmung in den Betrieben, aber auch aus den Analysen über den Regierungswechsel am 27. September vergangenen Jahres, daß für die große Mehrheit der Bevölkerung soziale Sicherheit und sozialstaatliches Handeln wesentliche Erwartungen an ihr zukünftiges Leben in Deutschland sind – aber wir wissen auch, daß diese Erwartungen mit Unsicherheiten und der grundsätzlichen Bereitschaft zu Veränderungen bis hin zu Einschränkungen verbunden sind, wenn und solange es dabei sozial gerecht zugeht.

II.

Wir haben in Deutschland eine spezifische Erfahrung aus 16 Jahren konservativ-liberaler Wirtschafts- und Gesellschaftspolitik. Gewiß, auch sie hatte das Hauptziel, die Arbeitslosigkeit abzubauen. Sie wollte Modernisierung, nur hat sie dies allzuoft mit dem Irrglauben verbunden, der Markt werde schon alles richten, wenn sich nur der Staat zurückzieht und möglichst viel dereguliert und privatisiert wird. Diese Politik hat die alte Bundesregierung über weite Strecken mit den Arbeitgeberverbänden und gegen die Gewerkschaften durchgesetzt. Erleben mußten wir, daß die Ziele dieser Politik so nicht zu schaffen sind. Vielmehr hat die Arbeitslosigkeit genauso wie die soziale Ungerechtigkeit zugenommen.

Jedenfalls die Arbeitnehmerinnen und Arbeitnehmer wollten vor dem Hintergrund dieser Erfahrungen einen Politikwechsel. Auch er kommt ohne Modernisierung nicht aus, eine Modernisierung, die Ziele und Instrumente der Wirtschafts- und Sozialpolitik genauso einschließt wie die Art und Weise, wie sich unsere Gesellschaft und die gesellschaftlichen Akteure auf eben diese Ziele und Instrumente verständigen.

Nach meiner Überzeugung muß jede Modernisierungsstrategie an unseren Stärken anknüpfen, muß diese aufgreifen und ausbauen. Wir sind ein Hochlohnland, und wir wollen dies auch bleiben. Wir können ein Hochlohnland sein und bleiben, solange es uns gelingt, unsere im Vergleich zu anderen Ländern hohe Produktivität und Innovationsfähigkeit zu halten und zu steigern. Mit anderen Worten: Nur mit innovativen Unternehmen und mit hochqualifizierten Arbeitnehmerinnen und Arbeitnehmern wird Deutschland – und Europa insgesamt – dauerhaft seinen Platz in der Weltwirtschaft halten und ausbauen können. Und nur so wird es möglich sein, die unerträglich hohe Arbeitslosigkeit nachhaltig abbauen und den Wohlstand unserer Gesellschaft sichern und ausbauen zu können. Hinzukommen muß die Arbeitsumverteilung, weil es unrealistisch wäre, allein nur mit Hilfe eines höheren Wirtschaftswachstums zukünftige Produktivitätszuwächse auffangen und gleichzeitig die vorhandene Arbeitslosigkeit abbauen zu können.

Deswegen sind wir in den Gewerkschaften seit Jahren der Auffassung, daß sowohl für die sogenannte »harte« Infrastruktur (z.B. Verkehr, Kommunikation) als auch für sogenannte »weiche« Standortfaktoren (Bildung, Wohnungs- und Städtebau oder leistungsfähige und durchaus leistungsfähigere öffentliche Dienstleistungen) dauerhaft genügend Geld zur Verfügung gestellt werden muß. Ohne Zweifel gehört die Infrastruktur auch in Zukunft zu den wesentlichen Standortvorteilen Deutschlands und Europas. Ein moderner leistungsfähiger öffentlicher Sektor ist für mich unverzichtbar für einen strikten Modernisierungskurs und für die Lebensqualität der Bürger.

Natürlich bestehen unsere ausbaufähigen Stärken nicht nur in unserer Infrastruktur. An erster Stelle wäre sogar die Qualifikation der Arbeitnehmerinnen und Arbeitnehmer zu nennen. Ich halte es deshalb für unverzichtbar, eine umfassende Qualifizierungsoffensive zu starten. Nötig ist aber auch, die Forschung und Entwicklung weiter voranzutreiben und Prozeß- wie Produktinnovationen zu fördern. In diesen Zusammenhang ordne ich auch die Förderung von Ausgründungen und selbständigen Existenzen ein. Es ist offensichtlich, daß dies ganz unmittelbar zu mehr Wettbewerbsfähigkeit und zu mehr Arbeit beiträgt. Innerhalb dieser Schwerpunkte bleibt es für mich unverzichtbar, den Aufbau Ost mit hoher Priorität voranzutreiben. Ich bin davon überzeugt, daß das »Bündnis für Arbeit, Ausbildung und Wettbewerbsfähigkeit« für solche inhaltlichen Aufgaben geeignet ist.

III.

Es ist wichtig, daß eine Reformpolitik kurzfristig erreichbare Ziele besitzt. Sie sind gewissermaßen Glieder der langen Beweiskette, die darlegt, daß die Arbeitslosigkeit erfolgreich bekämpft werden kann. Mit dem Bündnis für Arbeit müssen wir diejenigen Menschen überzeugen, die Politik nicht an Worten, sondern an Taten messen; und wir müssen diejenigen wieder zurückgewinnen, die ihr Vertrauen in die Politik verloren haben. Wir brauchen die Unterstützung dieser Menschen für Reformen, über die unsere Strukturen moderner gestaltet werden können. Dies ist einer der Gründe für mein aktuelles Drängen, daß die Arbeitgeber ihre allgemeine Zusage, genügend Ausbildungsplätze zu schaffen, konkretisieren und verbindlich einhalten und daß wir mit dem Abbau von Überstunden, einem besseren Teilzeitgesetz und einer durch tarifvertragliche Vereinbarungen gestützte Rente ab 60 erste, kurzfristig auf dem Arbeitsmarkt wirksame Vereinbarungen zur Arbeitsumverteilung erreichen.

Im Dezember 1998 haben wir (die Bundesregierung, die Arbeitgeber- und Wirtschaftsverbände und die Gewerkschaften) uns aber auch auf mittelfristige Reformziele geeinigt. Oberthemen wie die Verbesserung der Innovations- und Wettbewerbsfähigkeit der Unternehmen, die beschäftigungsfördernde Arbeitsumverteilung oder die strukturelle Reform der Sozialversicherung sind – zum Teil relativ differenziert, zum Teil aber auch noch eher allgemein – mit Einzelthemen ausgefüllt, die nun in Arbeitsgruppen schrittweise erörtert und zur Vereinbarungs- und Umsetzungsreife gebracht werden sollen. Sicher, es sind alles keine neuen Themen, aber wir haben sie auf unsere politische Tagesordnung gesetzt.

IV.

Ich will nicht die Schwierigkeiten einer mittelfristigen Reformpolitik verschweigen, die es zu überwinden gilt. Zunächst: Das Bündnis für Arbeit ist kein Bündnis der Harmonie. Bundesregierung, Arbeitgeber und Gewerkschaften haben unterschiedliche Sichtweisen und bisweilen gegensätzliche Interessen. Deshalb sind Konflikte und öffentliche Auseinandersetzungen auch zukünftig normal. So bin ich der Auffassung, daß der Entwurf der Bundesregierung für einen Bundeshaushalt 2000 finanzpolitisch durchdacht, aber in Teilen sozial ungerecht ist, weil er die Lasten der – notwendigen – Haushaltskonsolidierung allein Arbeitslosen, Rentnern und Beamten aufbürdet, während er den Beziehern hoher Einkommen oder hoher Erbschaften oder den Besitzern hoher Privatvermögen keine Beiträge abverlangt und für die Unternehmen sogar eine Netto-Steuerentlastung vorsieht. Gleichwohl sind den Konflikten Grenzen gesetzt, weil ihnen die Überzeugung zugrunde liegt, daß Verständigung und die Herstellung von Vertrauen notwendig und weiterführend sind.

Im Vordergrund steht das Bestreben, gemeinsame Lösungen für neue Arbeitsplätze zu suchen, also zu erreichen, daß alle am selben Ende und in dieselbe Richtung ziehen. Deshalb ist auch die Selbstverpflichtung der Beteiligten, in ihren jeweils eigenen Bereichen die vereinbarten Ergebnisse umzusetzen, verabredet worden. Ein Beispiel ist die »Rente ab 60«, die älteren Menschen ein vorzeitiges Ausscheiden ermöglichen und jungen Menschen den Zugang zu einem Arbeitsplatz bieten soll. Ein vorzeitiges Ausscheiden aus dem Erwerbsleben ist derzeit nur für einen Teil der älteren Menschen attraktiv, weil es zu einer Minderung der Rentenansprüche führt. Der finanzielle Ausgleich soll aber nicht dem Sozialstaat aufgebürdet werden, sondern durch die Bildung eines Tariffonds ermöglicht werden, der aus den Einkommenszuwächsen finanziert werden soll. Dies ist ein zielgenauer Ansatz, der unmittelbar den Wunsch älterer Menschen, vorzeitig in den Ruhestand zu gehen, mit der Chance junger Menschen verknüpft, einen Job zu finden. Die tariffondgestützte »Rente ab 60« ist eine unmittelbare Form der Solidarität mit arbeitsuchenden jungen Menschen. Von solchen plausiblen und kriterienklaren Lösungsansätzen brauchen wir bei der Reform des Sozialstaates viel mehr.

V.

Die Verständigung auf der Spitzenebene ist unverzichtbar, um gesellschaftliche Rahmenbedingungen zu setzen, aber das Bündnis darf nicht auf Kanzlerrunden beschränkt bleiben. Die grundlegende Verständigung auf Bundesebene hat eine initiierende Funktion, aber sie läßt die Globalsteuerung der Gesellschaft nicht wieder neu aufleben. Vielmehr gehört es zu den wesentlichen Erfolgsbedingungen des Bündnisses, daß es in der Region, in den Städten und in den Betrieben aufgenommen wird. Das Bündnis braucht die Unterstützung überall in der Gesellschaft. Mit anderen Worten: Wir machen uns die föderale Struktur der Bundesrepublik und mittelbar den dezentralen Charakter des deutschen Tarifsystems zunutze, um die Stärken von Regionen und Städten für die Schaffung neuer Arbeitsplätze auszuspielen.

Allgemeine Zukunftsthemen wie Innovationen müssen regional konkretisiert werden. Es geht darum, die Gründung von Unternehmen in neuen Tätigkeitsfeldern zu ermöglichen. Das könnte in einem Bereich geschehen, in dem traditionelle wirtschaftliche Stärken dieses Landes, beispielsweise die Automobilindustrie oder die chemische Industrie, mit neuen Trends der Informationsindustrie auf intelligente Weise verknüpft werden. Wir haben auch auf dem Gebiet der personenbezogenen Dienstleistungen erheblichen Nachholbedarf. Innovationen müssen aber auch auf die Fähigkeiten der Arbeitnehmerinnen und Arbeitnehmer setzen, deshalb müssen wir unsere Bildungsanstrengungen erheblich verstärken. Ich bin zwar der Auffassung, daß sich unser Bildungssystem international sehen lassen kann, aber das soll uns nicht daran hindern, es dort zu überholen, wo es nötig ist.

Nicht nur die Verständigung auf gemeinsame Zielsetzungen, die Zukunftsthemen und die Wahl der richtigen Orte sind für den Erfolg einer Reformpolitik entscheidend, sondern auch die Art und Weise der Umsetzung. Die Umsetzung des

100 000-Job-Programms hat gezeigt, daß ein solches Programm phantasiereiche Formen der dezentralen Umsetzung braucht. Die beauftragten Arbeitsämter haben in vielen Fällen nicht darauf gewartet, daß die jungen Leute zu ihnen kommen, sondern sind dahin gegangen, wo diese sich aufhalten.

Ich denke, daß wir generell die Umsetzung der Politik bedenken müssen. Wir sollten uns deshalb vor Ort nicht nur auf die bewährten Kooperationsformen und -partner verlassen, sondern fördern, was ich »konstruktives Experimentierverhalten« nennen will. Wir sollten den Bündnissen auch nicht den Charakter von Expertengesprächen hinter verschlossenen Türen geben, sondern die Debatten über innovative Projekte öffentlich führen. Und ebensowenig darf die Vergabe von Projekten auch nicht in die Nähe des Verdachtes von »abgekarteten Spielen« kommen. Deshalb sollten Projekte öffentlich ausgeschrieben werden.

Ich halte diese Erfolgsbedingungen für keine utopische Forderung. Das Bündnis hat eine reale Chance, eine politische Innovation ersten Ranges zu werden. Dafür ist die Annäherung von unterschiedlichen Standpunkten unverzichtbar. Verständigung muß es über die wichtigsten Probleme geben und über klare Zielsetzungen mit kurzfristigen und mittelfristigen Reichweiten.

Unter diesen Voraussetzungen sind Konflikt und Konsens keine sich ausschließenden Größen, sondern sie können zu Stationen von gesellschaftlichem Fortschritt werden. Die Chancen für Konsens steigen, wenn Konfliktpotentiale und -energien durch rationale Ziele gebändigt werden können. Der Konsens wäre dann Ergebnis einer rationalen Klärung von unterschiedlichen Interessenlagen. Aber er kann nicht ein für allemal errungen werden.

DIETER SCHWEER

Politische Manager gesucht

Sepp Herberger wußte, was entscheidend war: »Nicht die besten elf sollen spielen, sondern die beste Elf«, postulierte der legendäre Nationaltrainer. Jeder wird sofort einsichtig nicken: Der Kicker muß sein Ego hinter den Teamgeist zurückstellen. Die alte, aber erfolgreiche Regel vom Rasen wird bald auch unsere Arbeitswelt bestimmen. Teamfähige Manager haben Zukunft.

Schon im nächsten Jahrzehnt werden abteilungsübergreifende Projektteams und interdisziplinäre Netzwerke die Arbeit in den Unternehmen und Verwaltungen übernehmen. Konzernweit verkabelte PCs und Videowände machen hierarchische Befehlsketten und ortsgebundene, funktionale Unternehmensgliederungen zunehmend obsolet. Mehr noch: Thomas Malone, Professor am Massachusetts Institute of Technology (MIT), prophezeit: »Die Wirtschaft der Zukunft wird von unabhängigen Vertragsnehmern dominiert, die im Rahmen einzelner Projekte für eine bestimmte Zeit zusammenarbeiten, sich dann trennen und nach neuen Projekten Ausschau halten.«

Die Folge: Management heißt in Zukunft in erster Linie verschiedene Interessen und inhaltliche Gegensätze zum produktiven Konsens zu verschmelzen. Der Teammanager des Informationszeitalters – ein Meister der Konfliktmoderation.

Verknüpft, verkabelt, vernetzt

Die schleichende Revolution begann 1984 (und ganz anders, als George Orwell jenes Jahr düster vorhersah). 1984 brachte Apple den ersten PC auf den Markt, und nahezu zeitgleich begannen die amerikanische und die englische Regierung, die Telekom-Monopole zu zerschlagen. Seither verfallen die Preise für Datenverarbeitung und -übertragung in atemberaubendem Tempo. Ein Megabyte Speicherkapazität, das Anfang der 70er Jahre noch gut 150 000 Mark kostete, ist heute für 21 Pfennig zu haben und in weiteren zehn Jahren – so die Computerindustrie – für gut einen Pfennig. Was das für die Wirtschaft bedeutet, zeigt eine Statistik der Firma Siemens: Jeder Mitarbeiter im Unternehmen, so haben die Münchner errechnet, verbringt heute noch im Schnitt gut ein Drittel seiner Arbeitszeit mit dem Suchen von Informationen. Das im Konzern akkumulierte Wissen wird nur zu 20 bis 40 Prozent genutzt. Wenn in Zukunft Investitionen in Datenübertragung, unternehmensinterne Intranets und intelligente Suchmaschinen die firmenweite, globale Vernetzung von Informationen für alle rentabel machen werden, eröffnet sich eine ungeahnte, neue Wertschöpfungsquelle. Wissen wird neben Boden, Arbeit und Kapital zum entscheidenden Produktionsfaktor. Die Weltbank schätzt: Mit Humankapital – also Wissen – werden die Industrieländer künftig zwei Drittel ihres Wohlstandes erwirtschaften.

Intranet, Groupware, Shareware, Videokonferenztechnik – die Innovationen bei der Kommunikationssoftware überschlagen sich. Die globale Verknüpfung der Wissensressourcen eröffnet völlig neue Arbeitsmethoden. Beim japanischen Elektronikkonzern Canon zeichnen Techniker in Japan, USA und Europa gleichzeitig an elektronisch verknüpften Skizzenblöcken und steigern mit geballter Expertise die Ergebnisse. Im 24-Stunden-Labor des Software-Herstellers SAP in Walldorf schicken deutsche Programmierer zur Beschleunigung des Arbeitstempos ihre Rechenergebnisse nach Feierabend zur Weiterbearbeitung nach Kalifornien, wo die Kollegen ein paar Stunden später ihre neuen Daten ins Entwicklungsbüro nach Tokio weiterleiten.

Die elektronisch verbundenen Ideenpools und Expertennetze arbeiten meist noch parallel zur traditionellen Unternehmenshierarchie. Mit wachsenden Möglichkeiten werden sie jedoch zunehmend die klassischen Bereichsgliederungen und Befehlsketten untergraben. Wenn alle Schreibtische vernetzt sind, werden Chefetagen ihre angestammten Funktionen verlieren. Zum Beispiel im modernen Kundendienst: Call-Service-Mitarbeiter leiten heute Beschwerden nicht mehr über diverse Abteilungsleiter an den Zuständigen weiter, sondern verdrahten sich zur Problemlösung über das unternehmensweite Intranet direkt mit Kollegen in Produktion und Verkauf. Oder in der Automobil- und Softwarebranche: Immer häufiger werden dort in der Entwicklungsphase eines Produkts auch dessen Markteinführung und Produktion simultan geplant. Konstrukteure, Programmierer, Marktforscher, Werber und Produktionsspezialisten schließen sich in Teams ohne tägliche Rücksprache mit den Abteilungschefs zusammen. Der amerikanische Elektronikriese Intel hat mit solchen Projektteams die Marktreifezeit seiner Chips bereits halbiert. Eine lohnende Investition: Jede Verkürzung der Entwicklungsphase um ein halbes Jahr, so rechnet Siemens vor, bringt ungefähr ein Drittel mehr Gewinn.

Schneller, flexibler, effizienter

Weihnachten 1814: Amerikanische und englische Emissäre unterschreiben nach einem zweijährigen, blutigen Kampf um Kanada und Florida einen Friedensvertrag im flämischen Gent. Doch die Nachricht reist langsam: In New Orleans fallen noch zwei Wochen nach dem Friedensschluß in einer Schlacht tausend englische Soldaten.

So bizarr die Vorgänge nach beinahe zwei Jahrhunderten erscheinen, schon in zwanzig Jahren werden die Entscheidungswege heutiger Konzerne vermutlich als ähnlich absurd beurteilt. Viele Visionen aus den Chefetagen dringen nur im Schneckentempo an die Alltagsfront der Abteilungen. Kühne

Visionen und Strategien allein garantieren noch lange nicht den Erfolg. Sie sind nichts ohne motivierte Mitarbeiter, die sie ausfüllen. Dabei wächst der Druck auf die Unternehmen: Produktzyklen werden immer kürzer, die Kunden informierter und anspruchsvoller, der Preisverfall im globalen Wettbewerb schneller. Selbst die Aktionäre sind nicht mehr so geduldig, wie sie es einmal waren: Gaben sie früher einem Sanierer noch fünf Jahre Zeit für einen Turn-around, läuft heute die Schonfrist meist schon nach einem Jahr aus. Die Zeit drängt. »Adhokratie« nennt *Fortune*-Autor Thomas A. Stewart die Anforderungen an das Management der Zukunft.

Während kleine, flexible Unternehmen bereits heute jede Marktströmung wendig nutzen, aus Gegenwind geschmeidig Wachstum generieren und das Konkurrenztempo beschleunigen, manövrieren Unternehmen mit klassischen Kommunikationsstrukturen langsam und schwerfällig wie Tanker durch die turbulenten Gewässer. Der Unterschied zwischen Traditionalisten und Newcomern: die Arbeitsorganisation. Die wendigen Aufsteiger bevorzugen flache Hierarchien und spontan einsetzbares Projektmanagement. Sie scheuen sich auch nicht, wichtige Unternehmensaufgaben zur Ergebnisoptimierung von externen Experten bearbeiten zu lassen. »Outsourcing« wird nach einer Umfrage der Unternehmensberatung Coopers & Lybrand heute von mehr als 80 Prozent der 400 am schnellsten wachsenden amerikanischen Unternehmen – Biotech-Firmen, Software-Innovatoren, moderne Dienstleister – praktiziert. Trend der Zukunft?

Konkurrenzdruck und elektronische Verdrahtung – beide machen neue Wege bei der Unternehmensorganisation unumgänglich. Die Zielrichtung ist gleich: Schlagkräftige, flexible Projektteams werden schwerfällige vertikale Kommunikationsstrukturen verdrängen. Manager werden in Zukunft immer häufiger verschiedene, wechselnde Expertenteams – wie bei einer Kleeblattform – um sich herum scharen, wieder auflösen und neu formieren, um Aufgaben unter optimaler Ressourcennutzung schnell zu lösen. Die Bandbreite der amorphen Gruppengebilde wird von global zusammengesetzten Bereichsteams bis zu regelrechten »virtuellen Unternehmen« reichen. Der amerikanische Spielzeughersteller Lewis Gallob Toys macht es bereits vor. Er lehrt mit einem »virtuellen Unternehmen« seine Konkurrenten das Fürchten: Lewis Gallob kauft Produktideen von Erfindern, läßt sie von freiberuflichen Ingenieuren entwickeln, in Hongkong fertigen und von selbständigen Vertretern weltweit verkaufen. In der Unternehmenszentrale arbeiten nur eine Handvoll Mitarbeiter.

Spielregeln fürs Team

Werden die Mitarbeiter also bald ihre Abteilungsflure verlassen und nur noch mit Aktencaddy, Laptop und Handy von Projektteam zu Projektteam eilen? »Cool«, sagen jüngere Manager. Team klingt nach guter Laune, autoritätsfreiem Raum, Spaß und Kreativität – endlich kein Druck vom Chef.

Doch je mehr Erfahrungen mit Projektteams gesammelt werden, desto mehr zeigen sich auch mögliche Schwächen der neuen Arbeitsorganisation. Nicht nur Mitarbeiter, die stets von 8 bis 17 Uhr geregelt ihre Anweisungen von oben erledigt haben, tun sich mit zeitflexiblen, selbstverantwortlichen Tätigkeiten schwer. Auch ehemalige Screenager, die einen Großteil ihrer Zeit vom Vokabellernen bis zum Schachspielen im Dialog mit einem Bildschirm verbracht haben, zeigen sich im Teamspiel erstaunlich ungeübt. Schließlich leidet der ehrgeizige, leistungsmotivierte Karrieretyp: In ständig wechselnden Teams, in denen das Gesamtergebnis und nicht der Einzelbeitrag zählt, kann er sich kaum profilieren. In den Unternehmen werden in Zukunft völlig neue Formen der Leistungserfassung, Karriereplanung und Honorierung gefunden werden müssen, um Mitarbeiter zu motivieren. Aber auch andere Probleme sind von Kommunikationsexperten noch zu lösen. Nur einige Beispiele:

- *Der beste Experte ist häufig nicht der geschmeidigste Teamplayer.* In der Gruppe drohen die Voten gescheiter Einzelgänger von den Meinungen sich besser verkaufender, sozial kompetenterer Kollegen überrollt zu werden – mit suboptimalen Ergebnissen. Solche menschlichen Reibungsverluste gilt es in den Griff zu bekommen.
- *Teams verführen zu Engagement »light«, da weder die Qualität des eigenen Fachbeitrags noch der persönliche Anteil am Teamergebnis für andere genau erkennbar ist.* Es müssen Wege gefunden werden, um auch weniger ambitionierte Teamspieler zur Loyalität gegenüber ständig wechselnden Arbeitsgruppen und -kollegen zu motivieren.
- *Gruppendynamik kann gefährlich sein: Sie führt Diskussionen nicht selten auf Abwege und zu falschen Ergebnissen.* Wie läßt sich die Begeisterung eines Teams – für ein teures Produkt, ein ausgefallenes Marketingkonzept – in eine fürs Unternehmen sinnvolle Richtung steuern?
- *Besonders virtuelle, nur über Computer verbundene Arbeitsteams haben Tücken. Bei Wissenschaftlerteams zum Beispiel wurde beobachtet: Wirklich große Kreativitätsschübe kommen erst bei Diskussionen mit physischer Präsenz.* Trotz Euphorie über die elektronische Vernetzung gilt es deshalb, praktikable Mischungen aus virtueller und leibhaftiger Zusammenarbeit zu finden.

Ein großes Arbeitspensum also für die Manager in Sachen Teamwork: Wenn sich die neuen Strukturen weiter erfolgreich durchsetzen sollen, müssen völlig neue Modelle für Arbeitsabläufe, Informationsaustausch, Kommunikationsstrukturen und Konfliktmanagement gefunden werden. Die Arbeit in fließenden, chaotischen Netzwerken, so läßt sich bereits heute erkennen, wird mindestens so klare Spielregeln erfordern wie bisher in den Hierarchien. Gerade für die Zukunft wird deswegen gelten: Je flexibler und fließender die Organisationsstrukturen, desto wichtiger werden feste und klare Werte.

Manager für den Konsens gesucht

Auf einem Boot müssen die Segler bei jeder Regatta aufs neue ihr Bestes geben. Zieht nur einer im Team nicht mit, ist das Rennen verloren. Die Crew muß sich nicht nur restlos vertrauen, sondern auch bedingungslos dem Skipper, dem wichtigsten Teammitglied, folgen.

Skipper werden in Zukunft für den Erfolg der elektronisch vernetzten Teams entscheidend sein. Ein völlig neues Berufsbild wird entstehen: Ob man von Projektmanager, Koordinator, Coach, Moderator oder Teamorganisator spricht, die Aufgabe bleibt immer dieselbe: Der Skipper muß für die unterschiedlichsten Probleme optimale, interdisziplinäre Expertenteams zusammenstellen, deren Zusammenarbeit und Kommunikation steuern. Teammitglieder motivieren, Konflikt in Konsens ummünzen, Sparringpartner sein und hauptsächlich immer wieder Schwachpunkte der Team-Lösungskonzepte suchen und korrigieren. Nicht Fachautorität bestimmt die Qualität der Teammanager, sondern ihre Fähigkeit, Problemlösungs- und Arbeitsprozesse logisch zu strukturieren und Menschen zu motivieren. Anders gesagt: Der Skipper muß »seine Leute von da, wo sie sind, dorthin bringen, wo sie noch nicht waren«, wie Henry Kissinger einmal sagte. Entscheidend ist nicht, wie der Wind weht, sondern wie die Segel gesetzt werden.

Wo finden sich die neuen Manager? Auf Naturtalente allein können Unternehmen nicht vertrauen. Es wird in den nächsten Jahren eine der vorrangigen Aufgaben der Ausbildungsinstitutionen sein, für Teammanager einen neuen Ausbildungsgang zu entwickeln. Der erfolgreiche Manager wird vieles in einem sein müssen: Kommunikations- und Politikexperte, Organisator, Allroundkönner, Homo Electronicus und Psychologe. Altmodische Werte wie Loyalität, Vertrauen, Achtung, harte Arbeit, Mitgefühl und gesellschaftliche Verantwortung müssen von den Managern der Zukunft be- und gelebt werden. Die pure Mach-Geld-um-jeden-Preis-Mentalität vieler heutiger Manager ist nicht nur langfristig für den Fortbestand vieler Unternehmen gefährlich, sondern die Gesellschaft verliert damit alle Werte, die sie zusammenhält. Aufgabe verantwortungsvoller Manager ist es vielmehr, immer wieder die Interessen der Mitarbeiter, Lieferanten, Kunden, Aktionäre und die der Gesellschaft in einem konstruktiven Konsens zusammenzuführen. Die Teammanager des Informationszeitalters sind Meister der Konfliktmoderation.

Sechs Thesen zur gesellschaftlichen Verantwortung von Managern

1. Der Soziologe Max Weber hat die These aufgestellt, moralisches und ökonomisches Handeln seien im Protestantismus in Einklang gebracht worden. Wer im Geschäftsleben erfolgreich war, der handelte auch gottgefällig – Arbeit, Produktion und Kapitalakkumulation hatten somit im Protestantismus höchste moralische Bedeutung.
   Dieser Einklang scheint verlorengegangen zu sein, und er hat heute eher den Rang einer rückwärtsgekehrten Utopie. Zwar behauptet auch ein berühmter ökonomischer Vordenker wie Milton Friedman eine gewisse Eindimensionalität unternehmerischen Handelns. In seinem Aufsatz »The Social Responsibility of Business is to Increase Profits« schrieb er, die gesellschaftliche Verantwortung von Managern bestehe einzig und allein in der Maximierung des Aktionärsvermögens. Aber diese Position, die auch mit dem Schlagwort Shareholder Value umschrieben wird, stößt auf fundierten Widerspruch. Unbestritten ist, daß Unternehmen Gewinne brauchen, um die eigene Existenz abzusichern und zukunftsfähig zu bleiben. Aber Unternehmen sind genauso den Belangen der Mitarbeiter, der Zulieferer, aber auch der Umwelt und der gesamten Gesellschaft verpflichtet. Es ist gefährlich, diese Werte auf dem Altar einsei-

tigen Gewinnstrebens zu opfern. Manager müssen jedesmal neue konkrete Güterabwägungen vornehmen.

2. Insbesondere der Schutz der Umwelt gilt als Gut, dem Manager hohe Priorität einzuräumen haben. Sie müssen sorgfältig den Nutzen, aber auch die spezifischen Probleme jeder Energiequelle abwägen und den Schutz der natürlichen Ressourcen als dominierenden Wert in jede Entscheidung einbeziehen. Eine solche Haltung muß nicht notwendigerweise im Widerspruch zu den Gewinninteressen des Unternehmens stehen. Denn Unternehmen, die Umweltfaktoren angemessen berücksichtigen, beweisen »Ökoeffizienz«, sie tragen ein geringeres politisch gesellschaftliches Risiko als andere, und sie sind besser vorbereitet auf potentielle politische Belastungen.
3. Gegenüber Werten wie Umwelt und Gesellschaft kann der Gewinn eines Unternehmens eine nachrangige Position einnehmen. So kann es sinnvoll sein, eine Verkleinerung des Gewinns in Kauf zu nehmen, wenn damit eine Schädigung der Umwelt vermieden wird. Eine Akkumulation von Verlusten aus Umweltgründen allerdings wäre existenzgefährdend und aus Sicht von Managern wie Mitarbeitern verantwortungslos. Manager, die in der Gefahr sind, für den Schutz der Umwelt einen zu hohen Preis zu zahlen, müssen rechtzeitig neue, weniger umweltsensible Geschäftsfelder erschließen. Sie stehen sonst in der Gefahr, zum Opfer moralischer Zwänge zu werden.
4. Manager sind wie Politiker verpflichtet, der Jugend eine Gesellschaft und eine Umwelt zu hinterlassen, wo es sich weiterhin zu leben lohnt.
5. Eine besondere Verantwortung tragen Manager gegenüber ihren Mitarbeitern. Denn so wie Gewinnstreben nicht der einzige Sinn unternehmerischen Handelns sein kann, so liegt auch der Sinn menschlicher Arbeit nicht allein im Geldverdienen. Arbeit wird auch deshalb als sinnvoll erfahren, weil sie im gesellschaftlichen Kontext eine ganz be-

stimmte Funktion erfüllt. So sind der Bau eines Flughafens oder Vertrieb von Kraftstoffen nicht nur sinnvoll, weil sie den beteiligten Unternehmen zugute kommen. Sie haben auch deshalb ihren Sinn, weil das gesellschaftliche Leben solche Projekte fordert.

Manager stehen in der moralischen Verantwortung, die Fähigkeiten der Mitarbeiter weiterzuentwickeln, ihr Wohlergehen zu fördern und alles für die Sicherheit der Arbeitsplätze zu tun. Betriebsschließungen und Entlassungen können immer nur die letzten Mittel sein, wenn es darum geht, einen Geschäftsbereich aus der Krise zu führen.

6. Im Zeitalter der Globalisierung geht die soziale Verantwortung der Manager über die nationalen Grenzen hinaus. Denn soziale Verantwortung tragen die Manager auch für jene Weltregionen, die noch weit entfernt sind vom Wohlstand der Industrienationen. Heute leben sechs Milliarden Menschen auf dieser Erde, fünf Milliarden sind arm, eine Milliarde ist relativ wohlhabend oder reich. Die fünf Milliarden Armen werden sich im Jahr 2030 oder 2040 auf acht bis neun Milliarden Menschen vermehrt haben. Es ist Pflicht und wohlverstandenes Eigeninteresse der reichen Länder, ihre wirtschaftlichen und technologischen Ressourcen so einzusetzen, daß die Armen davon profitieren und das Wohlstandsgefälle in der Welt nach und nach vermindert wird. Denn letztlich sichern Manager so die Überlebenschancen der Unternehmen in einem globalen Dorf, wo Stacheldrahtzäune, Barrikaden und berechtigter Neid nur zu Unfrieden führen können.

   Daß große Unternehmen hier erfolgreich agieren können, zeigt ein Bericht der UN-Handels- und Entwicklungskonferenz (Unctad). Danach sind die ausländischen Direktinvestitionen multinationaler Konzerne seit Ende der achtziger Jahre zur wichtigsten Geldquelle der Entwicklungsländer geworden, wichtiger noch als Entwicklungshilfe oder Bankkredite. Aber nicht nur Geld brachten die Multis. Sie schufen auch viele Arbeitsplätze in den Entwicklungsländern. Die Unctad lobt die Multis ausdrücklich, weil ihre Filialen höhere Löhne zahlen und bessere Sozialleistungen gewähren als einheimische Firmen. Außerdem transferieren die Multis wertvolles technisches und kaufmännisches Knowhow, sie sorgen für eine bessere Ausbildung der Arbeitnehmer, und sie erschließen neue Exportmärkte für die Entwicklungsländer. Ganz generell zeigt die Unctad-Studie: Wo die Multis am meisten investierten, wuchsen auch Einkommen und Wohlstand am stärksten.

Michael Vesper

Konsens mit wem?

Wir Deutschen sind schon eine widersprüchliche Gesellschaft. Einerseits sind wir harmoniesüchtig bis zum Exzeß; andererseits langweilen wir uns schnell, wenn es keinen Streit gibt und damit nichts, worüber wir uns ärgern können. Wir Grünen erfahren das, seit wir existieren, am eigenen Leib: Solange wir intern über uns herfallen, geißeln die Medien das unisono als unprofessionell und nicht sachgerecht. Wehe aber, wenn wir uns vertragen! Dann stimmen eben die, die das in ihren Kommentaren und Features geradezu herbeigeschrieben haben, ohne zu zögern den Abgesang auf die auch so normal gewordenen Grünen an und singen das Hohelied der lebendigen innerparteilichen Streitkultur. Motto: Hauptsache, klagen! Über zuviel oder zuwenig Streit, über zuwenig oder zuviel Normalität, über zuviel oder zuwenig Nüchternheit. Das ist unser Schicksal, und auch, daß wir Deutschen dazu neigen, alles, was früher war, im Rückblick zu verklären, so daß schlimmes Chaos nachträglich zur interessanten Vielfalt wird und beispielsweise das oft verfluchte Laster des Aussitzens zur Tugend der Verläßlichkeit.

Ob Deutschland im Konsens oder im Konflikt zu regieren sei, das hat viel mit dieser doppelten Sehnsucht nach Harmonie und nach Action zu tun. Viele Menschen – auch in den Medien erschallt dieser Ruf häufig – wollen, daß die Parteien sich über die großen Reformprojekte einigen, das sogenannte Parteiinteresse hinter das Interesse des Gemeinwohls zurückstellen. Aber wohin führt das? Wenn es nicht mehr spezifische Interessen, Meinungen, Reformansätze sind, die Parteien inhaltlich steuern, was dann sonst? Schon heute sind die großen Volksparteien eher einander zu ähnlich als zu verschieden.

Schon heute haben sie darum zunehmend das Problem, Menschen für sich zu begeistern und aktive Mitstreiter zu gewinnen. Wenn Parteien aufhören, sich parteipolitisch zu definieren und zu engagieren, dann werden sie bald nicht mehr Partei sein.

Auch das Grundgesetz normiert den politischen Prozeß eher als Konflikt- denn als Konsensmodell. Danach entscheidet die Mehrheit; die Minderheit muß und kann damit leben, weil sie angesichts des garantierten Minderheitenschutzes die Chance hat, selber Mehrheit zu werden. Es ist evident, daß dieses System nur so lange funktioniert, wie die Mehrheit tut, was ihr gebührt, nämlich entscheidet. Dazu gehören Mut und die Fähigkeit, sich gegen parlamentarische und außerparlamentarische Kritik zu behaupten. Sucht die Mehrheit aber alle möglichen parteiinternen und -externen Rücksichtnahmen auszubalancieren, die sich schließlich tendenziell gegeneinander aufheben, dann führt das zum Verzicht auf Entscheidungen und zum politischen Stillstand.

Der Ruf nach Konsens hat oft etwas Rührendes. Eine Politik, der alle zustimmen, kann es nicht geben. Ein Konsens mit allen ist nur um den Preis der Unkenntlichkeit erreichbar; er bleibt so abstrakt, daß er nicht weiterhilft. Politik nach dem Motto »Für das Gute, gegen das Schlechte!« oder »Für Wohlstand und Wachstum, gegen Armut!« macht es, nachdem man sich darauf einmütig verständigt hat, sogleich notwendig, daß jeder seine eigenen Fußnoten setzt, was denn das eine und das andere bedeute und welche praktischen Konsequenzen es haben müsse. Und darüber gibt es dann den vertagten Streit.

Die Frage lautet also: Konsens mit wem? Mit den anderen politischen Parteien? Oder mit außerparlamentarischen Kräften, seien sie organisiert (Gewerkschaften, Arbeitgeberverbände, Kirchen, Verbände) oder nicht (Meinungsumfragen)? Egal wie, Konsens mit wem auch immer kann – und darf – das demokratische Mehrheitsprinzip nicht außer Kraft setzen. Konsens mit dem einen führt zwangsläufig zum Konflikt mit dem anderen, hat also nichts mit »Friede, Freude, Eierkuchen« zu tun. Daß auch Konsenspolitik zum Konflikt führen kann und umgekehrt, hat uns der Kanzler kürzlich vorgemacht: Sein Einknicken vor dem Druck der Automobilindustrie in Sachen EU-Altautoverordnung – also der erzwungene Konsens mit dieser einen Lobby – hat schwere Konflikte in Deutschland und Europa erzeugt; umgekehrt hat ihm ein scharfer Konflikt, nämlich sein Standhalten vor der Bauernlobby trotz Pfeifkonzert und Protestorgie in Sachen Sparpaket viel Zustimmung und einen Gewinn an Glaubwürdigkeit eingetragen, weil er den Grundsatz bekräftigte, alle zu belasten und nicht einige auszunehmen.

Nur der Kompromiß führt zum Konsens. Warum hat dieses für das politische Handeln in einer Demokratie unverzichtbare Instrument in Deutschland bloß solch ein schlechtes Ansehen? Vielen gilt er per se als »faul«, als Zeichen von Schwäche. Uns Grünen erscheinen Kompromisse gar meist in Gestalt häßlicher Kröten, die wir zu schlucken haben. In Wirklichkeit geht es gar nicht ohne. Ein guter Kompromiß ist ein politisches Kunstwerk, das im besten Fall alle Beteiligten, obgleich sie sich nicht voll durchsetzen können, stärkt. Nur wenn man nicht politisch handeln muß, kann man darauf verzichten.

Wer große politische Entscheidungen vorbereitet, ist gut beraten, hierfür nicht nur – womöglich knappe – Abstimmungsmehrheiten im Parlament anzustreben, sondern nach breiten gesellschaftlichen Mehrheiten zu suchen. Das gilt insbesondere für solche Reformvorhaben, deren Wirkungshorizont weit über die Grenzen einer Legislaturperiode hinausreicht. Nehmen wir als Beispiele die Rentenreform und den Atomausstieg.

Daß unser System der Alterssicherung durch den »Generationenvertrag« dabei ist, in eine strukturelle Krise zu marschieren, ist seit etwa einem Jahrzehnt absehbar. Die Menschen gehen früher in Rente, leben länger, und die Zahl der »normalen« Beitragszahler sinkt angesichts der Veränderungen auf dem Arbeitsmarkt dauerhaft. Es ist höchste Zeit, dieses System so zu reformieren, daß es auch in dreißig Jahren noch hält – über sieben Legislaturperioden und mehr. Dazu muß die Regierung gewiß die konstruktive Mitarbeit der parlamentarischen Opposition suchen, weil solche Entscheidungen nach einem Regierungswechsel nicht beliebig veränderbar sind, sondern Bestand haben müssen. Das reicht aber nicht. Ebenso wichtig ist der Konsens mit den von der Reform Betroffenen. Und hier liegt die eigentliche Schwierigkeit dieses Themas, denn es handelt sich um ganz ungleiche Akteure: Die davon profitieren, die künftigen aktiven Beitragszahler, gibt es als feste Zielgruppe, die sich artikulieren könnte, noch nicht; die aber Einschränkungen zu befürchten haben, die heutigen Rentner, melden sich lautstark und emotionsgeladen zu Wort. Der Konsens muß in diesem Fall die noch Sprachlosen einbeziehen; die Politik hat deren Interessen stellvertretend wahrzunehmen. Sie kommt damit nicht umhin, die Rentenreform notfalls auch im Konflikt mit Teilen der heutigen Rentnergeneration durchzusetzen. Genau das macht die ganze Sache unangenehm, und Unangenehmes scheut die Politik mit Blick auf den nächsten Wahltermin.

Auch das zweite Beispiel umfaßt eine Zeitdimension von mehreren Jahrzehnten: der Ausstieg aus der Atomkraft oder besser der Einstieg in eine neue, zukunftsfähige Energieversorgung. Natürlich ist es schwer vorstellbar, beides zu bewerkstelligen gegen den erklärten Willen, ja Widerstand derer, die es umzusetzen hätten. Darum ist es richtig, den Konsens mit der Energiebranche zu suchen, ihr einerseits etwas abzuverlangen (vorzeitiges Abschalten nicht abgeschriebener Kraftwerke ohne Entschädigungszahlungen) und andererseits etwas anzubieten (Mithilfe bei der Lösung des Entsorgungsproblems und beim Einstieg in die Erneuerbaren). Aber es wäre falsch, sich von diesem Konsens auf Gedeih und Verderb abhängig zu machen. Das hieße, im Ergebnis denjenigen den Kurs bestimmen zu lassen, der am wenigsten kompromißbereit ist. Auch hier gibt es andere, die ebenso Anspruch auf Konsensbemühungen der Politik haben, in diesem Fall die Mehrheit der Bevölkerung, die die Atomtechnologie nicht (mehr) will und die rot-grüne Koalition mit dem klaren Auftrag ausgestattet hat, sie zu beenden. Nur wenn man zum Konflikt mit der Energiewirtschaft bereit ist, wird diese ihrerseits bereit sein zum Kompromiß.

Hier zeigt sich, daß Konsens und Konflikt keine Alternative sind, sondern den Rahmen aufspannen, in dem sich erfolgreiche Politik bewegt. Wer nur den einen Weg oder nur den anderen gehen will, wird nicht ans Ziel kommen.

Für uns Grüne hat das Thema eine besondere Brisanz. Wir waren auf Konflikt gepolt, als wir uns vor zwanzig Jahren aus den diversen Ausläufern der Außerparlamentarischen Opposition bildeten. Die Fünf-Prozent-Hürde, obwohl »politisch korrekt« als undemokratisch bekämpft, war in Wirklichkeit unsere Hebamme: Sie sorgte dafür, daß im Entstehungsprozeß nicht auseinanderfiel, was eigentlich gar nicht zusammengehörte. Sie schmiedete das Band, das uns auch in den Folgejahren zusammenhielt und Stück für Stück zur Partei zusammenwachsen ließ. Klar, daß sich unsere Politik zu Anfang an ein Potpourri von mehr oder minder bedeutsamen Minderheiten richtete – an die dunkelgrünen konservativen Ökologen ebenso wie an die Versprengten der sich auflösenden K-Gruppen, an Schwule und Lesben ebenso wie an die wachsenden Bewegungen gegen Atomkraft und NATO-Doppelbeschluß. Daraus bezogen wir unsere Stärke: Wir sammelten all die Engagierten und Aufbrechenden, die Idealisten und Frustrierten, auch die Trittbrettfahrer ein, addierten deren Potentiale – und das reichte, um in die Parlamente zu gelangen. Daß eine Mehrheit die meisten unserer politischen Angebote ablehnte, focht uns nicht an, solange die Summe der Minderheiten nur groß genug war, um unseren Einfluß zu sichern.

Am besten kann das vielleicht unser schon in den achtziger Jahren ausgefochtener Streit um den rechten Weg zum Atomausstieg illustrieren. Wer damals der Auffassung war, er werde wohl unter zwei Jahren kaum erreichbar sein, gehörte zu den Verrätern und Weicheiern. Die richtige Linie war: sechs Monate, und es wurden Gutachten über Gutachten bemüht, die belegen sollten, daß das technisch machbar war. Über die politische – und finanzielle – Machbarkeit dachten unsere Strategen nicht vertieft nach, sie setzten sie voraus. Kein Problem, es mußte ja nur zu einer Mehrheitsentscheidung im Bundestag kommen, und der Plan war ganz einfach: Die SPD sollte als Vorbedingung für eine Koalition erst einmal den grünen »Knackpunkt« des sofortigen Atomausstiegs schlucken und mit uns brav für die Mehrheit sorgen. Bekanntlich gingen die Wahlergebnisse im Januar 1987 und im Dezember 1990 über solche Gedankenspiele hinweg, so daß der Realitätsschock damals ausblieb.

Diese Beispiel zeigt: Nach außen haben wir den Konflikt um fast jeden Preis zelebriert; eine auf Konsens fußende Strategie war uns mehr als suspekt. Und wir haben auf diese Weise eine Menge erreicht. Ökologie und Umweltschutz, Frauenpolitik, politische Kultur – es gibt viele Stichworte, die das belegen. Aber eine Opposition kann nicht erfolgreich bleiben, wenn sie nicht in die Regierung strebt. Das ist das große Mißverständnis derer, die sich nostalgisch nach den Grünen in der Oppositionsrolle zurücksehnen: Auf Dauer verfängt selbst die überzeugendste Kritik am Regierungshandeln bei den Wählern nur, wenn sie den Eindruck gewinnen, daß die, die kritisieren, es besser machen wollen und können. Darum wäre ein Scheitern der Grünen an ihrer Regierungsrolle so fatal; den einfachen Weg zurück zum Status quo ante gibt es nicht.

Die einschneidendste Veränderung der Regierungs- gegenüber der Oppositionsrolle besteht darin, daß wir unsere Politik nicht mehr allein durch Minderheiten absichern können. Mitregieren, auch als kleinerer Koalitionspartner, heißt, für seine Politik nach gesellschaftlichen Mehrheiten zu suchen. Bitte kein Mißverständnis: Es geht nicht um die Hybris, die Grünen zu einer 40-Prozent-Partei machen zu wollen; aber wenn sie als Teil einer Regierung politisch handeln, brauchen sie dafür mehrheitliche Zustimmung – nicht in jedem einzelnen Punkt, aber auf Sicht kann es nicht gutgehen, sich auf die Interessen und Vorlieben der eigenen Wählerklientel zu beschränken.

Weder mit der Sehnsucht nach Harmonie noch mit schnoddriger Konfliktmentalität läßt sich Politik wirksam gestalten. Beides ist unpolitisch, weil es die unterschiedlichen Interessenlagen und Stärkeverhältnisse in unserer Gesellschaft übersieht. Worauf es ankommt, sind tragfähige Konzepte für die großen Reformvorhaben, das Bemühen um gesellschaftliche Mehrheiten und die Bereitschaft, auch einmal im Konflikt zu entscheiden, wenn ein Kompromiß nicht zu erzielen ist.

Mit der Entscheidung selbst ist es freilich nicht getan. Sie in die Gesellschaft hinein zu vermitteln, ist eine ebenso wichtige und schwierige Aufgabe – gerade im Konfliktfall. Die großen Anfangsschwierigkeiten der rot-grünen Bundesregierung haben ganz wesentlich damit zu tun, daß sie diese Aufgabe sträflich vernachlässigt hat. Das meint nicht nur die unkoordinierte mediale Präsenz der Führungsleute beider Parteien, nicht nur fehlende professionelle Öffentlichkeitsarbeit, sondern auch einen angesichts der Vorgeschichte geradezu erstaunlichen Mangel an Kommunikations- und Dialogfähigkeit. Das Mittel der Konsultation mit gesellschaftlichen Gruppen und Organisationen vor, während und nach dem Entscheidungsprozeß dient dazu, konfligierende Interessen, versteckte Wirkungen, langfristige Problemanalysen aufzudecken, die gesellschaftliche Meinungsbildung zu beeinflussen und so Bündnispartner zu gewinnen.

Den allseitigen Konsens, nach dem sich unsere Gesellschaft sehnt (wenngleich sie ihn wegen drohender Langeweile auch ein wenig fürchtet), gibt es nicht und kann es nicht geben. Dazu sind die Interessen zu verschieden. Entscheiden aber muß man trotzdem, gelegentlich auch unpopulär. Um so wichtiger ist es, dies nach sorgfältiger Abwägung zu tun und dabei die Gesellschaft nicht nur als Adressaten, sondern auch als Diskussionspartner der Politik ernstzunehmen. Dann kann auch eine Entscheidung im Konflikt im Ergebnis dazu führen, daß die gesellschaftliche Verständigung wächst.

Franz Walter

Auf handlungsfähige politische Eliten kommt es an

Manchmal sind die Katastrophenarien, die die Leitartikler dieser Republik Tag für Tag in ihren Kommentaren losschmettern, schon ziemlich unerträglich. Die neue rot-grüne Bundesregierung war, nach 16 Jahren der Opposition, keine sechs Wochen im Amt, da höhnte das politische Feuilleton schon über das Chaos, die Koordinationspannen, die Querelen zwischen den Koalitionspartnern. Und natürlich wurde ebenso hämisch nach dem politischen »Aufbruch« gefragt. Und die ganze Misere der Schröders, Lafontaines und Trittins galt unseren Edelfedern als bislang erstmalig, einzigartig und ungeheuer dramatisch.

Dabei war und ist alles wie schon immer. So lief das in der kleinen Stadt am Rhein über mindestens vier Jahrzehnte ab. Und genauso wird das alles auch in der großen Stadt an der Spree in den nächsten Jahren in schöner Regelmäßigkeit weitergehen. Die Anfangsbilanzen der Bundesregierungen fielen seit Adenauers Zeiten ganz überwiegend verheerend aus. Auch die erfahrensten Strategen unter den deutschen Kanzlern bekamen in den ersten Monaten nach den Wahlen nicht viel hin, hatten allesamt ihre liebe Mühe, den Laden von Partei, Fraktion und Regierung notdürftig zusammenzuhalten. Konrad Adenauer torkelte nach den Bundestagswahlen von 1957 und 1961 von einer Regierungskrise in die nächste. Ludwig Erhard und Willy Brandt gerieten nach ihren großen Wahlsiegen von 1965 und 1972 unmittelbar in das Gestrüpp von Wirtschaftskrisen und politischen Intrigen, aus dem sie nicht wieder herausfanden. Auch der noch heute weithin als effizienter Macher und Manager gerühmte Helmut Schmidt war nach den Bundestagswahlen 1976 und 1980 völlig von der Rolle und saß tief im Schlamm von »Rentenlügen«, neuer Massenarbeitslosigkeit und Haushaltsdefiziten. Und der große Staatsmann und Langzeitkanzler Helmut Kohl brauchte bekanntlich ein halbes Jahrzehnt, um das Kanzleramt zu einer einigermaßen funktionstüchtigen Schaltzentrale der Regierungspolitik zu machen. Bis dahin gab es, wie eh und je und eben auch wieder heute, viel Chaos, viele Koordinationsdefizite, viel Knatsch zwischen den Koalitionspartnern und immer wieder die frei flottierenden Gerüchte über das vorzeitige Aus von Kanzler und Regierung.

Insofern muß man nicht allzuviel auf die publizistischen Untergangsszenarien geben. Übrigens auch nicht auf die Aufbruchsrhetorik, die seit den späten 60er Jahren über Willy Brandt Einzug in das Land gehalten und mehr Unheil angerichtet, als Segen gebracht hat. Denn das Aufbruchspathos hat einen Maßstab des politischen Urteils produziert, der im gesellschaftlichen Diskurs mittlerweile gang und gäbe ist, vor dem sich die veritable Politik in Deutschland aber nachgerade zwangsläufig diskreditieren muß. Und weil das so ist, deshalb dominiert im politischen Kommentar das Krisenmelodram, das Gejammer über Stillstand und Reformunfähigkeit.

Aber meist ist es wirklich nicht mehr als hohles, unernstes und ganz folgenloses Lamento. Jedenfalls reicht es nicht an die Wurzeln der laut beklagten deutschen Politikmalaise. Denn wann in den ganzen fünfzig Jahren bundesdeutscher Gesellschaft hat es schon einen durch Parteien und Politik gesteuerten, weitreichenden Reformwechsel gegeben? Alle großen sozialen und kulturellen Wandlungen der Republik, von der Säkularisierung der Gesellschaft über die Veränderungen in der Erwerbsstruktur bis hin zur Expansion akademischer Bildungsabschlüsse, vollzogen sich quer und unabhängig vom Austausch der Parteien in der Bonner Regierungszentrale. Dagegen blieben die vollmundigen Wechselparolen von 1969 und 1982 allesamt folgenlos. Weder bekam Brandt die angekündigte Politik der »inneren Reformen« hin, noch schaffte Kohl die »geistig-moralische Wende«. Die Frustrationen über die klägliche Reformbilanz der sozial-liberalen Regierung wirkte seinerzeit sogar parteibildend. Die deutschen Grünen entstanden jedenfalls nicht zuerst, weil Deutschland ökologisches Notstandsgebiet war und kurz vor dem ökologischen Kollaps stand; die Grünen und all die anderen bunten sozialen Bewegungen der 70er Jahre waren vielmehr Spaltprodukte enttäuschter Hoffnungen in den Zeiten sozial-liberaler Aufbruchsdeklamationen.

Nun werden gewiß die Leser einer ganzen Generation aufschreien, da sie doch sehr vitale und angenehme Erinnerungen an die stürmischen Jahre der Brandtschen Ostpolitik haben. Und in der Tat trügen hier die Reminiszenzen einmal nicht; in jenen Jahren hatte der damalige Kanzler wirklich einen politischen Kurswechsel in der Deutschland- und Außenpolitik durchgesetzt. Genau wie Helmut Kohl, der 1989/90 plötzlich tatkräftig und einigermaßen zielstrebig die deutsche Einheit bewerkstelligte, nachdem er in den Regierungsjahren zuvor innenpolitisch nur kunstlose Flickschusterei produziert hatte. Denn allein in der Außen- und Sicherheitspolitik hat ein deutscher Kanzler (oder deutscher Außenminister) den politischen Spielraum, um konzeptionell zu operieren und auch neue Wege zu gehen – wenn, ja wenn die internationalen Rahmenbedingungen das erlauben, wie eben zum Ausgang der sechziger und achtziger Jahre. Allein in der Außenpolitik ist ein deutscher Kanzler im *nationalen* politischen Kräfteparallelogramm ein einigermaßen souveräner Mann. Nur hier braucht er sich nicht um Verbandsinteressen, um die Quengeleien der Länderchefs, um Ansprüche von Fraktionsausschüssen und dergleichen mehr zu kümmern. Daher haben bezeichnenderweise alle historisch »großen« Kanzler den »flight into foreign affairs« angetreten, von Bismarck über Stresemann bis hin zu Adenauer, Brandt und Kohl – und Gerhard Schröder ist nun ebenfalls auf den Appetit gekommen und wird die außenpolitische Karte auch künftig kräftig auszuspielen versuchen. Innenpolitisch aber haben diese Heroen des Auswärtigen allesamt mehr oder weniger versagt.

Natürlich wissen alle erfahrenen politischen Praktiker, ob nun in den Parteien oder im kommentierenden Journalismus, daß es so ist und daß es so sein muß. Aber dennoch tun alle so, als wäre es auch ganz anders möglich. Die gesamte politische Öffentlichkeit operiert für die Innenpolitik mit einem Begriff des Politischen, der zumindest in Deutschland nicht von dieser Welt ist. Eben dadurch wird fast jeder Essay über den Politikbetrieb zu einem alarmistischen Paukenschlag. Doch Konsequenzen hat es nicht.

Irgendwie sind es immer noch die Maßstäbe aus den frühen demokratietheoretischen Modellen des 19. Jahrhunderts, die da einflußreich herumgeistern: Eine Mehrheit der Wähler schickt demnach eine Partei in die Regierung, damit diese von dort aus mit den zentralstaatlichen Machtinstrumenten ihre programmatischen Konzepte verwirklichen und so die Gesellschaft durchformen kann. Das mag so noch immer für das englische Regierungssystem gelten. Das entspricht aber schon längst nicht mehr der Realität der meisten europäischen Staaten. Deutschland jedenfalls trifft es gar nicht. In Deutschland gibt es den zentralstaatlichen politischen Souverän nicht. In Deutschland haben wir gewissermaßen einen, wie es die amerikanischen Politologen nennen, »semisovereign state«. In Deutschland ist die politische und gesellschaftliche Macht extrem fragmentiert; hier gibt es eine Menge Nebenregierungen und Einflußparzellen, die das Bonner Kabinett zu einem sicher nicht einflußlosen, aber eben auch nicht souverän entscheidenden Akteur unter vielen anderen in der Arena der Macht reduzieren. Das Bundesverfassungsgericht schreibt der Regierung akkurat vor, wie sie Familienpolitik zu betreiben hat. Die Notenbank orientiert sich nicht im geringsten daran, was die Bundesregierung zins- und geldpolitisch für richtig hält. Ohne die Zustimmung der Ministerpräsidenten kann der Kanzler in Bonn innenpolitisch nichts zuwege bringen. Und über all diese Institutionen ist immer auch die politische Opposition weiter mit im aktiven Spiel und in den Entscheidungsprozessen eingebunden. Überdies gibt es seit der Partizipationsrevolution der siebziger Jahre ganze Hundertschaften von artikulationsfreudigen Bürgerinitiativen und Organisationen, die den Politikern robust klarmachen, was sie alles nicht wollen.

In einer solchen Machtstruktur mit all diesen zahlreichen Vetospielern war Politik stets, gleichviel welcher Couleur, vor allem zu einer mühsam ausbalancierten Kompromißpolitik gezwungen, meist auf einem sehr kleinen gemeinsamen Nenner. Kein Kanzler, gleich welcher Partei, bekam unter diesen Machtverhältnissen das große konzise politische Projekt durch. Politik bedeutete unter diesen Bedingungen immer flexibles, improvisiertes Zusammenbasteln von gegensätzlichen, heterogenen, disparaten Positionen. Besonders schön fiel das Endprodukt einer solchen Politik nicht aus. Ein kohärenter Wurf kam dabei höchst selten zustande.

Und doch ist dieses kohärente Projekt der Maßstab des politischen Kommentars und die Erwartungsnorm der Wählerschaft in Deutschland, gerade in den neunziger Jahren. Zugleich aber denkt keine einflußreiche Kraft in der deutschen Republik ernsthaft daran, die institutionellen Voraussetzungen für »Politik als Projekt und Fundamentalreform« herzustellen. Niemand tritt in Deutschland für die Abschaffung der vielen Regionalwahlen ein, für die Liquidierung des Föderalismus, für die Beseitigung oder auch nur die Reform des Bundesverfassungsgerichtes und der autonomen Notenbank, für wuchtige zentralstaatliche Machtreserven und kräftige Patronagemöglichkeiten, die man braucht, um eine fundamental neue Politik durchzusetzen. Und so weiter. Für eine solche Systemtransformation gibt es nirgendwo einen gesellschaftlichen Motor. Das aber macht die Fundamentalkritik in Deutschland am muddling through *sämtlicher* Regierungen so richtungs- und wirkungslos. Alle haben sich mit den Voraussetzungen der Verhandlungs- und Konkordanzdemokratie abgefunden (weil ihre unzweifelhaften Stabilitäts-, Integrations- und Pazifizierungsvorteile ja auch sehr angenehm sind), aber alle tun trotzdem so, als wünschten sie eigentlich die zentralstaatlich orientierte Wettbewerbsdemokratie des englischen Westminstermodells, um zupackende Innovationen und Reformen zustande zu bringen.

So bleibt das alles bloße Rhetorik. Zwar haben sich die Herren Schröder, Fischer und Scharping in den letzten fünfzehn Jahren immer als bemerkenswert schnelle Lerner bewiesen. Und insofern wird die gegenwärtige Bundesregierung einige der viel beklagten Managementdefizite in den Griff bekommen. Doch trotzdem wird es auch danach künftig noch häufig genug so weitergehen, wie es insbesondere in den ersten Monaten nach dem Regierungswechsel Tag für Tag in grellen Schlagzeilen lauthals angeprangert wurde: Die Regierung wird kaum einmal eine Politik aus einem Guß betreiben; sie wird ihre Gesetzesvorlagen oft genug noch korrigieren, umwerfen, abschwächen, neu zurechtzimmern. Der eine Minister wird zwischenzeitlich dies, der andere etwas ganz anderes verkünden. Der Kanzler wird dazu einige Zeit schweigen, später dann beides energisch dementieren. Am Ende all des Kuddelmuddels wird immer noch reichlich viel Flickschusterei stehen. Exakt so wird es kommen, auch wenn wir in den vergangenen Sommermonaten noch die Kanzlerpose des grimmig entschlossenen Sparkommissars genießen durften. Aber exakt so würde Politik auch dann noch und wieder verlaufen, käme es 2002 zu einem erneuten Regierungswechsel mit einem christdemokratischen Kanzler und einem freidemokratischen Juniorpartner. Denn das alles sind keine zeitweiligen Pannen und Mißgriffe; es ist die Substanz und es ist die Struktur von Politik in der fragmentierten deutschen Koordinationsdemokratie unter den Bedingungen kleiner Koalitionen.

Insofern braucht man gar nicht großartig darüber zu räsonieren, ob Deutschland nun im Konflikt oder im Konsens regiert werden soll. Rigide Konfrontationspolitiker oder auch kühne Reformer holen sich in der Regierung der deutschen Konkordanzgesellschaft nur eine blutige Nase. Vor allem ein linker sozialdemokratischer Reformismus hat unter den institutionellen Voraussetzungen und Machtverteilungen Deutschlands nicht die geringste Chance. Auch deshalb dürfte Oskar Lafontaine so jäh von der politischen Bühne geflüchtet sein, da er damit scheiterte, den Primat staatlicher Regulierungspolitik gegen die Interessenstrukturen der Gesellschaft durchzusetzen.

Gerhard Schröder dagegen agiert sehr viel mehr nach den verhandlungsdemokratischen Imperativen dieser Republik. Daher ist die grundsätzliche Erfolgsperspektive seiner Politik erheblich größer. Die Spar- und Angebotspolitik des sozialdemokratischen Kanzlers bietet eine Menge Schnittstellen zur Politik des bürgerlichen Lagers. Im »Bündnis für Arbeit« ist das weite Panorama der hochorganisierten gesellschaftlichen Verbände institutionell abgedeckt. Das alles sind im Grunde solide konkordanzpolitische Voraussetzungen, zwar nicht für den großen befreienden Wurf oder Aufbruch, aber doch für eine tragfähige Politik ökonomischer Konsolidierung und steuer- wie arbeitsmarktpolitischer Teilreformen. Indes trat gerade das »Bündnis für Arbeit« nicht von der Stelle. Denn vor allem der (besitz-)bürgerliche Teil dort hatte zunächst kaum ein Interesse an einem durchschlagenden Erfolg dieser Allianz, da das allein die rot-grüne Regierung stärken und zu Lasten der christlich-liberalen Opposition gehen konnte. Eben das produzierte Blockade. Aufbrechen läßt sich die Blockade langfristig nur, indem die Verhandlungspartner im »Bündnis für Arbeit« auch politisch kollektiv in der Exekutive repräsentiert, wenn Politik und Gesellschaft gewissermaßen synchronisiert werden. Allein dann wären alle Beteiligten an einem guten Ausgang des Arbeits-Bündnisses interessiert. Noch stärker zugespitzt: Da Deutschland in der Krise die wettbewerbsdemokratischen Lösungen von Thatcher und Blair nicht übernehmen kann, muß es eben den kooperationsdemokratischen Weg konsequent zu Ende und das heißt in eine Regierung der Großen Koalition gehen. Sonst bleibt die Blockade strukturell erhalten. Im übrigen wäre es auch gesellschaftlich wünschenswert und für die Dynamisierung der Marktkräfte gewiß zuträglich, wenn sich das sozial extrem enge rot-grüne Bündnis aus ehemaligen AWO-Geschäftsführern, Studienräten und GleichstellungsbeauftragtInnen um die Biographien, Kompetenzen und Erfahrungen aus dem gewerblichen Bürgertum erweitern würde.

Bleibt aber alles so wie bisher, dann werden sich die beiden Volksparteien auch künftig gegenseitig belauern und in einem zähen Stellungskrieg gegenüberstehen um die vier bis fünf Prozentpunkte, die über Regierung und Opposition entscheiden. Dann wird der jeweilige Oppositionschef den großen Konfrontateur spielen, den Vertrauensmann der kleinbürgerlichen Ängste (ob nun vor dem ökonomischen Wandel oder der Ökosteuer oder irgendwelchen Doppelpässen), die ihm später dann das eigene Regieren schwer, wenn nicht gar unmöglich machen. Das aber zehrt die Legitimationsdepots des deutschen Parlamentarismus auf. Allein die Große Koalition kann den sterilen Stellungskrieg zeitweilig aussetzen. Allein in einer solchen Konstellation werden sich Sozialdemokraten und Christdemokraten zumindest für einen begrenzten Zeitraum wohl trauen, ihren Kernschichten gemeinsam etwas zuzumuten, da man dann ja auch gemeinsam Verluste riskiert.

Und ohne Verluste wird es nicht abgehen. Es wird Empörung geben, Erosionen an den Rändern, auch wütende Proteste in den Zentren der großen Parteien. Vor allem die Sozialdemokraten werden noch bittere Jahre erleben. Wir kennen das alles aus den Ländern, in denen sich die traditionellen Großparteien nach mühseligen Lernprozessen zu einer entschiedenen und auch unpopulären Reformpolitik bereits aufgerafft haben. Am Ende aber waren die politischen Systeme dieser Länder erheblich gefestigt, die zuvor schleichenden Legitimationskrisen der Politik erfolgreich zurückgedrängt. Denn immer noch sind es handlungs- und durchsetzungsfähige Eliten, die den Wählern imponieren und dadurch die Demokratie stabilisieren.

Eben darauf kommt es auch für die Politik in Deutschland an.

Hubert Weinzierl

Die Zeit der Polarisierer ist abgelaufen

Nachhaltigkeit« könnte zur Philosophie einer neuen Reformbewegung ins 21. Jahrhundert werden. Noch viel zu zaghaft beginnt die Politik ihren Provinzialismus zu überwinden, indem sie die weltweite Vernetzung, das enger zusammengewachsene Bild von der gemeinsamen Erde, den Nord/Süd-Konflikt und den gesamten Rio-Nachfolgeprozeß in ihre Programmatik aufnimmt.

Psychologie und Tiefenökologie haben dazu beigetragen, die Hemmschwellen zu entziffern, damit der weite Weg vom Kopf zur Hand gemeistert und der Phase der Diagnose eine Phase der Therapie, also des Umsetzens folgen könnte. Das Wissen ist da, das Handeln steht aus; aber die Menschen wären bereit, diese Herausforderung anzunehmen.

In dieser Wendezeit der Umweltpolitik erwartet die Gesellschaft von der Umweltpolitik, anstatt der zwei Jahrzehnte lang immer wiederholten Diagnosen und Forderungen, welche mittlerweile im Kreise der Verantwortungsträger als bekannt vorausgesetzt werden dürfen, neue Antworten und Lösungsvorschläge.

Jetzt muß was Neues kommen: Die Politik hat sich verändert, der Globus ist mit sechs Milliarden Menschen an der Schwelle zum 3. Jahrtausend noch enger, der Konkurrenzdruck zwischen Mensch und Schöpfung noch härter, brutaler geworden. Dies zwingt uns zu einer Solidargemeinschaft alles Lebendigen und aller Überlebenswilligen, zwingt uns aber auch zum Überdenken mancher Positionen und Feindbilder.

Auch die Zeit der Scharfmacher und der Polarisierer ist abgelaufen, weil zur Bewältigung der Zukunftsprobleme Konsenssuche und Miteinander angesagt sind. Das war die Botschaft, die vom Erdgipfel in Rio ausging. Denn nur im Konsens mit dem Leben ist Leben zukunftsfähig, somit sollte das 21. Jahrhundert eine Phase der Wiedergutmachung einleiten, die mütterlich, weiblich und mild ist.

Laßt uns zu unseren Wurzeln, zur Natur als der Basis alles Lebendigen zurückkehren, anstatt uns im umwelttechnischen Kleinkram zu verstricken: Die Natur sollte wieder politikfähig werden.

Auf dem Erdgipfel in Rio wurde die Versöhnung von Ökonomie und Ökologie sowie deren Vernetzung mit den sozialen Lebensbedingungen der jetzigen und der künftigen Menschheit als die ethische Herausforderung der Jahrtausendwende erkannt und im »Nachhaltigkeits-Prinzip« als Leitlinie künftiger Politik festgeschrieben. Nachhaltigkeit setzt jedoch Veränderungsfähigkeit und neues Denken voraus.

Die Überlebensfragen der Menschheit lassen sich doch längst nicht mehr allein mit effizienten Managementstrategien oder mit immer mehr Umwelttechnologie oder gar mit noch mehr Wirtschaftswachstum lösen. Was not tut, ist ein spiritueller Aufbruch, eine irrationale, mystische Komponente, damit der weite Weg vom Kopf zur Hand gemeistert werden kann und die menschliche Widersprüchlichkeit zwischen Wissen und Handeln wenigstens in Teilbereichen überwunden wird.

Seit den Thesen von Rio ist die Überwindung der Menschheitskrise nicht leichter geworden: Die Globalisierung des Wettbewerbs und die damit verbundenen sozialen Sorgen fordern zu einem grundlegenden Paradigmenwechsel in der Wirtschaftspolitik, zu neuen Formen der Arbeit und zu nachhaltigen Leitbildern und sinnstiftenden Lebensformen heraus.

Gleichzeitig gerät die Politik immer mehr in die Abhängigkeit von Ökonomie, Großstruktur und Wirtschaftsmacht. Wer, so fragt man sich gelegentlich, regiert eigentlich unser Land?

Dieser Strukturwandel, dem die Menschheit derzeit weltweit unterliegt, voran die hochzivilisierten Industriestaaten des Nordens, bedarf einer ethischen Begleitung, also jener Wertediskussion, welche zwei Generationen lang bei uns nicht geführt wurde. Die Politik sollte diese Diskussion endlich wagen.

Ein Grundpfeiler für diese Wertediskussion könnte die »Schöpfungsverantwortung« sein, die nicht nur eine ethische, sondern letztlich auch eine religiöse Dimension beinhaltet und die Vielfalt alles Lebendigen als »Schicksalsgemeinschaft« begreift. Zur Menschenwürde gesellt sich somit der Eigenwert der Natur an sich. Der Einsatz für das Leben ist unteilbar.

»Nachhaltigkeit« und »Schöpfungsverantwortung« könnten die Leitlinien einer zukunftsfähigen sozialen Kultur werden, in der sich naturwissenschaftliche Erkenntnisse und politische Realitäten mit geisteswissenschaftlichen Visionen zur Reformbewegung des kommenden Jahrtausends vereinigen.

Wendelin Wiedeking

Ohne Entscheidungsfreude keine Zukunft

Gibt es eine Gesellschaft ohne Konflikte? Wohl kaum. Unterschiedliche Meinungen und Bedürfnisse prägen neben Verteilungskämpfen das Bild einer jeden Gesellschaft. Und genau diese Interessenkonflikte haben eine wichtige Aufgabe: Sie sind Motor der Demokratie und dadurch notwendiges Element des sozialen Wandels in einer Gesellschaft. Nur durch Konflikte werden politische Prozesse angestoßen. Die Herausforderung für die Politik liegt dabei nicht in erster Linie in der Eindämmung der Interessengegensätze, sondern in ihrer kreativen, zielführenden Behandlung, so daß ein Gemeinwohl zustande kommt.

Zum Ende des 20. Jahrhunderts stehen in der Bundesrepublik große soziale Errungenschaften auf dem Prüfstand – nicht um sie am Ende abzuschaffen, sondern vielmehr um sie an veränderte Bedingungen anzupassen. Vorbei sind die Zeiten steigender Renten und organisierter Vollbeschäftigung. Wir stehen an der Schwelle eines tiefgreifenden Umbruchs. Aber diese neue Epoche fordert ihren Tribut: effiziente politische Lösungen, um die bevorstehenden Balanceakte zu meistern.

Aber wie sollen die politischen Akteure in Deutschland diese Aufgabe bewältigen, wenn einerseits alles auf Veränderung drängt und zugleich doch alles beim alten bleiben soll?

Das Festhalten am Bestehenden und die Angst vor Veränderungen liegen in der Natur des Menschen. Veränderungen bedeuten ja zunächst auch Unsicherheit, Risiko und möglicherweise sogar den Verlust von angenehmen Besitzständen.

Wenn aber eine Gesellschaft erkennt, daß sich grundlegende Daten so verändern, daß Reformen – allein um der Überlebensfähigkeit des jeweiligen Systems willen – unumgänglich werden, dann darf sich die Frage nach einer Veränderung nicht mehr stellen.

Die Bürger der Bundesrepublik sind aufgeklärt, sie wissen, daß die Zeit für Veränderungen reif ist. Sie wissen, daß hohe Steuersätze deutsche Unternehmen im internationalen Wettbewerb behindern und den Wirtschaftsstandort Deutschland für ausländische Investoren immer weniger attraktiv machen. Die Renten sind aus demographischen Gründen in Zukunft verteilungsgerechter zwischen den Generationen zu finanzieren. Und im Bereich der Gesundheitspolitik bedarf es deutlich mehr Eigenverantwortung – auch bei der Finanzierungsfrage.

Wenn sich die Bevölkerung über diese Situation und deren Auswirkungen für die Zukunft einig ist, dann haben wir die erste grundlegende Voraussetzung für eine konstruktive politische Diskussion erfüllt: Wir haben einen notwendigen Grundkonsens.

Grundkonsens ist der Ausgangspunkt für jede politische Auseinandersetzung, die zu einem Ergebnis führen soll. Wie sonst können sich Konfliktparteien einander nähern, wenn sie nicht einen gemeinsamen Nenner haben?

Aufbauend auf diesem Grundkonsens muß sich eine Nation den Konflikten stellen. Denn in einer pluralistischen Gesellschaft sind die Vorstellungen, wie die Probleme gelöst werden sollen, so verschieden wie die Menschen, die diese Gesellschaft ausmachen. Denn jeder hat aus Angst vor materiellen Verlusten nur Lösungsvorschläge, die seine persönliche Situation verbessern oder zumindest nicht verschlechtern.

Die Entscheidungsträger – unabhängig ob in Politik oder Wirtschaft – müssen die daraus entstehenden Konflikte und Konfrontationen wagen und durchstehen. Dies ist keine leichte Aufgabe, denn auch Entscheidungsträger haben ebenso – ganz menschlich – eine natürliche Scheu vor Veränderungen. Aber Leben ohne Risiko gibt es nicht.

Also muß man sich der Herausforderung stellen. Wenn man scheitert, braucht man sich wenigstens nicht vorwerfen zu lassen, daß man es nicht versucht hat. Resignieren und den Kopf in den Sand stecken ist weder eine Leistung noch eine Lösung.

Allerdings muß man zwischen politischer und wirtschaftlicher Konfliktlösung differenzieren. Die politische Problembewältigung ist um ein vielfaches komplexer als die wirtschaftliche. Auch in der Wirtschaft müssen Konzepte erarbeitet und umgesetzt werden. Dies ist kein einfacher Prozeß, wenn man nur einmal die Problematik von Entlassungen – einschließlich oft nicht zu vermeidender menschlicher Tragödien – sieht.

Aber einen guten Manager zeichnen eben nicht nur seine überzeugenden Konzepte aus, sondern vor allem seine Fähigkeit, sie auch konsequent durchzusetzen. Diese Umsetzung ist in der Wirtschaft einfacher als in der Politik, da die Entscheidungsstrukturen nicht so komplex sind und deshalb Veränderungen relativ schnell eingeleitet werden können.

Der politische Umsetzungsprozeß in einer parlamentarischen Demokratie hingegen ist langwierig und erweist sich meist als schwierig, da viele verschiedene Interessenvertreter an der Entscheidungsfindung beteiligt sind. Den größten Einfluß auf die Regierungspolitik hat – neben der eigenen Partei oder Fraktion – die institutionalisierte Opposition, deren Aufgaben Kontrolle und Kritik sind. Ihr Konfliktverhalten ist fester Bestandteil unseres politischen Systems.

Daneben gibt es Interessengruppen, Verbände und Lobbyisten, die ebenfalls Einfluß auf das politische Geschehen nehmen. Diese Interessenvertreter weisen die Politik auf die bestehenden Probleme hin und erfüllen damit zunächst eine wichtige Funktion. Aber sie werden zur Gefahr, wenn sie versuchen, ihr Individualinteresse zum Gesamtinteresse hochzustilisieren.

Sicher hat die auf Ausgleich bedachte Form der Konfliktbewältigung in der Bundesrepublik überwogen. Daher bezeichnet man Deutschland nicht selten als Konsensgesellschaft. Dieser Sozialkonsens, der zur innenpolitischen Stabilität beiträgt, hat das Land zu dem gemacht, was es heute ist: zu einer der führenden Industrienationen.

Aber wenn sich im Zuge der Entwicklung und der Globalisierung die Prämissen ändern, müssen die Parameter angepaßt werden.

Eine Gesellschaft, die auf Ausgleich bedacht ist, muß auf Dauer mit zweit- und drittbesten Lösungen vorliebnehmen, die die Probleme nicht wirklich lösen, sondern sie auf einen späteren Zeitpunkt verschieben. Solche Kompromißformeln haben in den vergangenen Jahren eine sich immer rascher beschleunigende Verfallszeit, so daß ständig nachgebessert werden muß. Und gerade auch deshalb sinkt das Vertrauen der Menschen in die Fähigkeit der Politik, Krisen zu bewältigen.

Heute ist eine Politik gefragt, die sich auf der Basis eines allgemein akzeptierten Grundkonsenses dem Konflikt stellt. Regierung und Opposition dürfen sich bei den wichtigen politischen Entscheidungen nicht gegenseitig blockieren, sondern müssen den Konflikt austragen.

Wenn die innenpolitischen Probleme erfolgreich gelöst werden, hat Deutschland weiterhin eine Chance im globalen Wettbewerb. Der Graben, der Erfolg von Mißerfolg trennt, ist schmal. Nur eine Regierung, die konsequent das Notwendige umsetzt, wird Erfolg haben. Zaudern gilt jetzt nicht mehr.

MARK WÖSSNER

Vom Nutzen gesellschaftlicher Reform

I.

Vor zwei Jahren versammelte Manfred Bissinger in der Folge von Roman Herzogs berühmt gewordener Berliner Rede in einem Buch »Stimmen gegen den Stillstand«. Ich habe damals gern mitgemacht und auf den *Gemeinsinn* als wichtige Quelle von nachhaltiger Innovation in Wirtschaft, Gesellschaft und Politik hingewiesen. Dabei habe ich die oft übergroßen Erwartungen an die Gestaltungsmöglichkeiten durch die Politik relativiert. Statt dessen betonte ich die Bedeutung des Engagements der einzelnen Bürger in Wirtschaft, Gesellschaft und erst dann auch in der Politik, ohne die kein Stillstand zu überwinden ist.

Heute möchte ich in meiner Antwort auf die Frage, »wie Deutschland regiert werden soll«, diesen Gedanken weiterführen. Dabei wird deutlich werden, daß ich die derzeitige tagespolitische Diskussion für viel zu kurzatmig halte. Wir sollten zur Beantwortung der Frage des vorliegenden Buches vielmehr tiefer bohren. Wie das in der Führung von Unternehmen jenseits der Fixierung auf den Shareholder Value völlig selbstverständlich ist, müssen auch in der Debatte über die Zukunft deutscher Politik längerfristige gesellschaftliche und ökonomische Trends und Entwicklungen mit einbezogen werden. Es ist wahr: Die Länge der Wahlperioden von Politikern prägt die Kurzatmigkeit mancher Denklinien im politischen Alltag – aber warum sollten wir dem auf den Leim gehen, statt die Sachverhalte gründlich zu analysieren und dann von höherer Warte beurteilen und treffsicherer gestalten zu können.

Die wichtigste Bündelung von gegenwärtigen Megatrends

liegt im Begriff der Globalisierung. Die Marginalisierung von ökonomischen Transferkosten und die technologische Revolution der Digitalisierung bewirken zusammen mit dem Fall der Mauern zwischen Ost und West vor 10 Jahren eine enorme Verschärfung des internationalen Wettbewerbs. Und es ist beileibe nicht nur ein ökonomischer Wettbewerb! Weil Unternehmen längst nicht mehr national definiert werden können, sondern weltweit agieren und sich gegen Konkurrenz behaupten müssen, stehen auch politische Ordnungen, die den Rahmen wirtschaftlichen Handelns bestimmen, im weltweiten Systemwettbewerb.

Nun bedeutet die Globalisierung mit ihren Folgen für die weltweite wirtschaftliche Arbeitsteilung zwar keineswegs notwendigerweise das Ende unseres Wohlstandes oder gar ein »Ende der Demokratie«, wie dies ein französischer Beobachter mit allerdings klugen Argumenten als Fanal an die Wand gemalt hat (J.-M. Guehenno). Aber sie bedeutet doch, daß wir an der Schwelle zum 21. Jahrhundert in vielen Bereichen neu ansetzen müssen. Bislang Bewährtes bedarf der Überprüfung, und wir müssen letztlich zu einer neuen, tragfähigen gesellschaftlichen Aufgabenteilung zwischen dem einzelnen und der Gemeinschaft, zwischen Bürger und Staat, zwischen Wirtschaft und Politik finden. Die überall, keineswegs nur in Deutschland, geführten Debatten um das »richtige« System von Sozialversicherungen, von Arbeits- und Wettbewerbsrecht sind alle vom weltweiten Standort-Wettbewerb geprägt. Auch hier gilt Gorbatschows Wort: »Wer zu spät kommt, den bestraft das Leben.«

Bis zum ersten Fanal der Ölkrise von 1974, aber im Grunde noch viel länger, glaubten die meisten, es könne immer so weitergehen mit hohem wirtschaftlichem Wachstum, stetig wachsendem »Wohlstand für alle« und einem Wohlfahrtsstaat, der aus seinem Füllhorn immer mehr materielle Vergünstigungen an breite Teile der Bevölkerung verteilt. Inzwischen ist nicht nur die Verheißung des Kommunismus mit dem Zusammenbruch des sowjetischen Imperiums verschwunden, sondern auch im Westen ist das »Goldene Zeitalter« (E. Hobsbawm) zu Ende gegangen. Massenarbeitslosigkeit einerseits sowie hohe Steuern, Sozialabgaben und überlastete Staatsfinanzen sind beunruhigende Krisensymptome.

Kaum ein wichtiger Politiker bestreitet die Notwendigkeit fundamentaler Umbauten im Bereich des Wohlfahrtsstaates, aber auch die von Deregulierung im Bereich der Wirtschaft. Denn die Prämissen des »Modells Deutschland«, das lange Zeit vorbildlich die wirtschaftliche Modernisierung mit dem sozialen Ausgleich verbunden hatte, stimmen nicht mehr. Nach der gewiß berechtigten Konzentration der letzten zehn Jahre deutscher Politik auf die großen außenpolitischen Herausforderungen seit 1989 und dem Glanzstück der gelungenen deutschen Wiedervereinigung stellen sich angesichts von 4 Millionen Arbeitslosen und dem zitierten weltweiten Standortwettbewerb nun die größten Zukunftsaufgaben in den wirtschafts-, steuer- und sozialpolitischen Bereichen, die in diesen letzten Jahren reformpolitisch zu kurz gekommen sind.

Nach dem Scheitern der Utopie des Versorgungsstaates in Ost *und* West geht es nun um neue Ansätze und Wege. Einige davon möchte ich im folgenden skizzieren. Dabei spreche ich sowohl als Unternehmer, der im weltweiten täglichen Wettbewerb zu stetiger Anpassung an Kundenwünsche und Marktgegebenheiten gezwungen ist, wie auch aus der Erfahrung der Bertelsmann Stiftung, die sich als Reformwerkstatt nunmehr seit mehr als einer Dekade mit Konzeptionen und Praxisprojekten der gesellschaftlichen Innovation widmet.

II.

Welche Chancen und Aufgaben können und müssen wir gemeinsam angehen? Ich möchte hier drei Perspektiven wählen, von denen aus sich die Notwendigkeit einer neuen Arbeitsteilung zwischen Politik, Wirtschaft und Gesellschaft ergibt.

Zunächst ein Blick auf den Bereich, der mit der Frage nach der »richtigen Regierung« zuallererst angesprochen ist: die Politik. Welche Rolle kann ihr zukommen in der Gestaltung unserer Zukunft? Wer behauptet, eine schlüssige Antwort auf das künftige Aufgabenfeld von Politik zu haben, dem sollte man mit Skepsis begegnen. Aber natürlich lassen sich die Trends beschreiben, mit denen Politik sich arrangieren muß, um erfolgreich zu sein.

Wesentlich sind hier zwei Dilemmata gegenwärtiger Politik. Erstens hat sich in Europa seit Kriegsende ein atemberaubender Integrationsprozeß vollzogen, der zugleich zu einer enormen Komplexität der politischen Systeme geführt hat. Politische Souveränität ist nicht mehr nur innerhalb der Staaten föderal gegliedert und im Sinne der klassischen Gewaltenteilung zwischen Parlament, Regierung, Justiz aufgeteilt. Vielmehr werden nach der oft angeführten Zahl heute 80 Prozent der neuen Regulierungen auf europäischer statt auf nationaler Ebene geschaffen. Positiv gewendet bedeutet dies, daß die Übermacht einzelner Ebenen fast ausgeschlossen ist; negativ bedeutet es die Gefahr von Intransparenz, von systembedingter »Verantwortungslosigkeit« – jeder schiebt dem anderen die Verantwortung für unliebsame Entscheidungen zu. Zweitens hat der oben beschriebene Standortwettbewerb zur Folge, daß die in der Nachkriegszeit immer stärker gestiegenen Staatsanteile am Bruttosozialprodukt nicht mehr haltbar sind. Damit schrumpft das Steuerungspotential von Politik im gegenwärtigen System ganz erheblich. Es ist ein Teufelskreis entstanden: Je stärker die Politik in wirtschaftliche und gesellschaftliche Abläufe eingreift, desto mehr entzieht sie den Bürgern die Mittel zu eigener, flexibler Behauptung im Wettbewerb – und desto mehr gefährdet sie die Stellung »nationaler« Unternehmen auf dem Weltmarkt. Schließlich vermindert sich so die Leistungsbereitschaft der immer stärker belasteten Eliten. Was tun?

Das »richtige« Regieren, das dieser Situation verminderten

politischen Steuerungspotentials entspricht, ist mehr und anderes als die landläufige Vorstellung von der Umsetzung politischer Programme und Wahlkampfankündigungen. So wie moderne Führung im Unternehmen statt zentralistischer Globalsteuerung bedeutet, kreatives Talent zu motivieren und alles auf eine optimale Nutzung von Ressourcen einzustimmen, so kommt der Politik zu, der Bürgergesellschaft einen Rahmen zu geben und sich auf den eigentlichen Kern staatlicher Aufgaben zu besinnen.

Von Thomas Jefferson ist der Satz überliefert, daß der am besten regiert, der am wenigsten regiert. Richtig angewandt, stimmt das noch heute: Führung, auch in der Politik, bedeutet Rahmensetzung, Ermöglichung freiheitlichen, eigenverantwortlichen Handelns und natürlich Sorge für die, die seiner Hilfe bedürfen.

Es wird für die Zukunft darauf ankommen, Innovation und Gerechtigkeit zu verbinden. Wir leben nicht auf einer Insel, sondern sind dem weltweiten Systemwettbewerb ausgesetzt. Alle staatssozialistischen Versuche, die Gesetze des Marktes außer Kraft zu setzen, sind gescheitert. Der gigantische Planungsaufwand riesiger Bürokratien hat sich als völlig untauglich erwiesen. »Von oben« läßt sich also weder eine effektive Wirtschaft organisieren noch eine gerechte Verteilung von Gütern. Wenn also der Markt, den fair zu ordnen Aufgabe der Politik ist, das effizienteste System zur Produktion von Waren und Dienstleistungen bester Qualität ist – warum auf ihn verzichten? In diesem Licht gilt es, alle staatlich und bürokratisch organisierten Systeme in Richtung auf größere Effizienz zu entwickeln. Das gilt für staatliche Hochschulen ebenso wie für Krankenhäuser und kommunale Verwaltungen, um nur drei konkrete Beispiele aus der Arbeit der Bertelsmann Stiftung zu nennen.

Wenn aber Effizienz im Sinne von Sparsamkeit und Effektivität die eine Seite der Medaille ist, dann ist soziale Gerechtigkeit die andere. Hier geht es nun darum, denen zu helfen, die selbst dazu nicht in der Lage sind. Subsidiarität und Solidarität sollten hierfür die beiden Kriterien sein. Einerseits sollte man immer nur insoweit in die eigenverantwortliche Lebensgestaltung eingreifen, wie dazu Notwendigkeit besteht – und andererseits kann eine freiheitliche Gesellschaft nur dann die Würde aller Bürger wahren, wenn denen geholfen wird, die der Hilfe bedürfen.

Wie dies im einzelnen sich vollzieht, kann hier nicht beschrieben werden. Das ist dann die Aufgabe der demokratisch legitimierten Politik, im Zusammenspiel mit den gesellschaftlichen Akteuren. Ein aktuelles Beispiel ist das vielgescholtene und vielgelobte Bündnis für Arbeit: Nicht auf das Ob kommt es an, sondern auf das Wie!

Natürlich sind mit Politik und Wirtschaft auch schon alle Bürgerinnen und Bürger angesprochen, die als Wähler, Arbeitnehmer, Unternehmer und in vielen anderen Rollen hier teilnehmen. Aber eine der aufregendsten »Entdeckungen« der politisch-gesellschaftlichen Diskussion dieser Jahre ist die *Bürgergesellschaft*.

Dies ist ein zwar vielbenutzter und wenig präzisierter Begriff, aber die Bertelsmann Stiftung hat in den vergangenen Jahren in ganz konkreten Projekten von der Gründung der ersten deutschen Stadt-Stiftung über Projekte mit bürgerorientierten Kommunen bis hin zu Analysen der Potentiale einer stärkeren Bürgerbeteiligung den Boden für eine neue Wirklichkeit mit bereiten helfen. Es ist die natürlich immer schon da gewesene, aber eben viel zu wenig öffentlich wahrgenommene und geförderte örtliche Lebenswelt der »kleinen Gemeinschaften«, der Vereine und Initiativen. Die Bürger betätigen sich dort nicht nur zur Freude an ihren Hobbys, sondern sie stärken den Gemeinsinn und tun damit viel für den Zusammenhalt und zugleich die kleinteilige Erneuerung der Gesellschaft.

Was in der Welt der Unternehmen in den letzten Jahrzehnten die Entwicklung weg von zentralistischen Strukturen hin zu eigenverantwortlichen kleinen Einheiten (profit center) gebracht hat, das findet nun seine Spiegelung in den kleinen Einheiten der Bürgergesellschaft. Es ist nicht übertrieben, hier die politisch-gesellschaftlichen »Pfadfinder des 21. Jahrhunderts« zu verorten und dies als Ausdruck der »kleinen Demokratie« vor Ort zu sehen, die neben die »große Demokratie« der Parlamente, Regierungen und Verwaltungen tritt. Über die Zukunft unserer Gesellschaften wird ganz wesentlich mit entschieden dadurch, wie es uns gelingt, Politik und Verwaltung nicht über die Köpfe hinweg zu betreiben, sondern die große Demokratie erfolgreich mit der kleinen Demokratie zu vernetzen.

III.

Ich möchte auch die Antwort auf den rhetorischen Gegensatz von Konsens und Konflikt nicht schuldig bleiben: Worauf es ankommt, ist die *Verbindung* von Konflikt und Konsens – das Gelingen einer von breiter Zustimmung getragenen Entwicklung in Deutschland, die uns auf den Weg zu einem erfolgreichen »Modell Deutschland« für das 21. Jahrhundert bringt.

So wie es nach dem Krieg gelang, durch großen Fleiß, kluge ordnungspolitische Weichenstellungen und sparsame Beschränkung der Ausgaben Massenwohlstand und soziale Gerechtigkeit zu verbinden, so kann es bei mutigem Verzicht auf unhaltbare Versprechungen und Erwartungen gelingen, tragfähige Strukturen für ein erfolgreiches Bestehen im globalisierten Wettbewerb des 21. Jahrhunderts aufzubauen. So verstanden, ist die unverzichtbare Austragung von Interessenkonflikten geradezu Voraussetzung für einen künftigen gesellschaftlichen Konsens. Wir brauchen einen stabilen und schlanken staatlichen Rahmen, wir brauchen Anreize für unternehmerisches Handeln, und wir müssen dadurch die Grundlage schaffen für eine erfolgreiche Meisterung künftiger Herausforderungen. Dann ist mir nicht bange um unsere Zukunft!

KLAUS ZWICKEL

Soviel Konflikt wie nötig, soviel Konsens wie möglich

Vielleicht wird es manchen überraschen, wenn ich zu Beginn feststelle: Die Deutschen Gewerkschaften (und das gilt auch für die IG Metall) sind in ihrem Handeln und Wirken überwiegend konsensorientiert. Diese Behauptung widerspricht sicher in weiten Teilen dem Bild, das die Öffentlichkeit von den Gewerkschaften hat. Wenn von Gewerkschaften die Rede ist, dann meist im Zusammenhang mit Tarifauseinandersetzungen, verbunden mit Arbeitskämpfen oder Demonstrationen und öffentlichen Auftritten, in denen sehr pointiert und zugespitzt die jeweilige Position vertreten wird. Dies ist aber nur ein schmaler Ausschnitt gewerkschaftlicher Aktivität. Genauso wichtig, wenn nicht sogar bedeutsamer, ist die täglich tausendfach erfolgreiche Praxis, anstehende Probleme im Gespräch, in Verhandlungen oder als Berater von Betriebsräten im Konsens mit der jeweiligen anderen Seite sachgerechten Lösungen zuzuführen. Aus Meinungsumfragen wissen wir, daß genau diese Mischung aus aktiver und konfliktorientierter Auseinandersetzung einerseits und sachgerechter und konsensorientierter Lösungssuche andererseits das ist, was sowohl die Mitglieder wie auch die Arbeitnehmer und Arbeitnehmerinnen generell von ihrer Gewerkschaft erwarten. Verantwortliche Führung und politische Erfahrungen legen es deshalb nahe, erst einmal Konsenschancen auszuloten, bevor Konfliktwege beschritten werden. Allerdings spricht die gewerkschaftliche Erfahrung auch dafür, daß sich dann Konsenslösungen um so eher erreichen lassen, wenn die Konfliktbereitschaft und die Konfliktfähigkeit außer Frage steht.

Genauso wie jede gewerkschaftliche Aktivität zunächst als ein auf Konsens ausgerichtetes Handeln angelegt ist, habe ich die Erwartung, daß dies für alle handelnden Akteure auf der politischen Bühne Grundlage ihres Handelns ist. Die Menschen erwarten von der Politik Lösungen für die sie bedrängenden Fragen und keinen Streit um des Streites willen.

Was die Leute am meisten bedrückt, ist die verfestigte Massenarbeitslosigkeit in Deutschland. Ich bin fest davon überzeugt, daß unsere Gesellschaft gut beraten ist, den Versuch zu unternehmen, diese Herausforderung im Konsens zu lösen. So ist auch mein Vorschlag schon an die Vorgänger-Regierung, ein »Bündnis für Arbeit« zu schließen, zu verstehen. Der erste Anlauf ist gescheitert. Er mußte scheitern, weil Helmut Kohl und seine Regierung nach gewonnenen Landtagswahlen offensichtlich der Auffassung waren, die Zustimmung zu ihrer Politik wäre so groß, daß auf die Mitarbeit der Gewerkschaften an der Problemlösung verzichtet werden könnte. In der Rückschau stelle ich fest, der Bruch des Bündnisses für Arbeit durch die damalige Bundesregierung war der Anfang vom Ende der Regierungszeit von Helmut Kohl. Es hat sich an diesem Beispiel deutlich gezeigt, in rücksichtsloser Konfrontation gegen die organisierten Arbeitnehmerinnen und Arbeitnehmer läßt sich in Deutschland auf längere Sicht keine politische und gesellschaftliche Mehrheit organisieren. An diesem Beispiel kann die Politik folgendes lernen:

- Es gibt Themen, die sind von so grundlegender Bedeutung, daß es eine Frage der politischen Klugheit ist, Übereinstimmung mit den großen gesellschaftlichen Gruppen und ihren Repräsentanten zu suchen und über diesen Weg auch die parlamentarische Opposition mit einzubinden.
- Es darf zu keinen Unklarheiten mit Blick auf die Verantwortung kommen. Im Gegenteil, die Regierung muß klar und eindeutig ihre Ziele formulieren. Dabei ist es von entscheidender Bedeutung, ob das Streben nach sozialer Ge-

rechtigkeit oder der Shareholder Value im Zentrum der Politik stehen.

- Der Weg, auf dem das formulierte Ziel erreicht werden soll, muß prinzipiell offen sein, um die Suche nach Konsens nicht zur puren Alibiveranstaltung zu degradieren, sondern mit Substanz und Inhalt zu füllen. Der Prozeß der Konsenssuche muß im Prinzip so angelegt sein, daß jeder, der aussteigen will, in Legitimationszwänge kommt.

Der föderale Aufbau der Bundesrepublik bringt es mit sich, daß die politischen Mehrheitsverhältnisse von Bundesland zu Bundesland und Kommune zu Kommune sehr unterschiedlich sein können. Mehrheiten, zum Beispiel im Bundesrat, können im Laufe einer Legislaturperiode einer Bundesregierung durchaus einem grundlegenden Wandel unterliegen. Auch dies spricht dafür, große politische Vorhaben möglichst breit abzusichern.

Konsenssuche darf aber nicht um den Preis der Konturenlosigkeit der eigenen Politik erfolgen. Die jetzige Bundesregierung hat einen klaren Wählerauftrag. Die alte Bundesregierung wurde abgewählt, weil sie das Gebot der sozialen Gerechtigkeit sträflich mißachtet und Wirtschaftsinteressen einseitig Vorrang eingeräumt hat. Die mit dem Regierungswechsel verbundenen Erwartungen zu enttäuschen wäre gleichbedeutend mit der bewußten Inkaufnahme des Verlustes der eigenen gesellschaftlichen Basis.

Fazit: Ich fürchte, die gestellte Frage läßt sich nur mit einem »unzweideutigen Sowohl-Als-auch« beantworten. Eine nur am Konsens orientierte Politik ist genauso zum Scheitern verurteilt wie ein einseitig ausschließlich konfliktorientiertes Politikverständnis. Die Bundesrepublik Deutschland ist seit ihrer Gründung im Kern eine auf Konsens ausgerichtete Gesellschaft. Mitbestimmung, Betriebsverfassungsgesetz, Selbstverwaltung der Sozialversicherung und die Tarifautonomie sind gute Beispiele dafür, daß unser Land damit nicht schlecht gefahren ist; wobei der Konsens im Prinzip den Streit oder den

Streik im Einzelfall nicht nur nicht ausschließt, sondern ausdrücklich beinhaltet.

Wenn ich mir manche Entwicklung in Teilen des Arbeitgeberlagers, insbesondere beim BDI ansehe, dann habe ich den Eindruck, da soll ein neuer Weg eingeschlagen werden. Die Aggressivität, mit der schon unter Helmut Kohl und jetzt erst recht nach dem Regierungswechsel die Partikularinteressen der Arbeitgeber mit dem Gemeinwohl gleichgesetzt werden, läßt jedes Maß und Ziel vermissen. Es ist der Arbeitgeberseite dringend anzuraten, die Wahlentscheidung der Bürgerinnen und Bürger nicht nur formal zu akzeptieren, sondern auch die Bereitschaft zur tatsächlichen Zusammenarbeit unter Beweis zu stellen.

Wer heute in diesem Zusammenhang von »Konsenssoße« faselt und offensichtlich dafür eintritt, einen scharfen Konfliktkurs zu steuern, hat nicht begriffen, welche schöpferischen Produktivkräfte sich in einem ausgewogenen gesellschaftlichen Klima entfalten können.

Ich bin fest davon überzeugt, daß es unserem Gemeinwesen am besten bekommt, wenn es uns gelingt, jenseits aller Gegensätze immer dann die Kraft und Stärke zur Zusammenarbeit aufzubringen, wenn es darum geht, grundlegende Entscheidungen für unser Land zu treffen.

Für die IG Metall kann ich erklären, wir sind dazu bereit.

Anhang

Manfred Güllner

Konsens oder Konflikt: Was die Bürger denken

1. Einleitung

Gesellschaftliche und politische Probleme können seit jeher auf zwei verschiedene Weisen gelöst werden: Entweder wird versucht, möglichst viele gesellschaftliche Gruppen im Konsens auf ein gemeinsames Ziel (»Allgemeinwohl«) hin zu orientieren, oder die unterschiedlichen Interessen der einzelnen Gruppen innerhalb einer Gesellschaft werden kompromißlos verfochten. Im letzteren »Konfliktmodell« setzen sich dann die Gruppen oder Bündnisse von Gruppen durch, die die Mehrheit hinter sich bringen. Die Interessen der in der Minderheit befindlichen Gruppen finden dabei keine Berücksichtigung.

Dabei findet sich in den wenigsten Gesellschaften ein reines Konsens- bzw. Konfliktmodell. Vielmehr werden Lösungen von Problemen auf unterschiedliche Weisen – mal im Konsens, mal im Konflikt – gesucht. So ist auch das gegenwärtige politische und gesellschaftliche System des wiedervereinigten Deutschlands sowohl von Konsens-, als auch von Konfliktmodellen geprägt. Die kommunale Politikebene war zum Beispiel über viele Jahre hinweg eher ein Konsensmodell: In den kommunalen Parlamenten gab es weniger ideologische Trennungslinien, vielmehr war man um einen Interessenausgleich zwischen den verschiedenen Gruppen und regionalen Einheiten innerhalb einer Gemeinde oder Stadt bemüht. Erst in den vergangenen Jahren wurde in einigen größeren Städten dieses Konsensmodell durch ein Konfliktmodell abgelöst – allerdings mit eher negativen Folgen im Hinblick auf die Partizipation der Bürger (sinkende Wahlbeteiligung).

Umgekehrt wurden auf der Ebene der »großen Politik« eher ideologische Trennungslinien zwischen Parteien und Gruppen aufgebaut – um dann doch wieder zu Modellen zu gelangen, in denen auf dem Konsensweg Kompromisse gefunden wurden (zum Beispiel im Verhältnis Bundestag und Bundesrat). Das von der neuen Bundesregierung wieder initiierte »Bündnis für Arbeit« ist ebenfalls ein Versuch, ein Konsensmodell zur Lösung von Problemen zu institutionalisieren.

Wie stehen die Menschen nun zu den unterschiedlichen Modellen, die in der politischen Theorie diskutiert und in der politischen Realität praktiziert werden? Möchten sie in der Gesellschaft von heute mehr Konsens oder mehr Konflikt?

Bevor diese Frage beantwortet wird, wird zunächst ermittelt, welche Reformbereitschaft bei den Menschen in Deutschland vorzufinden ist, welche Bereiche nach Meinung der Bürger bei den Reformen Vorrang haben sollten, welche Einschränkungen die Bürger selbst für sich akzeptieren würden und welchen Einfluß sie verschiedenen gesellschaftlichen Bereichen und Gruppen beimessen.

2. Reformbereitschaft

Zunächst sollte herausgefunden werden, wie groß die Menschen den »Reformstau« in Deutschland einschätzen. Halten sie eine umfassende Modernisierung von Staat und Gesellschaft für erforderlich, oder herrscht die Meinung vor, mit kleinen »Reparaturarbeiten« könne man sich begnügen?

Es zeigt sich, daß über zwei Drittel aller Bürger im wiedervereinigten Deutschland eine umfassende Modernisierung von Staat und Gesellschaft für erforderlich halten, um die gegenwärtigen Probleme bewältigen zu können. Nur ein Fünftel hält Reformen in Staat und Gesellschaft für nicht notwendig.

Die Einschätzungen der Ost- und Westdeutschen unterscheiden sich in dieser Frage nicht; d. h. bei allen noch durchaus vorfindbaren unterschiedlichen Befindlichkeiten hat sich im Hinblick auf die Beurteilung der gegenwärtigen gesellschaftlichen Lage zehn Jahre nach der Wiedervereinigung eine weitgehende Übereinstimmung eingestellt.

Die jüngeren Bürgerinnen und Bürger sind etwas reformfreudiger als die älteren. Unterschiede zeigen sich auch bei den Anhängerschaften der einzelnen Parteien: Am reformfreudigsten sind die Anhänger der SPD, gefolgt von denen der FDP und der Union. Demgegenüber ist die Reformbereitschaft bei den Anhängern der PDS und der Grünen weniger stark ausgeprägt.

Reformbereitschaft

		Die gegenwärtigen Probleme in Deutschland können nur durch eine umfassende Modernisierung von Staat und Gesellschaft bewältigt werden		
		ja %	nein %	weiß nicht %
insgesamt		69	21	10
Ost		70	18	12
West		69	21	10
unter 30jährige		77	15	8
30- bis 44jährige		72	20	8
45- bis 59jährige		70	23	7
60 Jahre und älter		63	23	14
Anhänger der:	SPD	81	14	5
	Grünen	58	38	4
	CDU/CSU	70	20	10
	FDP	76	22	2
	PDS	63	16	21

Von den Bürgern wird ein »Reformstau« empfunden. In welchen Bereichen aber halten die Bürger vorrangig Reformen für erforderlich? Der »Reformstau« wird offenbar als so groß empfunden, daß sich keine klaren Prioritäten herausbilden; vielmehr werden in den meisten Politik- und Aufgabenfeldern Reformen für wichtig oder gar sehr wichtig gehalten.

So erwarten die Bürger eine Änderung auf dem Arbeitsmarkt, aber auch Reformen beim Steuer- und Rentensystem sowie beim Gesundheitswesen. In Staat und Verwaltung, der Energiewirtschaft und im Subventionswesen werden ebenfalls Veränderungen für unerläßlich gehalten.

Reformbereitschaft

	Reformen sind	
	wichtig oder sehr wichtig %	weniger*) wichtig %
auf dem Arbeitsmarkt	87	5
beim Steuersystem	83	10
beim Rentensystem	79	14
im Gesundheitswesen	79	15
in Staat und Verwaltung	72	21
in der Energiewirtschaft	65	26
im Subventionswesen	58	28

*) an 100 Prozent fehlende Angaben = »weiß nicht«

Während die generelle Reformbereitschaft bei den jüngeren Bürgern etwas höher ist als bei den älteren, zeigt sich bei den einzelnen Politikfeldern ein differenzierteres Muster: Reformen auf dem Sektor des Arbeitsmarktes, des Steuer- und Rentensystems halten die Jüngeren eher für erforderlich als die Älteren; Reformen des Gesundheitswesens, des Staates und der Verwaltung sowie der Energiewirtschaft halten hingegen die Altersgruppen der 45- bis 59jährigen bzw. der über 60 Jahre alten für dringender als die jüngeren.

Die Reformerwartungen der Anhänger der SPD und der CDU/CSU unterscheiden sich nur in Nuancen. Trotz der heftigen politischen Kontroversen zwischen SPD und Union herrscht hinsichtlich der Einschätzung der Reformnotwendigkeit zwischen den Anhängern beider Parteien kein Dissens, Unterschiede finden sich hingegen zwischen den Anhängern der jetzigen Koalitionspartner SPD und Grüne: SPD-Anhänger befürworten eher als Anhänger der Grünen Reformen auf dem Arbeitsmarkt und beim Steuersystem. Die Anhänger der Grünen erwarten hingegen deutlich häufiger als Anhänger der SPD Erneuerungen im Bereich des Staates und der Verwaltung, bei der Energiewirtschaft und im Bereich der Subventionen.

Reformbereitschaft und Alter

Reformen sind wichtig oder sehr wichtig	insgesamt %	unter 30j. %	30- bis 44j. %	45- bis 59j. %	60 Jahre und älter %
auf dem Arbeitsmarkt	87	95	90	85	81
beim Steuersystem	83	86	87	91	75
beim Rentensystem	79	86	87	82	68
im Gesundheitswesen	79	79	83	84	73
in Staat und Verwaltung	72	67	76	79	70
in der Energiewirtschaft	65	63	69	72	63
im Subventionswesen	58	53	63	57	62

Die Anhänger der FDP sehen in fast allen Aufgaben- und Politikfeldern weniger Reformbedarf als Anhänger der Union, der SPD und der Grünen.

Die Anhänger der PDS halten Reformen im Bereich des Arbeitsmarktes, des Rentensystems sowie des Gesundheitswesens für weniger dringend als die Anhänger der beiden großen Parteien und der Grünen.

Reformbereitschaft und Parteipräferenzen

		Anhänger der				
Reformen sind wichtig oder sehr wichtig	insg. %	SPD %	Grünen %	CDU/CSU %	FDP %	PDS %
auf dem Arbeitsmarkt	87	88	81	89	89	68
beim Steuersystem	83	90	84	87	83	86
beim Rentensystem	79	82	81	85	67	66
im Gesundheitswesen	79	80	83	81	76	59
in Staat und Verwaltung	72	72	87	77	67	74
in der Energiewirtschaft	65	69	91	64	57	63
im Subventionswesen	58	64	86	59	49	62

Die Bürger sehen nach den bisher dargestellten Befunden in ihrer großen Mehrheit sehr klar die Notwendigkeit weitgehender Reformen. Veränderungen muß es dabei – nach Einschätzung der Menschen – nicht nur in einigen, sondern im Grunde in fast allen gesellschaftlichen, politischen und ökonomischen Bereichen geben.

Wer aber hat nach Meinung der Bürger derzeit den größten Einfluß; wer könnte also die als notwendig erachteten Reformen am ehesten durchsetzen?

Dies wird im nachfolgenden untersucht.

3. Wer hat Einfluß?

Bei der Frage nach dem Grad des Einflusses einzelner Institutionen auf gesellschaftliche Strukturen und Prozesse werden Staat und Politik von einer großen Mehrheit der Bürger als einflußreich eingestuft.

Ein noch größerer Einfluß als von Politik und Staat geht allerdings nach Meinung der Bürger von der Wirtschaft aus.

Deutlich geringer wird demgegenüber der Einfluß einzelner Interessenvertretungen (wie Gewerkschaften, Verbände oder Kirchen) eingeschätzt.

Einschätzung des Einflusses einzelner Institutionen

	Der Einfluß ist	
	groß oder sehr groß %	weniger*) groß %
Wirtschaft	87	6
Politik	75	20
Staat	70	23
Gewerkschaften	31	62
Interessengruppen und Verbände	22	69
Kirchen	15	79

*) an 100 Prozent fehlende Angaben = »weiß nicht«

Diese Einschätzungen über die Verteilung der gesellschaftlichen Macht unterscheiden sich zwischen Ost- und Westdeutschen: Ostdeutsche schätzen den Einfluß der Wirtschaft noch größer ein als die Westdeutschen. Die Bürger in Westdeutschland glauben hingegen in stärkerem Maße als die ostdeutschen Bürger, daß die Politik, der Staat, die Gewerkschaften und die Interessenverbände Einfluß auf die gesellschaftlichen Vorgänge ausüben.

Einschätzung des Einflusses von Institutionen in Ost- und Westdeutschland

Der Einfluß ist groß oder sehr groß von	Ost %	West %
Wirtschaft	91	86
Politik	68	76
Staat	61	73
Gewerkschaften	20	34
Interessengruppen und Verbände	17	23
Kirchen	14	15

Bemerkenswert ist, daß trotz aller Unterschiede in ideologischen Positionen bei Anhängern der Union und der SPD der Einflußgrad der verschiedensten gesellschaftlichen Institutionen weitgehend ähnlich eingeschätzt wird. SPD-Anhänger glauben lediglich häufiger als Anhänger der Union, daß die einzelnen Interessengruppen einen großen Einfluß ausüben.

Die Meinungen der Anhänger der kleineren Parteien unterscheiden sich zum Teil deutlich von denen der beiden großen Parteien. So schätzen Anhänger der Grünen und zum Teil auch die der FDP die Einflüsse der Wirtschaft, der Politik und des Staates als größer ein als die Anhänger von SPD und Union. Die Einflüsse der Gewerkschaften und der Interessenverbände werden von Anhängern der Grünen als geringer eingeschätzt als von Anhängern der beiden großen Parteien und vor allem als von Anhängern der FDP.

Den Einfluß der Kirchen empfinden Anhänger der Grünen

und der FDP gleichermaßen nicht so groß wie die Anhänger der anderen Parteien.

Die Anhänger der PDS schätzen den Einfluß von Politik, Staat, Gewerkschaften und Interessengruppen auf die gesellschaftlichen Vorgänge deutlich geringer ein als die Anhänger aller anderen Parteien.

Einschätzung des Einflusses von Institutionen und Parteipräferenz

	Anhänger der				
Der Einfluß ist groß oder sehr groß von	SPD %	Grünen %	CDU/CSU %	FDP %	PDS %
Wirtschaft	88	98	89	89	94
Politik	78	87	79	76	54
Staat	71	85	73	87	39
Gewerkschaften	35	11	37	43	13
Interessengruppen und Verbänden	33	27	17	44	17
Kirchen	14	8	17	6	15

Insgesamt zeigt sich, daß die Bürger den Staat, die Politik und die Wirtschaft als diejenigen gesellschaftlichen Segmente ansehen, die den größten Einfluß haben und von denen demgemäß auch der größte Druck ausgehen müßte, um die notwendigen Reformen voranzubringen.

4. Individuelle Verzichtbereitschaft

Die Reformbereitschaft der Deutschen ist gegenwärtig sehr hoch, auch wenn die für notwendig erachtete Modernisierung von Staat und Gesellschaft zu Einschränkungen und Kürzungen bisheriger Leistungen führen wird.

In welchem Maße aber sehen die Bürger nicht nur die abstrakte Notwendigkeit von Reformen, sondern inwieweit sind sie auch bereit, tatsächliche Einschränkungen oder Kürzungen hinzunehmen, die ihre individuelle Lebenssituation tangieren.

Rund die Hälfte aller Bürgerinnen und Bürger im wiedervereinigten Deutschland wäre bereit, z.B. im Sozial- oder Gesundheitssystem Einschränkungen bisheriger Leistungen hinzunehmen. Zwei Fünftel aller Bürger sind dazu konkret nicht bereit.

Zum Verzicht sind die Westdeutschen eher bereit als die Ostdeutschen; die mittleren und leitenden Angestellten sowie die Beamten und Selbständigen eher als die einfachen Angestellten und die Arbeiter. Die Verzichtbereitschaft hängt außerdem mit der Höhe des Einkommens zusammen: Bürger mit höherem Einkommen sind eher zum Verzicht bereit als Bürger mit niedrigerem Einkommen.

Individuelle Verzichtbereitschaft

	Einschränkungen bisheriger Leistungen (z. B. im Sozial- oder Gesundheitssystem) würden akzeptieren, wenn dadurch eine Modernisierung des Staates und der Gesellschaft erreicht würde		
	ja %	nein %	weiß nicht %
insgesamt	51	40	9
Ost	45	50	5
West	52	37	11
Arbeiter	36	50	14
einfache Angestellte	37	45	18
mittlere Angestellte	54	41	5
leitende Angestellte	62	31	7
Beamte	86	11	3
Selbständige	63	27	10
Haushaltsnettoeinkommen			
unter DM 2500	36	54	10
DM 2500 bis 3500	40	49	11
DM 3500 bis 4500	60	35	5
DM 4500 und mehr	65	30	5

Untersucht wurde weiterhin, in welchen Bereichen die Bürger persönliche Einschränkungen für möglich halten.

Am ehesten sind Einschränkungen nach eigener Einschätzung der Menschen möglich bei größeren Anschaffungen, bei der Kleidung, bei der Ernährung sowie beim Urlaub und bei den Reisen. Bemerkenswert ist dabei, daß die Verzichtbereitschaft bei den Urlaubsreisen geringer ist als bei den Anschaffungen, der Kleidung oder der Ernährung.

Wenig Einschränkungsmöglichkeiten sehen die Bundesbürger derzeit bei der Gesundheitsvorsorge, der Altersversorgung und – soweit sie davon betroffen sind – der Kindererziehung.

Einschränkungsmöglichkeiten

	Es sind Einschränkungen möglich	
	ja %	nein*) %
bei größeren Anschaffungen	70	26
bei Kleidung	68	28
bei der Ernährung	60	36
bei Urlaub und Reisen	56	39
bei der Gesundheitsvorsorge	33	63
bei der Altersversorgung	28	64
bei der Kindererziehung	20	56

*) an 100 Prozent fehlende Angaben = »weiß nicht« oder »nichtbetroffen«

Ob sich der Einzelne einschränken kann oder nicht, hängt in erster Linie von der Höhe des Einkommens ab. So können sich – mit Ausnahme der Kindererziehung – Bezieher niedrigerer Haushaltseinkommen generell weniger einschränken als Bezieher höherer Einkommen.

Einschränkungsmöglichkeiten und Einkommen

Es sind **keine** Einschränkungen möglich bei	insg. %	Haushaltsnettoeinkommen unter DM 2400 %	 DM 2500 bis 3500 %	 DM 3500 bis 4500 %	 DM 4500 und mehr %
größeren Anschaffungen	26	41	27	22	16
Kleidung	28	38	27	30	21
der Ernährung	36	42	39	42	27
Urlaub und Reisen	39	51	31	44	30
der Gesundheitsvorsorge	63	70	65	62	63
der Altersversorgung	64	77	63	60	65
der Kindererziehung	56	56	54	45	66

Jemand, dessen privates Budget schon heute weitgehend belastet ist, könnte also – bei aller Akzeptanz von notwendigen Reformen – keine weiteren persönlichen Opfer bringen.

Die unterschiedliche Einschätzung der Einschränkungsmöglichkeiten in den einzelnen Berufsgruppen korreliert weitgehend mit der Einkommenssituation. Von daher sind die Einschränkungsmöglichkeiten der Arbeiter (als Gruppe mit eher niedrigerem Einkommen) in vielen Lebensbereichen geringer als die der anderen Berufsgruppen.

Die geringsten Einsparmöglichkeiten sehen allerdings die aus dem Erwerbsleben ausgeschiedenen Rentner, deren Bezüge in der Regel unter denen der Erwerbstätigen liegen.

Einschränkungsmöglichkeiten und Stellung im Beruf

Es sind **keine** Einschränkungen möglich bei	insg. %	Arbeiter %	einf. Angestellte %	mittl. Angestellte %	leit. Angestellte %	Beamte %	Selbständige %	Rentner %
größeren Anschaffungen	26	25	25	15	23	17	16	39
Kleidung	28	39	20	20	24	41	26	32
Ernährung	36	46	32	30	34	29	27	42
Urlaub und Reisen	39	52	34	27	32	40	49	42
Gesundheitsversorgung	63	69	59	54	68	68	59	69
Altersvorsorge	64	65	75	58	75	61	66	69
Kindererziehung	56	50	43	52	72	72	57	52

Diese Befunde zeigen, daß trotz aller grundsätzlichen Bejahung von Reformen die Belastbarkeit bestimmter Gruppen der Bevölkerung schon erreicht sein dürfte und nicht mehr weiter strapaziert werden kann, wenn nicht größere soziale Konflikte provoziert werden sollen.

Inwieweit die Bürger überhaupt eine Verschärfung von sozialen Spannungen innerhalb der Gesellschaft befürchten, wenn die als notwendig angesehenen Veränderungen in Staat und Gesellschaft zu schmerzhaften Einschnitten führen, soll im folgenden untersucht werden.

5. Erwartete Konflikte bei Reformen

Falls es bei den notwendigen gesellschaftlichen Reformen zu schmerzhaften Einschnitten für den Einzelnen kommen sollte, dann erwarten zwei Drittel große Konflikte zwischen den einzelnen gesellschaftlichen Gruppen. Nur ein Viertel meint, daß es auch bei schmerzhaften Einschnitten nicht zu allzu großen sozialen Spannungen in der Gesellschaft kommen werde.

Große Konflikte erwarten in überdurchschnittlichem Maße die Ostdeutschen (hier insbesondere die PDS-Anhänger), die Anhänger der Grünen sowie diejenigen, die selbst keinerlei individuelle Einschränkungen hinnehmen können oder wollen.

Konflikte bei Reformen?

	Falls es bei den notwendigen Reformen zu schmerzhaften Einschnitten kommt, erwarten	
	große Konflikte zwischen den einzelnen gesellschaftlichen Gruppen %	keine allzu großen sozialen Spannungen*) %
insgesamt	67	26
Ost	73	20
West	66	26
Anhänger der: SPD	68	24
Grünen	82	17
CDU/CSU	60	33
FDP	70	29
PDS	94	2
Akzeptanz von Kürzungen:		
ja	67	30
nein	73	19

*) an 100 Prozent fehlende Angaben = »weiß nicht«

An diesen Ergebnissen wird die Gratwanderung deutlich, die diejenigen gehen müssen, die Staat und Gesellschaft in Deutschland erneuern wollen (und müssen): Bei aller Einsicht in die Notwendigkeit derartiger Reformen ist die Belastbarkeit der einzelnen Bürger nicht unbegrenzt. Eine Verschärfung sozialer Spannungen ist von daher schnell möglich.

Bevor die Frage wieder aufgegriffen wird, ob die Deutschen an der Schwelle des nächsten Jahrtausends eher Problemlösungen im Konsens oder Konflikt angehen wollen, soll noch kurz dargestellt werden, wer – unabhängig von der generellen Reformbereitschaft – auch individuellen Veränderungen gegenüber aufgeschlossen ist.

6. Individuelle »Risikobereitschaft«

45 Prozent aller Bundesbürger sagen von sich selbst, sie würden gerne einmal etwas Neues wagen. 27 Prozent schätzen sich selbst so ein, daß sie eher an Altem und Bewährtem festhalten. 24 Prozent schätzen sich als »Misch-Typen« ein, die manchmal etwas Neues wagen würden, andererseits oft aber eher etwas beharrend sind und am Gewohnten festhalten wollen.

Unterschiede zwischen West- und Ostdeutschen hinsichtlich der individuellen Risikobereitschaft lassen sich nicht finden.

Jüngere – und zum Teil damit korrespondierend – schulisch besser Gebildete, sind eher bereit, neue Wege zu gehen, als ältere und schulisch nicht so gut Gebildete.

Die geringste individuelle »Risikofreudigkeit« findet sich bei Anhängern der Union. Dies dürfte mit der spezifischen Altersstruktur der Wähler der CDU/CSU zusammenhängen.

Anhänger der SPD sind im Vergleich zu Anhängern der Grünen und der PDS eher bereit, auch als Person neue Wege zu gehen. Am risikofreudigsten sind die FDP-Anhänger. Dies dürfte damit zusammenhängen, daß FDP-Anhänger eher den mittleren und oberen sozialen Schichten zuzuordnen sind.

Individuelle »Risikobereitschaft«

	Es zählen sich zu denen, die		
	gerne einmal etwas Neues wagen %	an Altem und Bewährtem festhalten %	kommt darauf*) an; teils/teils %
insgesamt	45	27	24
Ost	45	27	24
West	45	27	24
unter 30jährige	61	11	27
30- bis 44jährige	52	23	23
45- bis 59jährige	40	33	25
60 Jahre und älter	31	41	25
Hauptschule	36	37	24
mittlerer Abschluß	42	31	26
Abitur, Studium	56	17	26
Anhänger der: SPD	57	22	18
Grünen	52	22	26
CDU/CSU	42	36	21
FDP	62	2	34
PDS	51	24	25

*) an 100 Prozent fehlende Angaben = »weiß nicht«

7. Konflikt oder Konsens?

Die Einsicht in die Notwendigkeit von Reformen in Staat und Gesellschaft ist vorhanden. Sofern möglich, sind die Bürger auch zu persönlichen Opfern bereit. Allerdings sind soziale Spannungen zu befürchten, wenn die Reformen zu zu großen Einschnitten für den Einzelnen führen sollten. Von Staat, Politik und Wirtschaft wird erwartet, mit den notwendigen Veränderungen möglichst ohne allzu große soziale Spannungen zu beginnen.

Wie aber soll dieser Weg aussehen? Sollen die verschiedenen Interessengruppen versuchen, einen für alle mitzutragenden Konsens zu finden, oder sollten die Interessenkonflikte so lange ausgetragen werden, bis sich eine Mehrheit gegen die Minderheit durchsetzt?

Gefragt wurden die Bürger, ob die Modernisierung von Staat und Gesellschaft eher dadurch erreicht werden solle, daß alle wichtigen gesellschaftlichen Gruppen an einem Strang ziehen oder ob die vorhandenen Interessengegensätze offen und hart ausgetragen werden sollten. 62 Prozent aller Bürger sind eher konsens-, 21 Prozent eher konfliktorientiert.

Die Meinungen der Ost- und Westdeutschen unterscheiden sich nur in Nuancen. Dies gilt ebenfalls für die Anhänger der einzelnen Parteien – mit Ausnahme der Grünen, die in ihrer Mehrheit eher konfliktorientiert sind.

Modernisierung durch Konflikt oder Konsens?

		Die Modernisierung von Staat und Gesellschaft sollte dadurch erreicht werden, daß	
		alle wichtigen gesellschaftlichen Gruppen an »einem Strang ziehen« %	Interessengegensätze offen und hart ausgetragen werden*) %
insgesamt		62	21
Ost		65	21
West		61	21
Anhänger der:	SPD	63	19
	Grünen	42	54
	CDU/CSU	67	18
	FDP	77	19
	PDS	56	36

*) an 100 Prozent fehlende Angaben = »weiß nicht«

Aber selbst bei denen, die ein eher konfliktorientiertes Gesellschaftsbild haben, wird erwartet, daß über die einzelnen Reformschritte der Staat oder die Politik entscheidet. Bei aller Konfliktfreude: Letztendlich soll doch der Staat wieder konsensbildend wirken.

Entscheidungen über einzelne Reformschritte*)

Über die einzelnen Reformschritte sollte letztendlich entscheiden	insg.**) %	Ost %	West %
der Staat	40	38	41
die Politik	35	39	33
die Wirtschaft	14	24	12
sonstige Institutionen	18	9	21

*) Basis: Diejenigen, die für eine Austragung von Interessengegensätzen sind
**) Prozentsumme größer 100, da Mehrfachnennungen möglich

Die bisherigen Befunde werden bestätigt, wenn man noch einmal direkt nachfragt, ob denn die Gesellschaft alles in allem eher durch Konsens oder eher durch Konflikt geprägt sein sollte. Rund zwei Drittel der Deutschen bevorzugen eher ein Konsens- und kein Konfliktmodell.

Konflikt oder Konsens?

	Die Gesellschaft sollte alles in allem eher geprägt sein durch		
	Konsens %	Konflikt %	teils/teils*) %
insgesamt	68	12	14
Ost	64	15	13
West	69	12	14
Anhänger der: SPD	69	13	13
Grünen	51	21	26
CDU/CSU	77	7	12
FDP	57	23	18
PDS	58	4	26

*) an 100 Prozent fehlende Angaben = »weiß nicht«

Die dargestellten Ergebnisse zeigen, daß die Menschen sich der Probleme im Land bewußt sind. Sie empfinden einen Reformstau, der von Politik, Staat und Wirtschaft möglichst bald aufgelöst werden sollte. Dies aber sollte – so meint die überwiegende Mehrheit – weitgehend im Konsens geschehen.

Häufig innerhalb der einzelnen politischen Lager zu hörende Einschätzungen, daß die Menschen zwischen den einzelnen Parteien härtere Konturen sehen wollen, stimmen insofern mit den Erwartungen der Menschen nicht überein. Urteile über Parteien (zumindest über die großen »Volksparteien«) werden offenbar weniger aufgrund inhaltlich-ideologischer Differenzierungen, sondern eher nach jeweiliger Einschätzung der Kompetenz und Leistungsfähigkeit der Parteien gefällt.

Von daher sollen im nachfolgenden noch die Präferenzen der Bürger für die unterschiedlichen Koalitions-Konstellationen dargestellt werden.

8. Präferenzen für verschiedene Koalitionskonstellationen

Die Bürger in Deutschland erwarten Reformen: Aber in welchen politischen Konstellationen möchten die Bürger die erforderlichen Reformen durchgeführt haben?

Es zeigt sich, daß 42 Prozent aller Bürgerinnen und Bürger trotz des großen Sympathierückgangs, den die SPD seit der Bundestagswahl von 1998 verzeichnen muß, am liebsten eine SPD-geführte Bundesregierung sähen.

39 Prozent würden eine von der Union geführte Regierung vorziehen.

Bei denen, die eine SPD-geführte Regierung für wünschenswert halten, ist das rot-grüne Bündnis nur eine Option. Genannt wird auch eine Große Koalition unter Führung der SPD, eine SPD-Alleinregierung oder ein sozial-liberales Bündnis aus SPD und FDP.

Von denen, die eine CDU/CSU-geführte Bundesregierung präferieren, sprechen sich die meisten für eine Große Koalition unter Führung der Union aus. Ähnlich viele würden es begrüßen, wenn die CDU allein regieren könnte oder aber das alte Bündnis mit der FDP wieder aufleben ließe.

Von den Anhängern der SPD sprechen sich 30 Prozent für

das rot-grüne Bündnis als Wunschkoalition aus. 24 Prozent würden eine Große Koalition unter Führung der SPD, 16 Prozent eine SPD-Alleinregierung und 8 Prozent eine Wiederauflage des alten sozial-liberalen Bündnisses befürworten.

Mehrheitlich für rot-grün sind die Anhänger der Grünen, von denen sich allerdings auch ein Fünftel eine schwarz-grüne Koalition vorstellen könnte.

Die Anhänger der Union sprechen sich überwiegend für eine Große Koalition unter Führung der CDU/CSU und ein Wiederaufleben des Bündnisses aus Union und FDP aus.

Von den Anhängern der FDP wünschen sich 66 Prozent eine SPD-geführte Regierung, nur 34 Prozent eine CDU/CSU-geführte Regierung. Dabei wäre den FDP-Anhängern am liebsten eine Neuauflage der Koalition mit der SPD.

Anhänger der PDS präferieren eine SPD-geführte Regierung, entweder als Koalition zwischen SPD und PDS oder als Beibehaltung des jetzigen rot-grünen Bündnisses.

Koalitionspräferenzen

Es würden folg.Regierungskonstellation vorziehen	insg. %	Anhänger der SPD %	Grünen %	CDU/CSU %	FDP %	PDS %
SPD allein	7	16	0	2	0	6
SPD und Grüne	14	30	53	2	9	23
SPD und FDP	5	8	0	2	30	0
SPD und PDS	2	2	9	0	0	36
SPD und Grüne und FDP	1	1	0	0	9	0
SPD und Grüne und PDS	2	2	0	0	0	8
SPD und CDU/CSU unter Führung der SPD	11	24	11	4	18	12
SPD-geführte Regierung	*42*	*83*	*73*	*10*	*66*	*85*
CDU/CSU und SPD unter Führung der CDU/CSU	15	2	0	33	0	0
CDU/CSU und Grüne	3	0	19	3	0	0
CDU/CSU und FDP	11	1	0	24	24	0
CDU/CSU allein	10	2	0	21	0	0
CDU/CSU-geführte Regierung	*39*	*5*	*19*	*81*	*34*	*0*

Diese Ergebnisse zeigen, daß der Wunsch nach einer Alleinregierung einer der beiden großen Parteien SPD und Union nicht sonderlich ausgeprägt ist. Bevorzugt werden vielmehr auch hier Bündnisse zwischen SPD bzw. CDU/CSU und anderen Parteien. Das bestätigt die eher konsensorientierte Haltung vieler Bundesbürger.

9. Zusammenfassung

Die dargestellten Befunde einer aktuellen Bevölkerungsumfrage in Deutschland*) zeigen, daß die Bundesbürger die Notwendigkeit von Reformen in ihrer großen Mehrheit einsehen. Dabei sollten sich die Reformen nicht nur auf einen gesellschaftlichen Bereich beziehen, sondern Staat und Gesellschaft müßten sich nach Meinung der Bürger umfassend erneuern.

Die dabei auftretenden negativen Folgen für den Einzelnen werden – sofern aufgrund der individuellen ökonomischen Situation möglich – akzeptiert. Allerdings birgt die Modernisierung dann sozialen Sprengstoff, wenn die Belastungen für den Einzelnen so groß werden, daß es zu einer Verschärfung sozialer Spannungen kommt.

Staat, Politik und Wirtschaft sind nach Meinung der Menschen gleichermaßen gefordert, die notwendigen Reformen anzupacken. Dies aber kann – auch um die befürchteten sozialen Spannungen zu minimieren – nur im Konsens und nicht durch hartes Austragen von Konflikten erfolgen.

*) Befragt wurden von forsa mit Hilfe von computergestützten Telefoninterviews im August 1999 1077 wahlberechtigte Bürger und Bürgerinnen (Fehlertoleranz: +/– 3 Prozentpunkte)

Über die Autoren

Konrad Adam, Dr., geboren 1942, ist Redakteur der »Frankfurter Allgemeinen Zeitung«. Veröffentlichungen u. a.: »Die Ohnmacht der Macht« (1994), »Für Eltern haften die Kinder« (1996) und »Die Republik dankt ab« (1998).

Peter Bareis, Prof. Dr., geboren 1940, war von 1970–1986 Professor für Betriebswirtschaftslehre und betriebswirtschaftliche Steuerlehre an der Freien Universität Berlin. Seit 1987 ist er Inhaber des Lehrstuhls für Betriebswirtschaftliche Steuerlehre und Prüfungswesen an der Universität Hohenheim. Mitherausgeber und Bearbeiter umfangreicher Standardwerke, Verfasser der »Thesen zur Reform des Einkommenssteuerrechts« (1994).

Arnulf Baring, Prof. Dr., geboren 1932, ist seit 1976 Professor für Zeitgeschichte und internationale Beziehungen an der Freien Universität Berlin. Veröffentlichungen u. a. »Machtwechsel – Die Ära Brandt–Scheel« (4. Aufl. 1983). »Es lebe die Republik, es lebe Deutschland! Stationen demokratischer Erneuerung 1949–1999« (1999).

Roland Berger, geboren 1937, ist Gründer (1967) und Miteigentümer einer der größten internationalen Unternehmensberatungen mit Sitz in München. Er berät große Industrieunternehmen, Ministerpräsidenten und Regierungen.

Rolf-E. Breuer, Dr., geboren 1937, ist seit 1997 Vorstandssprecher der Deutschen Bank, für die er seit 1966 in verschiedenen Positionen tätig ist. 1993 wurde er zugleich Frankfurter Börsenpräsident und Aufsichtsratsvorsitzender der Deutsche Börse AG.

Heinz Dürr, geboren 1933, ist Aufsichtsratsvorsitzender des weltweit führenden Lackiertechnikunternehmens Dürr AG und Stiftungskommissar der Carl-Zeiss-Stiftung. Von 1980 bis 1990 leitete er außerdem die Unternehmensgruppe der AEG, sowie ab 1991 die Deutsche Bundesbahn, deren Aufsichtsratsvorsitzender er bis 1999 war.

Klaus Engelhardt, Dr., geboren 1932, war von 1980 bis 1998 evangelischer Landesbischof in Baden und von 1991 bis 1997 Vorsitzender des Rates der Evangelischen Kirchen in Deutschland.

Jürgen Engert, geboren 1936, ist Gründungsdirektor des ARD-Hauptstadt-Studios Berlin.

Alexander Gauland, Dr., geboren 1941, ist seit 1991 Generalbevollmächtigter der »Frankfurter Allgemeine Zeitung« GmbH für die Märkische Verlags- und Druckgesellschaft mbH in Potsdam. Von 1987 bis 1991 war er Staatssekretär und Chef der hessischen Staatskanzlei.

Peter Glotz, Prof. Dr., geboren 1939, ist Gründungsrektor der Universität Erfurt. Bevor er sich 1996 aus der aktiven Politik zurückzog, war er u. a. Parlamentarischer Staatssekretär im Bundesministerium für Bildung und Wissenschaft, Wissenschaftssenator in Berlin, Bundesgeschäftsführer der SPD und medienpolitischer Sprecher seiner Partei. Er ist ständiger Kolumnist der WOCHE in Hamburg, Autor zahlreicher Bücher, zuletzt: »Die beschleunigte Gesellschaft. Kulturkämpfe im digitalen Kapitalismus« (1999).

Manfred Güllner, geboren 1941, ist Gründer und Geschäftsführer des Meinungsforschungsinstituts Forsa (Dortmund/Berlin). Er war zuvor Mitglied der Institutsleitung bei Infas in Bonn-Bad Godesberg.

Hans-Olaf Henkel, geboren 1940, ist seit 1995 Präsident des Bundesverbandes der Deutschen Industrie. Seit 1962 in verschiedenen Leitungspositionen bei IBM, 1987 bis 1993 Geschäftsführer der deutschen Niederlassung.

Detlef Hensche, Dr., geboren 1938, ist seit 1992 Vorsitzender der IG Druck und Papier.

Josef Joffe, Dr., geboren 1944, ist Leitartikler und Ressortleiter Außenpolitik der »Süddeutschen Zeitung«. Bis 1982 war er leitender Redakteur der »Zeit«, dessen Herausgebergremium er vom 1. 1. 2000 angehören wird. Joffe ist außerdem Kolumnist von »Time« und »U.S. News and World Report«.

Dietmar Kuhnt, Dr., geboren 1937. Seit 1995 ist er Vorstandsvorsitzender der RWE AG, wo er seit 1968 in verschiedenen Positionen tätig war, u. a. ab 1982 als Direktor, ab 1989 als Vorstandsmitglied der RWE Energie.

Otto Graf Lambsdorff, Dr., geboren 1926, ist Ehrenvorsitzender der Freien Demokratischen Partei Deutschlands. Von 1977 bis 1982 war er Bundesminister für Wirtschaft in der Regierung Schmidt und von 1988 bis 1993 Vorsitzender der FDP. Mitglied des Bundestages von 1972 bis 1998.

Claus Leggewie, Prof. Dr., geboren 1950, lehrt Politikwissenschaft an der Justus-von-Liebig-Universität in Gießen und ist seit 1995 Inhaber des Max Weber Chair am Center für European

Studies der New York University. Veröffentlichungen u.a.: »Die 89er – Porträt einer neuen Generation« (1995), »Kultur im Konflikt: Multikulturalismus, Rechtsradikalismus und Demokratietheorie« (1995), »America first? – Der Fall einer konservativen Revolution« (1997), »Von Schneider zu Schwerte. Das ungewöhnliche Leben eines Mannes, der aus der Geschichte lernen wollte« (1998).

Karl Lehmann, Prof. Dr. Dr., geboren 1936, ist seit 1983 katholischer Bischof von Mainz und seit 1987 Vorsitzender der Deutschen Bischofskonferenz. 1986 wurde er vom Papst in die römische Kongregation für Glaubenslehre berufen.

David Marsh, geboren 1953, ist seit 1999 stellvertretender Chairman bei der Finanzberatungsfirma Hawkpoint Partners. Zuvor war er u.a. Korrespondent der »Financial Times« in Bonn und ab 1995 Direktor für Europäische Strategie bei der Investmentbank Robert Flemings. Marsh ist Gründer des Deutsch-Britischen Forums mit Vertretern aus Politik, Wirtschaft, Wissenschaft und Medien. Veröffentlichungen u.a.: »Die Bundesbank: Geschäfte mit der Macht«, »Der zaudernde Riese: Deutschland in Europa« (1994).

Thomas Middelhoff, Dr., geboren 1953, arbeitet seit 1986 bei Bertelsmann, u.a. als Geschäftsführer der Tochterfirmen Elsnerdruck GmbH und Mohndruck Grafische Betriebe GmbH, ab 1994 Mitglied des Konzernvorstandes. 1998 wurde er zum Vorstandsvorsitzenden berufen.

Meinhard Miegel, Prof. Dr., geboren 1939, ist seit 1977 Leiter des Instituts für Wirtschaft und Gesellschaft Bonn e.V. (IWG Bonn), seit 1992 außerdem außerplanmäßiger Professor an der wirtschaftswissenschaftlichen Fakultät der Universität Leipzig. Miegel ist seit 1995 Vorsitzender der Bayerisch-Sächsischen Zukunftskommission.

Hugo Müller-Vogg, Dr., geboren 1947, ist Herausgeber der »Frankfurter Allgemeinen Zeitung«. Er ist außerdem Vorsitzender der Jury des Informationspreises für Wirtschaftsjournalismus. Veröffentlichungen u.a.: »Deutschland – Deine Stärken« (1994).

Winfried Münster, geboren 1942, ist europapolitischer Korrespondent der »Süddeutschen Zeitung«. Von 1974 bis 1995 war er Korrespondent der »Stuttgarter Zeitung« und der »Süddeutschen Zeitung« in Washington und Brüssel.

Heinrich von Pierer, Dr., geboren 1941, arbeitete seit 1969 in verschiedenen Positionen bei der Siemens AG und der Tochtergesellschaft Kraftwerk Union AG (KWU), 1990 wurde er Mitglied des Zentralvorstandes bei Siemens, 1991 stellvertretender Vorstandsvorsitzender, 1992 wurde er zum Vorstandsvorsitzenden berufen.

Fritz Pleitgen, geboren 1938, war von 1988 bis 1993 Chefredakteur Fernsehen, ab 1994 Hörfunkdirektor und ist seit 1995 Intendant des Westdeutschen Rundfunks. Von 1970 bis 1988 arbeitete er als ARD-Korrespondent in Moskau, Ostberlin, Washington und New York.

Hubertus Schmoldt, geboren 1945, ist seit 1997 Vorsitzender der IG Bergbau-Chemie-Energie (BCE), vorher war er schon Vorsitzender der IG Papier-Chemie-Keramik.

Dieter Schulte, geboren 1940, ist seit 1994 Vorsitzender des Deutschen Gewerkschaftsbundes (DGB). Vorher war er u.a. Vorsitzender des Gesamtbetriebsrats bei der Thyssen-Stahl AG.

Dieter Schweer, geboren 1953, ist Kommunikationsdirektor der RWE AG in Essen. 1998 wurde er vom »PR-Magazin« als Public-Relations-Manager des Jahres ausgezeichnet. Veröffentlichungen u.a.: »Daimler-Benz – Innenansichten eines Imperiums« (1995), »Der gläserne Riese. RWE – Ein Konzern wird transparent« (1998).

Michael Vesper, Dr., geboren 1952, ist seit 1995 Landesminister für Bauen und Wohnen und stellvertretender Ministerpräsident in der rot-grünen Koalitionsregierung von Nordrhein-Westfalen. Zuvor war er von 1983 bis 1990 Fraktionsgeschäftsführer der GRÜNEN im Bundestag, dann von 1990 bis 1995 Parlamentarischer Geschäftsführer im nordrhein-westfälischen Landtag.

Franz Walter, Dr., geboren 1956, lehrt als Privatdozent Politikwissenschaft an der Universität Göttingen. Veröffentlichungen u.a.: »Die SPD – Klassenpartei – Volkspartei – Quotenpartei« (1992).

Hubert Weinzierl, geboren 1935, ist Diplomforstwirt und war von 1983 bis 1998 Vorsitzender des Bundes für Umwelt- und Naturschutz in Deutschland (BUND) und ist seitdem Ehrenvorsitzender.

Wendelin Wiedeking, Dr., geboren 1952, ist seit 1993 Vorstandsvorsitzender der Porsche AG in Stuttgart.

Mark Wössner, Dr., geboren 1938, war von 1983 bis 1998 Vorstandsvorsitzender und ist seitdem Aufsichtsratsvorsitzender der Bertelsmann AG Gütersloh. Er leitet die Bertelsmann-Stiftung.

Klaus Zwickel, geboren 1939, ist seit 1993 Vorsitzender der IG Metall.

Fotonachweis
für Porträts auf dem Umschlag

action press (Engert); Holger André (Glotz);
Bertelsmann AG (Middelhoff); bonn-sequenz (Schulte);
Cintula (Schmoldt); Michael Dannemann (Schweer);
J.H. Darchinger (Baring, Breuer, Weinzierl);
dpa (Bareis, Dürr, Güllner, Joffe, Müller-Vogg, Wiedeking,
Wössner, Zwickel); Jürgen Eis (Miegel, Schweer, Vesper);
Horst Galuschka (Pleitgen); Andreas Herzan (Walter);
D. Konnerth/Lichtblick (Gauland); IG Medien (Hensche);
Jo Magrean (Kuhnt); pfp (Lehmann); PresseFotos Mainz (Marsh);
sygma (von Pierer); teutopress (Henkel, Lambsdorff);
vario-press (Engelhardt); Anna Weise (Adam, Leggewie)